统计与数据科学系列教材

SPSS 在教育统计中的应用
——以 PISA 数据为例

刘 浩 著

电子工业出版社·
Publishing House of Electronics Industry
北京·BEIJING

内 容 简 介

本书为北京师范大学教育研究成果，内容涵盖了 SPSS 24（中文版）的基本信息、界面与功能介绍、数据处理与分析方法等多个方面，并进一步借助 PISA（Programme for International Student Assessment，国际学生评估项目）数据演示了数据分析和操作过程，为读者提供了全面而深入的 SPSS 使用指南。通过对本书的学习，读者可以掌握 SPSS 的基本操作，学会如何处理和分析数据，以及如何运用高级统计分析方法对数据进行分析等。本书提供实例数据和电子课件，读者可登录华信教育资源网（www.hxedu.com.cn）免费下载使用。

本书可作为教育学、人文及社会科学等专业的本科生、研究生教材或教学参考书，也可供研究人员及从业人员自学阅读等。

未经许可，不得以任何方式复制或抄袭本书之部分或全部内容。
版权所有，侵权必究。

图书在版编目（CIP）数据

SPSS 在教育统计中的应用 : 以 PISA 数据为例 / 刘浩著. -- 北京 : 电子工业出版社, 2025. 3. -- ISBN 978-7-121-50041-1

I. G40-051

中国国家版本馆 CIP 数据核字第 20253YN980 号

责任编辑：秦淑灵
印　　刷：天津嘉恒印务有限公司
装　　订：天津嘉恒印务有限公司
出版发行：电子工业出版社
　　　　　北京市海淀区万寿路 173 信箱　　邮编：100036
开　　本：787×1 092　1/16　印张：13.75　字数：352 千字
版　　次：2025 年 3 月第 1 版
印　　次：2025 年 3 月第 1 次印刷
定　　价：48.00 元

凡所购买电子工业出版社图书有缺损问题，请向购买书店调换。若书店售缺，请与本社发行部联系，联系及邮购电话：(010) 88254888，88258888。

质量投诉请发邮件至 zlts@phei.com.cn，盗版侵权举报请发邮件至 dbqq@phei.com.cn。

本书咨询联系方式：qinshl@phei.com.cn。

前　　言

在当今的教育领域，数据的重要性日益凸显。无论是对学生学习成效的评估、对教师教学方法的优化，还是教育政策的制定与调整，都离不开对教育数据的精准分析。统计分析方法已成为揭示教育规律、评估教育政策、优化教学实践的重要工具。为了更好地演示如何对数据进行分析和操作，本书选用了经济合作与发展组织（OECD）发起的国际学生评估项目（PISA）中的数据。PISA 主要用于评估中学生的阅读、数学和科学等能力，从 2000 年开始，每 3 年进行一次测评，本书选用了 PISA 2018 数据作为分析示例，PISA 在 2018 年的测评内容主要包括数学能力、科学素养、阅读素养，以及对阅读、数学、科学教育中关键技能的应用。

SPSS（Statistical Package for the Social Sciences）作为社会科学领域应用最广泛的统计分析软件之一，凭借其直观的操作界面、强大的数据处理功能及丰富的分析模块，成为教育研究者不可或缺的工具。SPSS 具备完善的窗口功能和强大的菜单操作功能，同时保留了灵活的语句编写功能，可以满足用户的各种统计分析需求。其界面设计直观易用，菜单栏包括文件、编辑、查看、数据、转换、分析和图形等功能模块。用户可以通过这些功能模块，轻松地进行数据文件的管理、数据编辑、数据查看、数据整理、数据转换、统计分析，以及统计图表的制作。在数据处理方面，SPSS 提供了个案排序、文件拆分、个案加权、数据文件的重组与转置及变量赋值等功能，使用户能够方便地对数据进行清洗、整理和变换，以满足不同的研究需求。在统计分析方面，SPSS 支持描述性统计分析、频数分析、相关分析、回归分析、非参数检验等多种分析功能，同时提供了假设检验、方差分析、卡方检验、二项分布检验、单样本 K-S 检验及多独立样本和多相关样本非参数检验等高级统计功能。此外，SPSS 还具备聚类分析、判别分析、因子分析等数据挖掘功能，帮助用户从大量数据中挖掘出有价值的信息。无论是社会科学研究还是其他领域的数据分析，SPSS 都是一个不可或缺的工具。

然而，对许多初次接触 SPSS 的教育工作者而言，如何将软件功能与具体的教育问题结合，如何在数据清洗、管理到高级分析的完整流程中灵活运用 SPSS，仍然有一定的学习难度。本书的编写初衷正是搭建一座连接 SPSS 技术方法与教育研究实践的桥梁，以 PISA 数据为切入点，帮助读者系统掌握教育统计的核心技能。

本书适用于教育学科的研究者、中小学教师、教育政策分析人员，以及教育学、心理学、社会学等相关专业的学生。阅读本书无须深厚的数理统计基础，但需要读者对教育研究的基本问题（如学业评价、教育公平等）有初步了解。值得一提的是，本书在介绍 SPSS 软件的同时，还注重培养读者的统计思维和数据分析能力。本书通过对大量的 PISA 数据进行案例操作和分析，引导读者在实践中学习 SPSS 软件的应用技巧，并通过结果分析和解读，提升读者的数据解读能力和问题解决能力。本书虽以 SPSS 为核心，但更希望传递一种"以问题为中心"的研究思维——在按下"分析"按钮之前，先明确"我想回答什么教育问题""数据能否支持这一分析""结果如何服务于教育实践"。唯有如此，冰冷的数字才能转化为有温度的教育洞见。

  最后，感谢课题组同学在本书撰写与校阅过程中的积极参与。期待本书能够成为教育工作者和研究者手中的一把利器，助力他们在教育统计的海洋中乘风破浪，探索出更多有价值的教育规律，为我国教育事业的发展贡献一份力量。

北京师范大学 刘 浩
2025 年 1 月

目 录

第1章 概述 ··· 1
  1.1 SPSS 简介 ·· 1
    1.1.1 SPSS 的窗口 ··· 1
    1.1.2 SPSS 的主要菜单 ·· 4
  1.2 PISA 简介 ··· 4

第2章 数据管理 ·· 6
  2.1 几个常用功能 ·· 6
    2.1.1 个案排序 ··· 6
    2.1.2 文件拆分 ··· 7
    2.1.3 个案筛选 ··· 8
    2.1.4 个案加权 ··· 8
    2.1.5 数据汇总 ··· 9
  2.2 数据文件的重组与转置 ·· 10
  2.3 合并多个数据文件并通过图形的方式展示 ·························· 11
  2.4 变量赋值 ··· 11
  2.5 已有变量值的分组合并 ·· 14
  2.6 自动重新编码、个案排秩和指定数值的查找与计数 ················ 15
    2.6.1 自动重新编码 ·· 15
    2.6.2 个案排秩 ··· 15
    2.6.3 指定数值的查找与计数 ·· 16

第3章 数据分析 ·· 18
  3.1 数据清洗 ··· 18
  3.2 异常值的处理 ·· 18
    3.2.1 异常值的定义 ·· 18
    3.2.2 异常值的检测原理与方法 ······································ 18
    3.2.3 SPSS 异常值案例分析 ·· 19

3.3 缺失值的处理 ·· 22
      3.3.1 数据的缺失机制 ·· 23
      3.3.2 缺失值的处理方法 ··· 23
      3.3.3 SPSS 缺失值案例分析 ·· 24

第 4 章 数据基本描述 ·· 32
   4.1 频数分析 ·· 32
      4.1.1 对分类变量的频数分析 ··· 32
      4.1.2 对连续变量的频数分析 ··· 36
   4.2 描述性统计分析 ··· 37
      4.2.1 变量选择 ··· 37
      4.2.2 选项设置 ··· 37
      4.2.3 输出结果 ··· 38
   4.3 探索性分析 ··· 38
      4.3.1 变量选择 ··· 39
      4.3.2 统计量设置 ·· 39
      4.3.3 作图设置 ··· 39
      4.3.4 缺失值设置 ·· 40
      4.3.5 分析结果 ··· 41
   4.4 交叉表分析 ··· 43
      4.4.1 交叉表分析的参数设置 ··· 43
      4.4.2 交叉表分析的输出结果 ··· 46

第 5 章 绘图制表 ··· 49
   5.1 统计图的基本结构 ·· 49
   5.2 常见统计图的绘制 ·· 50
      5.2.1 绘制条形图 ·· 50
      5.2.2 绘制折线图 ·· 55
      5.2.3 绘制箱图 ··· 59
      5.2.4 绘制直方图 ·· 62
      5.2.5 绘制简单散点图 ·· 64

第 6 章 假设检验 ··· 66
   6.1 单样本 t 检验 ·· 66
      6.1.1 原理简介 ··· 66
      6.1.2 操作步骤 ··· 66
      6.1.3 案例分析 ··· 67
   6.2 独立样本 t 检验 ·· 68

            6.2.1 原理简介 ··· 69
            6.2.2 操作步骤 ··· 69
            6.2.3 案例分析 ··· 70
      6.3 成对样本 t 检验 ··· 71
            6.3.1 原理简介 ··· 71
            6.3.2 操作步骤 ··· 71
            6.3.3 案例分析 ··· 72

第 7 章 方差分析 ··· 73
      7.1 单因素方差分析 ··· 73
            7.1.1 单因素方差分析的统计假设 ··· 73
            7.1.2 案例分析 ··· 75
      7.2 单因素重复测量方差分析 ··· 81
            7.2.1 单因素重复测量方差分析的统计假设 ······························· 81
            7.2.2 单因素重复测量方差分析中 F 分数的计算 ······················ 81
            7.2.3 单因素重复测量方差分析的假设 ······································ 82
            7.2.4 案例分析 ··· 82
      7.3 双因素方差分析 ··· 84
            7.3.1 双因素方差分析的统计假设 ··· 84
            7.3.2 主效应 ·· 84
            7.3.3 交互作用 ··· 84
            7.3.4 双因素方差分析中 F 分数的计算 ·································· 84
            7.3.5 案例分析 ··· 85

第 8 章 相关分析 ··· 89
      8.1 概述 ·· 89
            8.1.1 相关关系的类型 ·· 89
            8.1.2 相关分析的应用 ·· 89
            8.1.3 相关系数的计算 ·· 90
            8.1.4 SPSS 提供的相关分析功能 ·· 92
      8.2 双变量相关分析 ··· 92
            8.2.1 问题描述和数据准备 ·· 92
            8.2.2 相关分析的相关设置 ·· 93
            8.2.3 结果分析 ··· 94
      8.3 偏相关分析 ··· 95
            8.3.1 偏相关系数的定义 ··· 95
            8.3.2 偏相关系数的计算 ··· 96
            8.3.3 偏相关分析的应用 ··· 96

8.4 距离分析 … 97
8.4.1 距离分析的基本概念 … 98
8.4.2 距离分析的参数设置 … 98
8.4.3 距离分析的应用 … 102
8.5 典型相关分析 … 104
8.5.1 典型相关分析的基本概念 … 104
8.5.2 典型相关分析的应用 … 104

第9章 信度和效度分析 … 107
9.1 信度分析概述 … 107
9.1.1 信度分析方法及其评价标准 … 107
9.1.2 在 SPSS 中计算信度 … 108
9.2 效度分析概述 … 112
9.2.1 效度的类型及其计算方法 … 112
9.2.2 在 SPSS 中计算效度 … 112

第10章 回归分析 … 116
10.1 一元回归分析 … 116
10.2 多元回归分析 … 117
10.2.1 多元回归分析概述 … 117
10.2.2 多元回归分析主要回答的四大类问题 … 117
10.2.3 多元回归分析的类型 … 117
10.2.4 使用多元回归分析的前提假设 … 118
10.2.5 多元回归分析中一些值得注意的问题 … 118
10.2.6 多元回归分析的案例 … 120

第11章 Logistic 回归 … 126
11.1 二元 Logistic 回归分析 … 126
11.1.1 二元 Logistic 回归分析的原理 … 126
11.1.2 二元 Logistic 回归方程的检验 … 127
11.1.3 二元 Logistic 回归分析的操作步骤 … 128
11.2 多元 Logistic 回归分析 … 133
11.2.1 多元 Logistic 回归分析的原理 … 133
11.2.2 多元 Logistic 回归方程的检验 … 133
11.2.3 多元 Logistic 回归分析的操作步骤 … 133

第12章 非参数检验 … 136
12.1 卡方检验 … 136
12.1.1 原理简介 … 136

	12.1.2	操作步骤	136
	12.1.3	案例分析	138
12.2	二项分布检验		140
	12.2.1	原理简介	140
	12.2.2	操作步骤	140
	12.2.3	案例分析	141
12.3	游程检验		141
	12.3.1	原理简介	141
	12.3.2	操作步骤	142
	12.3.3	案例分析	142
12.4	单样本 K-S 检验		143
	12.4.1	原理简介	143
	12.4.2	操作步骤	144
	12.4.3	案例分析	144
12.5	双独立样本非参数检验		145
	12.5.1	原理简介	145
	12.5.2	操作步骤	145
	12.5.3	案例分析	146
12.6	多独立样本非参数检验		147
	12.6.1	原理简介	147
	12.6.2	操作步骤	147
	12.6.3	案例分析	148
12.7	双关联样本非参数检验		149
	12.7.1	原理简介	149
	12.7.2	操作步骤	150
	12.7.3	案例分析	151
12.8	多相关样本非参数检验		152
	12.8.1	原理简介	152
	12.8.2	操作步骤	152
	12.8.3	案例分析	152

第 13 章 聚类分析 154

13.1	聚类分析概述		154
	13.1.1	聚类分析的基本概念与原理	154
	13.1.2	SPSS 提供的聚类分析功能	157
13.2	K-均值聚类分析		158
	13.2.1	问题描述和数据准备	158
	13.2.2	K-均值聚类分析的参数设置	159

　　　　13.2.3　案例结果分析 ··· 161
　　13.3　系统聚类分析 ··· 163
　　　　13.3.1　问题描述和数据准备 ··· 163
　　　　13.3.2　系统聚类分析的参数设置 ······································· 164
　　　　13.3.3　案例结果分析 ··· 166
　　13.4　二阶聚类分析 ··· 169
　　　　13.4.1　问题描述和数据准备 ··· 170
　　　　13.4.2　二阶聚类分析的参数设置 ······································· 170
　　　　13.4.3　案例结果分析 ··· 173

第 14 章　判别分析 ··· 177

　　14.1　判别分析概述 ··· 177
　　　　14.1.1　判别分析的原理与主要步骤 ··································· 177
　　　　14.1.2　判别分析的分类 ··· 177
　　　　14.1.3　判别分析的假设 ··· 178
　　14.2　案例分析 ··· 178
　　　　14.2.1　数据的准备 ·· 178
　　　　14.2.2　操作步骤 ··· 179
　　14.3　案例结果分析 ··· 183
　　　　14.3.1　两个总体的判别分析 ··· 183
　　　　14.3.2　两个以上总体的判别分析 ······································· 188

第 15 章　因子分析 ··· 193

　　15.1　探索性因子分析 ·· 193
　　　　15.1.1　原理介绍 ··· 193
　　　　15.1.2　操作步骤 ··· 194
　　　　15.1.3　案例分析 ··· 196
　　15.2　验证性因子分析 ·· 199
　　　　15.2.1　原理介绍 ··· 200
　　　　15.2.2　操作步骤 ··· 200
　　　　15.2.3　案例分析 ··· 205

第 1 章 概 述

1.1 SPSS 简介

SPSS 是一款功能强大的统计分析软件，于 1968 年由斯坦福大学的三位研究生 Norman H. Nie、C. Hadlai Hull 和 Dale H. Bent 开发成功。其全称原为"Statistical Package for the Social Sciences"（社会科学统计软件包），多用于社会科学研究，后随着应用场景的扩大，更名为"Statistical Product and Service Solutions"（统计产品与服务解决方案）。2009 年，SPSS 公司被 IBM 公司收购，更名为 IBM SPSS。迄今为止，SPSS 公司的历史已超半个世纪，软件版本也更新至 32.0。

1.1.1 SPSS 的窗口

下载并安装好 SPSS 后，打开软件，可以看到 SPSS 有三个基本窗口：数据编辑器窗口、语法编辑器窗口和结果输出窗口。

1. 数据编辑器窗口

打开 SPSS 后，默认出现的窗口就是数据编辑器窗口，如图 1-1 所示。数据文件被导入 SPSS 后，用户可以在这里查看文件，并进行各种统计分析操作。此窗口中的内容可以保存为后缀名为".sav"的文件。

该窗口中有两种视图，即数据视图和变量视图。在数据视图中，用户可以查看数据文件的值。数据视图中的每一列代表一个变量，每一行代表一个独立个案。在变量视图中，用户可以查看文件中变量的各种属性，如变量的名称、类型、标签等。变量视图中的每一列代表一种属性，每一行代表一个变量。

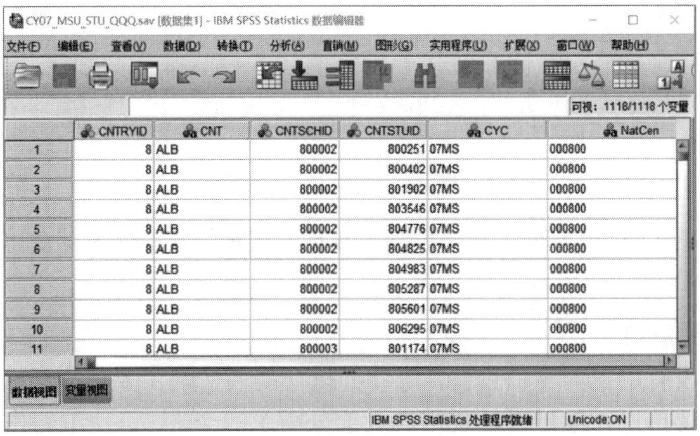

图 1-1 数据编辑器窗口（数据视图）[①]

---

① 图中以 PISA 2018 数据为例。

变量视图（见图1-2）中的每一列，即各变量属性的含义如下。

（1）名称（Name）：代表变量的名称，以字母或汉字开头，不区分大小写，但不能以数字开头，名称中不能含空格，也不能出现同名变量。

（2）类型（Type）：表示变量的数据类型，常用类型有数字（Numeric）和字符串（String）两种，单击单元格可以选择其他数据类型。

（3）宽度（Width）：表示该变量在数据视图中的每一个单元格内所占的字符数，默认值为8，相当于8个数字或4个汉字的宽度。

（4）小数位数（Decimals）：表示在数据视图中的变量在小数点后有多少位，数字型变量默认为2位，字符串变量默认为0位。

（5）标签（Label）：表示变量的含义，标签内容会显示在结果输出窗口中。

（6）值（Value）：用于标记变量中不同值的含义，如"1=小学"或"9999=未回答"。

（7）缺失（Missing）：用于指出哪些值代表缺失。

（8）列（Column）：表示变量在数据视图中的列宽，默认值为8个字符。

（9）对齐（Align）：表示变量在数据视图中呈现的对齐方式，默认为右对齐。

（10）测量（Measure）：也称"度量"，表示变量的性质，有"名义""顺序""标量"三种类型。

图1-2　数据编辑器窗口（变量视图）

在数据编辑器窗口的左上角有一个控制菜单图标，单击该图标会出现二级菜单，可以在该二级菜单中对当前窗口进行还原、最小化、关闭等操作。

2．语法编辑器窗口

早期的SPSS没有成熟的窗口设计，统计分析功能的实现主要依靠语法编写。而在窗口功能日益完善、通过菜单操作就可以解决用户大部分需求的今天，语法编写作为一项灵活度较高的操作，仍然为SPSS中诸多功能的实现提供着便利。如图1-3所示，打开SPSS后，在弹出窗口的菜单栏中选择"文件"→"新建"→"语法"菜单命令，即可进入语法编辑器窗口。

第 1 章　概述

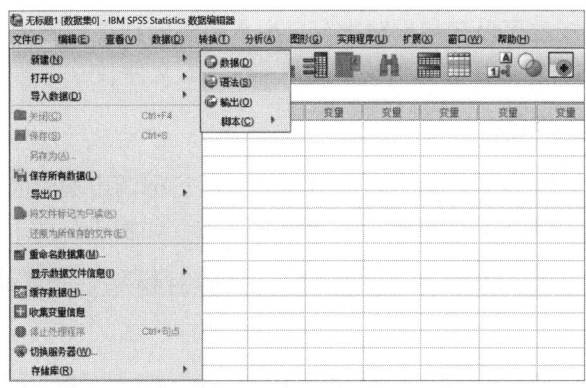

图 1-3　语法编辑器窗口的打开途径

如图 1-4 所示，在语法编辑器窗口的语法编写区域写好语法后，单击工具栏中的"运行选定项"按钮▶，即可运行写好的语法。

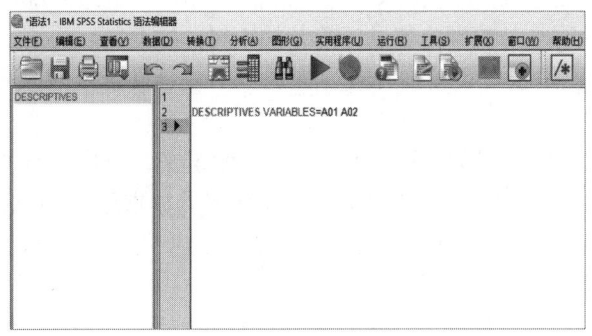

图 1-4　语法编辑器窗口

3．结果输出窗口

在数据编辑器或语法编辑器窗口中对数据进行处理后，处理结果会呈现在结果输出窗口中。在这里，用户可以看到整理为表格形式的分析结果及相应的可视化结果。界面分为左右两侧，左侧区域是结果目录，当窗口中有多个结果时，用户可通过单击目录快速跳转到想要查看的结果界面；右侧区域是统计分析的详细结果。如图 1-5 所示，结果输出窗口显示了 PISA 2018 数据中"母亲受教育程度"这一变量的频率分析结果。

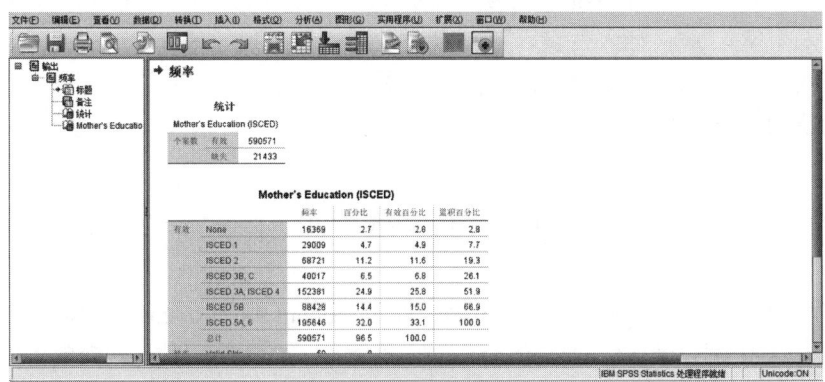

图 1-5　结果输出窗口

根据个人需要，用户也可以在结果输出窗口中重新编辑结果中图表的形态，以便复制粘贴到文档中。此窗口中的内容可保存为后缀名为".spv"的文件。

1.1.2 SPSS 的主要菜单

向 SPSS 中导入数据文件后，可以根据具体的分析目标调用相应的菜单和工具。SPSS 的菜单栏和工具栏位于窗口顶部，工具栏位于菜单栏下方，如图 1-6、图 1-7 所示。

图 1-6 SPSS 的菜单栏

图 1-7 SPSS 的工具栏

菜单栏中常用的功能如下。

（1）文件（File）：用于进行与数据文件相关的各种操作，如打开、新建、保存、导入数据等。
（2）编辑（Edit）：用于对数据内容进行简单的编辑，如复制、剪切、粘贴、清除、撤销等。
（3）查看（View）：用于设置窗口外观，如调整字体、显示或隐藏表格线、显示或隐藏状态栏等。
（4）数据（Data）：用于对数据进行基本整理，如定义、排序、合并、选择、加权等。
（5）转换（Transform）：用于转换数据，如计算变量、重新编码、替换缺失值等。
（6）分析（Analyze）：用于对数据进行各种统计分析，如描述统计、频率分析、平均值比较、相关分析、回归分析、非参数检验等。
（7）图形（Graph）：用于制作各种统计图表，如条形图、饼图、散点图等。
（8）帮助（Help）：为用户提供了更快掌握软件的各种工具与资料，如 SPSS 论坛、使用文档等。

工具栏中的工具主要用于简化某些操作步骤。工具图标呈灰色时表示该功能无法使用（此时也许数据文件还未被导入或目标数据未被选中），工具图标呈彩色时表示该功能可以正常使用。将鼠标置于工具图标上，可以看到对其功能的说明。其中，常用工具图标的功能如下。

　　　：打开数据文件。　　：保存此文档。　　：打印。
　　　：重做用户操作。　　：转到个案。　　：转到变量。
　　　：变量。　　：运行描述统计。　　：查找。
　　　：插入个案。　　：插入变量。　　：拆分文件。
　　　：个案加权。　　：选择个案。　　：撤销用户操作。
　　　：重新调用最近使用的对话框。

1.2　PISA 简介

国际学生评估项目（Programme for International Student Assessment，PISA）是一项面向 15 岁学生的国际大规模能力测评，由经济合作与发展组织（OECD）发起，聚焦于学生在阅读、数学、科学三个领域的表现。PISA 从 2000 年起，每三年举行一次，每次从阅读、数学、科学中选择一个作为主要领域，另外两个作为次要领域，对学生进行学科素养测评。

PISA 数据的第一个特点是规模大。作为一项国际测评，PISA 的参测国家和经济体的队伍一直在壮大。2000 年，只有 43 个国家和经济体参与测评，到 2018 年，这一数字已攀升至 79，其中包括 37 个 OECD 成员国和 42 个合作国家与经济体，参测学生约 60 万人。2009 年，上海成为中国大陆首个参与 PISA 的地区。2018 年，中国大陆有上海、北京、江苏、浙江四个省市参与了 PISA，参测学校达到 361 所，参测学生超过 12000 名。

PISA 数据的第二个特点是各层数据间具有嵌套结构。这与 PISA 的抽样方式有关。对于除俄罗斯外的所有国家和经济体，PISA 均采用两阶段分层抽样设计：第一阶段采用 PPS（Probability Proportional to Size）抽样法，在全国范围内，基于 PISA 的学校抽样框架，根据概率与抽样元素的规模大小成比例地抽取参测学校；第二阶段从已选中的学校中，以相等概率选择 35 或 42 名符合参测标准的学生。如此，PISA 数据集形成了学生数据集和学校数据集两层结构，学生数据内嵌于学校数据之中。来自同一所学校的学生样本可能在某些方面具有共性，在对 PISA 数据进行分析时需要注意这一点。

PISA 2018 是截至本书编写完成最新的一次 PISA 测评，也是本书示例中所用数据的主要来源，PISA 2018 以阅读为主要测评领域，以数学、科学和新加入的"全球胜任力"（Global Competence）为次要测评领域。大多数参测国家采用计算机测评的形式，时长为两个小时。测评题目包含选择题和一些需要学生自己构建答案的问题。

此外，所有的学生需要完成一份背景问卷，回答关于他们的性格、态度、信仰、家庭、学校和学习经历的种种问题。学校的校长也需要完成一份关于学校组织管理和学习环境的问卷。有 19 个国家/经济体还向教师发放了问卷，询问他们的个人信息和教学实践等情况。有 17 个国家/经济体向家长发放了问卷，调查他们对学校和孩子学习情况的看法和参与程度。PISA 另外提供了三份学生问卷，可供参测国家/经济体选择，分别是计算机熟悉度问卷（52 个国家/经济体选择发放）、继续教育期望问卷（32 个国家/经济体选择发放）、幸福感问卷（9 个国家/经济体选择发放）。

进入 OECD 官网，在 PISA 专栏可以找到全套 PISA 2018 数据集的下载页面。文件形式包括问卷、代码本、SAS 格式的数据文件、SPSS 格式的数据文件和概要。文件内容包括学生问卷数据（包括学生成绩测评数据和家长问卷数据）、学校问卷数据、教师问卷数据、认知项目数据和问卷计时数据。

第 2 章 数据管理

数据管理包括文件级别的数据管理操作，如数据排序、文件合并、文件拆分等，以及数据转换操作。在得到数据之后，原始数据一般不能直接进行统计分析，需要对数据进行清理，然后根据不同的研究目的，采用不同的统计方法对数据进行分析。这一过程涉及变量变换。例如，在得到所有学生的成绩数据之后，希望将百分制的成绩转换成由五级记分法（优、良、中、及格、不及格）记录的成绩，或者将几门成绩加权计算，得到一个综合指标，都需要运用数据管理中的变量变换。

在 SPSS 中，这些功能基本集中在"数据"菜单与"转换"菜单中，本章将对这些功能进行详细介绍。

2.1 几个常用功能

2.1.1 个案排序

通常个案的排序与数据录入的顺序是一致的，这导致一些数据在读取时并不十分方便，需要将数据重新排序。进行个案排序主要有以下几个优点：

（1）将个案按 ID 变量排序，有利于查找、修改；

（2）将某个变量按升序或降序排列，可以非常容易地发现输入错误，因为输入错误的数据往往是最大值或最小值；

（3）缺失值在排序中会排在最小值的前面，可以通过排序的方法很快发现缺失值。

SPSS 中的个案排序就是将数据编辑器窗口中的个案，按照用户指定的某一个或多个变量的值进行升序或降序排列。用户所指定的变量称为排序变量。下面对多变量排序方法进行介绍，单变量排序方法与之类似，不再赘述。

多变量排序方法需要使用"个案排序"对话框来操作，如图 2-1 所示。

图 2-1　"个案排序"对话框

在进行排序操作时,根据变量排列的顺序,依次将变量选入"排列依据"列表中,并在"排列顺序"区域中单击"升序"或"降序"单选按钮。若要改变升/降序,则选中相应变量,直接在"排列顺序"区域中修改选择即可。

需要注意的是,排序以后原来数据的排列顺序将被打乱且不可恢复。在"保存排序后的数据"区域中勾选"保存包含排序后的数据的文件"复选框可保存排序后的数据文件。

2.1.2 文件拆分

为满足数据分析或统计模型的需要,有时会将数据文件拆分为多个文件,依次进行分析。在 SPSS 中,该功能的实现需要用到"拆分文件"对话框。在菜单栏中选择"数据"→"拆分文件"菜单命令,打开"拆分文件"对话框,如图 2-2 所示。

(1) 右上部的单选按钮:用于设定如何拆分文件。选中"分析所有个案,不创建组"单选按钮表示不拆分文件,系统默认选中该单选按钮;选中"比较组"单选按钮表示按所选变量拆分文件,各组的分析结果一起输出(甚至放在同一张表格里),以便于相互比较;选中"按组来组织输出"单选按钮表示按所选变量拆分文件,各组的分析结果单独放置。

(2) 中部的"分组依据"列表:用于选入需要进行数据拆分的变量,可以选入多个。以性别变量为例,将性别变量选入"分组依据"列表后单击"确定"按钮,即可将数据分为男生数据与女生数据,如图 2-3 所示。

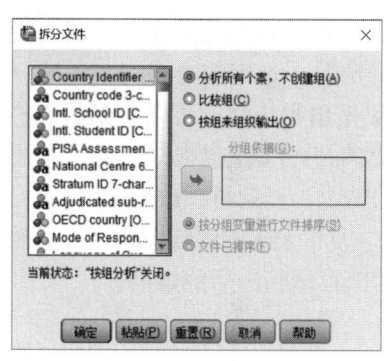

图 2-2 "拆分文件"对话框

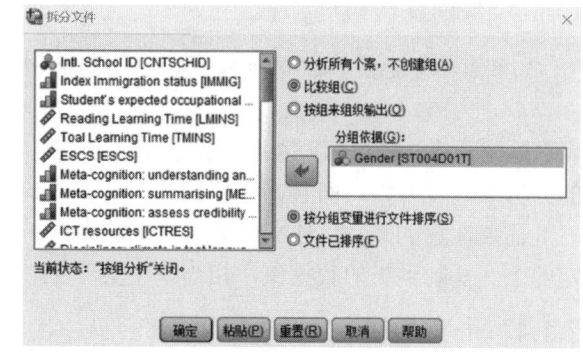

图 2-3 将性别变量选入"分组依据"列表

(3) 右下部的单选按钮:用于设定文件的排序操作。选中"按分组变量进行文件排序"单选按钮表示拆分时将文件按所用的分组变量进行排序,系统默认选中该单选按钮。如果数据集很大,而所用的分组变量已经排过序了,那么可单击"文件已排序"单选按钮,以节省运行时间,但该功能较少用到。

下面进行案例分析。将 PISA 2018 中国四省市学生层面的数据依据性别变量拆分为两个文件,可见 SPSS 软件右下角出现"拆分依据 ST004D01T"字样(拆分依据 ST004D01T)。如果此时进行数学素养拟真值(PV 值)的描述性统计,那么可以得到如表 2-1 所示的结果。

表 2-1 个案处理摘要表

Student (Standardized) Gender		个案					
		有效		缺失		总计	
		个案数	百分比	个案数	百分比	个案数	百分比
Female	Plausible Value 1 in Mathematics	5775	100.0%	0	0.0%	5775	100.0%
Male	Plausible Value 1 in Mathematics	6283	100.0%	0	0.0%	6283	100.0%

从以上结果可以看出，数据已经被自动分为女性与男性两个部分。如果想要取消分组状态，那么需要重新打开"拆分文件"对话框，单击"分析所有个案，不创建组"单选按钮，即可对全部数据进行分析。

2.1.3 个案筛选

很多时候不需要分析全部的个案，只需要分析其中的一部分，如只分析男性测试者的数据，或只分析某个国家的数据，这时就可以使用"选择个案"对话框来操作。在菜单栏中选择"数据"→"选择个案"菜单命令，打开"选择个案"对话框，如图2-4所示，其主要由"选择"区域和"输出"区域构成。

该对话框右上侧的"选择"区域用于确定个案的筛选方式。除系统默认的使用所有个案（不进行筛选）外，还可以使用条件满足某个要求的个案、从原数据中随机抽样选择的个案、基于时间或个案范围选择的个案，或者使用过滤变量选择的个案。

该对话框右下侧的"输出"区域则用于选择对未选定的个案的处理方式。系统提供了三种方式来处理未选定的个案：过滤掉未选定的个案、将选定个案复制到新数据集、删除未选定的个案。

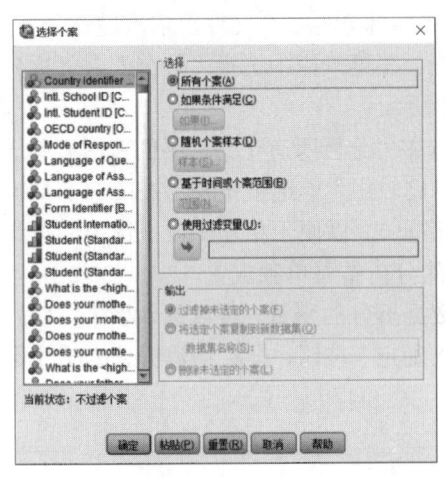

图 2-4　"选择个案"对话框

在对数据集做出筛选后，可以看到状态栏右侧出现"过滤开启"的提示，表明所做的筛选正在生效。和文件拆分操作类似，筛选功能将在以后的分析中一直有效，而且筛选后的数据会被存储在数据集中，直到再次改变选择条件为止。

需要注意的是，在过滤掉个案时，删除的个案不能恢复。因此在实际操作中一般选择将选定的个案复制到新的数据集，相当于生成一个新的数据库存储筛选后的数据。

2.1.4 个案加权

个案加权会给不同的个案赋以不同的权重，以改变个案在统计分析中的重要性。PISA数据需要使用权重进行分析，计算抽样误差的适当估计，从而做出有效的估计和推断，但PISA数据加权一般不使用SPSS软件，而是使用IDB软件，在这里只展示学生层面数据的加权。学生层面的数据使用最终学生权重指标（W_FSTUWT）进行加权。有两种情形需要进行加权操作：数据以频数格式录入、案例数据的抽样权重需要调整。PISA 2018数据明显属于后者。

对以上两种情形而言，用到的对话框是相同的，即"个案加权"对话框，如图2-5所示。在该对话框中有两个单选按钮，分别是"不对个案加权"和"个案加权系数"。若选择后者，则需要选中一个频率变量，选中以后，SPSS界面右下角会出现"权重开启"的字样，表明数据在按照某个变量的取值进行加权。

一旦应用了某个频率变量，该频率变量将始终保持有效，且可以被存储到数据集中，直到选择了另一个频率变量或停止加权，否则将一直按照该权重变量的取值对数据进行加权处理。

下面进行案例分析，对PISA 2018学生层面的数据进行加权。如图2-6所示，在菜单栏中选择"数据"→"个案加权"菜单命令，打开"个案加权"对话框，单击"个案加权系数"单选按钮，"频率变量"选择"W_FSTUWT"，单击"确定"按钮，完成学生层面数据的加权。

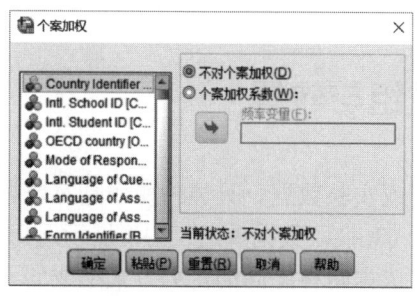
图 2-5 "个案加权"对话框

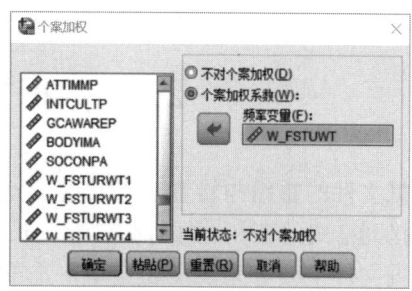
图 2-6 个案加权示例

2.1.5 数据汇总

所谓数据汇总就是按指定的分界变量对个案进行分组,并按分组计算指定的描述统计量,计算结果可以存入新数据文件,也可以添加到当前文件。这里的数据汇总指的是将原数据文件分类汇总为一个新的数据文件进行分析,如果只是希望进行汇总描述,那么不需要使用本操作。

在菜单栏中选择"数据"→"汇总"菜单命令,打开"汇总数据"对话框,如图 2-7 所示。

下面进行案例分析。在 PISA 2018 中国四省市的数据中,按性别变量计算数学的第一个值的平均值。本案例的分界变量只有一个,就是性别变量,当分界变量有多个时,可依次将分界变量录入"分界变量"列表。

最终得到的分界变量如图 2-8 所示。

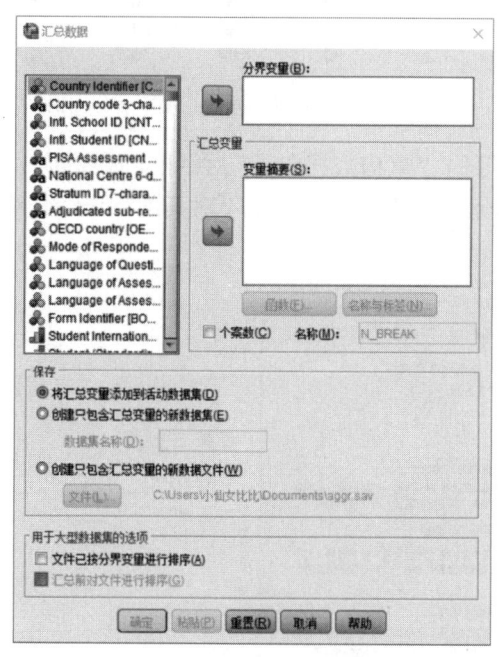
图 2-7 "汇总数据"对话框

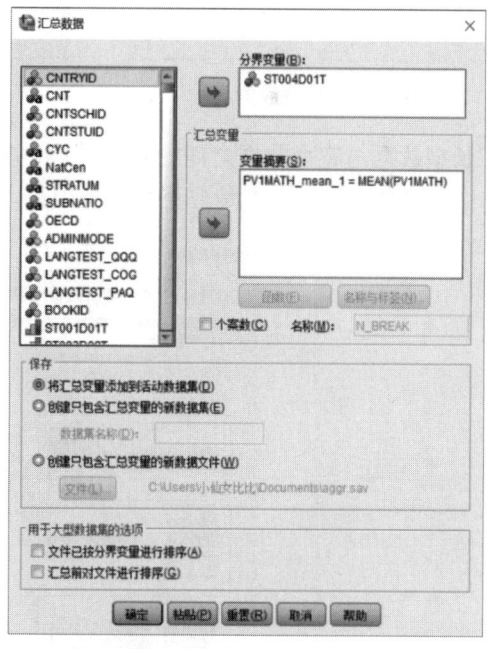
图 2-8 汇总数据示例

另外,单击"变量摘要"列表后可以选择不同函数进行汇总,如标准差、最大值、最小值等。

2.2 数据文件的重组与转置

数据文件的重组与转置功能常用于处理测量数据或实验数据。具体的操作是对数据集进行数据排列格式的变换，如行列转置，长型、宽型格式互换，数据重组，图形展示选择等。

数据文件主要分为长型和宽型，是重复测量数据依据两种不同的排列方式组成的不同类型的数据文件。

长型数据：在重复测量数据中，每一次测量的结果被单独记录为一行数据，将选定的变量重组为个案。长型数据如图 2-9 所示。

宽型数据：在重复测量数据中，每一个个案被记录为一行数据，其所有的测量数据被记录在不同的变量中，将选定的个案重组为变量。宽型数据如图 2-10 所示。

	患者	评分	第n次测量
1	1	18	1
2	1	14	2
3	1	12	3
4	1	6	4
5	2	19	1
6	2	12	2
7	2	8	3
8	2	4	4
9	3	14	1
10	3	10	2
11	3	6	3
12	3	2	4

图 2-9 长型数据

	患者	评分.1	评分.2	评分.3	评分.4
1	1	18	14	12	6
2	2	19	12	8	4
3	3	14	10	6	2

图 2-10 宽型数据

长型数据与宽型数据之间的相互转换，主要用到了“重构数据向导”对话框，如图 2-11 所示。由于 PISA 2018 数据是非重复测量数据，较少运用该对话框，因此不对其进行详细介绍。

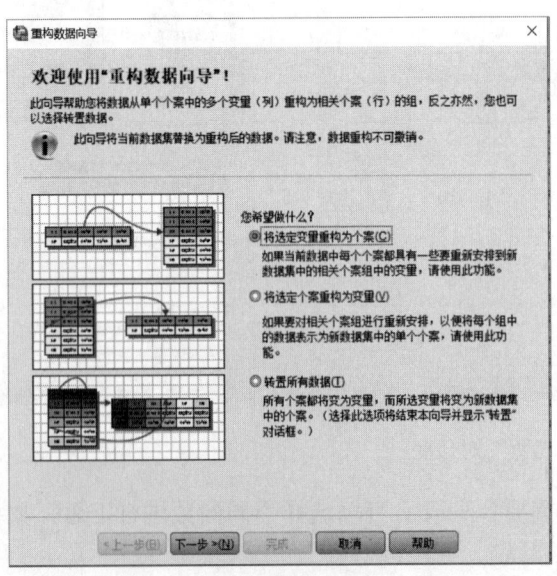

图 2-11 “重构数据向导”对话框

2.3 合并多个数据文件并通过图形的方式展示

SPSS 可以将多个数据文件依据个案或变量进行合并。具体含义如下。

（1）依据个案合并：将几个数据集中的数据纵向相连，组成一个新的数据集，新数据集中的个案数是原来几个数据集中个案数的总和。其实质就是将几个数据文件的变量按照各个变量名的含义一一进行连接。具体操作为在菜单栏中选择"数据"→"合并文件"→"添加个案"菜单命令。图 2-12 至图 2-14 展示了三组数据。

现依据个案合并数据一与数据二，合并结果如图 2-15 所示。

CNTSTUID	PV1MATH	PV2MATH	PV3MATH
800251	490.19	463.503	422.039
800402	462.46	428.730	476.759
801902	406.95	428.135	445.234
803546	482.50	409.060	437.119
804776	459.80	520.383	462.507

图 2-12　数据一

CNTSTUID	PV1MATH	PV2MATH	PV3MATH
804825	367.165	395.140	352.695
804983	411.192	452.470	445.629
805287	441.037	356.191	337.567
805601	506.093	458.989	469.132
806295	412.011	390.540	369.187

图 2-13　数据二

CNTSTUID	PV4MATH
804825	368.342
804983	537.016
805287	387.785
805601	498.121
806295	375.451

图 2-14　数据三

CNTSTUID	PV1MATH	PV2MATH	PV3MATH
800251	490.19	463.503	422.039
800402	462.46	428.730	476.759
801902	406.95	428.135	445.234
803546	482.50	409.060	437.119
804776	459.80	520.383	462.507
804825	367.17	395.140	352.695
804983	411.19	452.470	445.629
805287	441.04	356.191	337.567
805601	506.09	458.989	469.132
806295	412.01	390.540	369.187

图 2-15　依据个案合并

（2）依据变量合并：按照个案的次序，或某个关键变量的数值，将不同数据集中的不同变量拼接为一个新数据集，新数据集中的变量数是原数据集中所有不重名变量的总和。其实质就是将几个数据文件的个案按照某种对应关系进行左右对接。具体操作为在菜单栏中选择"数据"→"合并文件"→"添加变量"菜单命令。

现依据变量合并数据二与数据三，合并结果如图 2-16 所示。

CNTSTUID	PV1MATH	PV2MATH	PV3MATH	PV4MATH
804825	367.165	395.140	352.695	368.342
804983	411.192	452.470	445.629	537.016
805287	441.037	356.191	337.567	387.785
805601	506.093	458.989	469.132	498.121
806295	412.011	390.540	369.187	375.451

图 2-16　依据变量合并

2.4 变 量 赋 值

在 SPSS 中，变量转换的命令主要集中在"转换"菜单中，如图 2-17 所示。"转换"菜单集中了对变量数值进行变换的命令，如对原始数据进行四则运算、对数据进行重新编码、求解变量的秩次等,这些命令在统计分析预处理中起着非常重要的作用。

接下来将对变量转换功能进行详细介绍。

变量赋值是指在原有数据的基础上,根据研究目的,运用 SPSS 的算术表达式或函数,对数据进行四则运算,并将结果存入一个指定变量中。运算结果可以存入已有变量,也可以生成一个全新变量。

SPSS 中的变量赋值,通常通过"计算变量"对话框来实现。在菜单栏中选择"转换"→"计算变量"菜单命令,打开"计算变量"对话框,如图 2-18 所示。

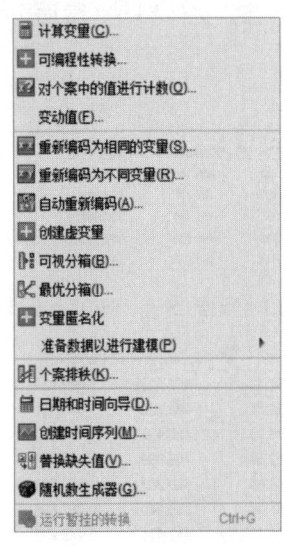

图 2-17 "转换"菜单

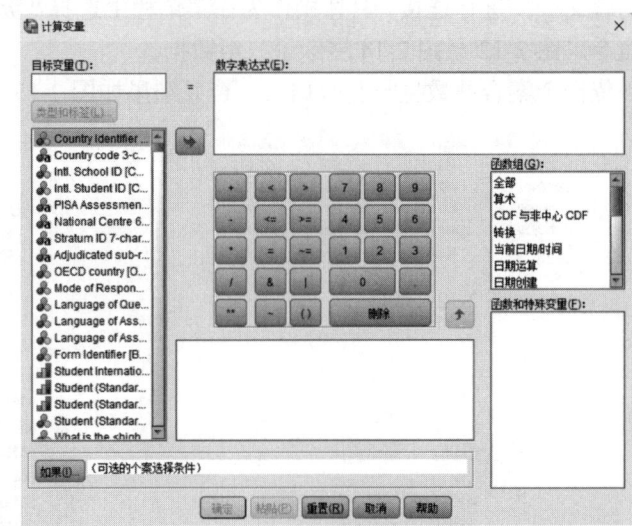

图 2-18 "计算变量"对话框

(1)"目标变量"文本框:用于输入需要赋值的变量名,在输入变量名后,下方的"类型和标签"按钮被激活,系统默认选择数值型变量。

(2)候选变量列表:位于"类型和标签"按钮下方,可以用鼠标和右侧的"变量移动"按钮将选中的变量移入右侧的"数字表达式"文本框中。

(3)"数字表达式"文本框:用于给目标变量赋值。

(4)键盘:位于对话框中部,类似于计算器的软键盘,可以通过单击键盘中的按键输入数字和符号。

(5)函数:位于键盘的右侧和下侧,分为"函数组"列表、"函数和特殊变量"列表、"函数解释文字"文本框三部分,可以在这里找到并使用所需的 SPSS 函数。

(6)"如果"按钮:用于对个案选择条件进行设定,单击该按钮后打开"计算变量:If 个案"对话框,如图 2-19 所示。在默认情况下包括所有个案,如果需要进行个案筛选,那么单击"在个案满足条件时包括"单选按钮,然后在下方的文本框中输入相应的选择条件即可。完成之后单击"继续"按钮,回到"计算变量"对话框,可以看到"如果"按钮右侧显示相应的选择条件表达式。

下面进行案例分析。在 PISA 2018 学生层面的数据中,假设需要区分经济社会文化地位较高和较低的学生,需要对 ESCS(Economic, Social and Cultural Status,经济社会文化地位)数据进行离散化处理,将 ESCS 数据分为较高与较低两类,方便接下来的研究。先对 ESCS 数据进行统计,得到的描述性统计结果如表 2-2 所示。

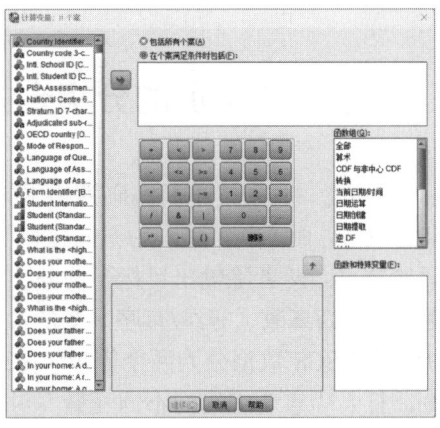

图 2-19 "计算变量：If 个案"对话框

表 2-2 经济社会文化地位描述性统计结果

个案数	有效	11990
	缺失	68
	平均值	-.362260
	中位数	-.320600
	标准差	1.0870843
	范围	8.1786
	最小值	-5.0771
	最大值	3.1015

再将低于中位数的数值设定为 1，高于中位数的数值设定为 2，对 ESCS 数据进行离散化处理。本案例的计算过程实际上属于重新编码的过程，也可以利用数值计算过程中的条件筛选来实现该过程。具体步骤如下。

（1）打开"计算变量"对话框，设定"目标变量"为"ESCS1"，"数字表达式"为"1"，单击"确定"按钮即可建立新变量，取值为 1。

（2）重新打开"计算变量"对话框，更改"数字表达式"为"2"，单击"如果"按钮，打开"计算变量：If 个案"对话框，单击"在个案满足条件时包括"单选按钮，设定选择条件为"ESCS>=-0.3206"，单击"继续"按钮回到"计算变量"对话框，单击"确定"按钮。计算结果如图 2-20 所示。

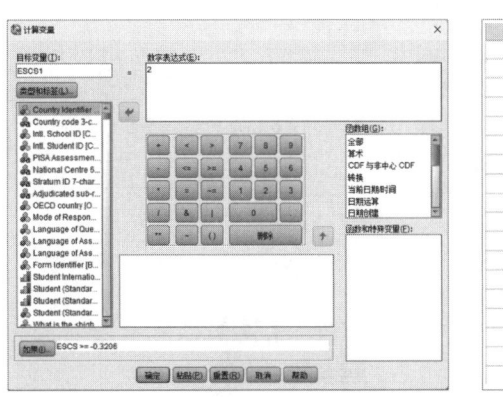

图 2-20 计算结果

2.5 已有变量值的分组合并

SPSS 提供了两种重新编码的功能，其中"重新编码为相同的变量"对原始变量的取值直接进行重新编码，以替换原来的数值，而"重新编码为不同变量"则根据原始变量的取值生成一个新变量，以记录重新编码的结果。两者除输出目标不同外，其余功能类似。

在 SPSS 中可以将连续变量转换为离散（等级/有序）变量。

继续对上述案例进行分析，将 ESCS 数据分为两个等级。在菜单栏中选择"转换"→"重新编码为不同变量"菜单命令，打开"重新编码为不同变量"对话框，如图 2-21 所示。

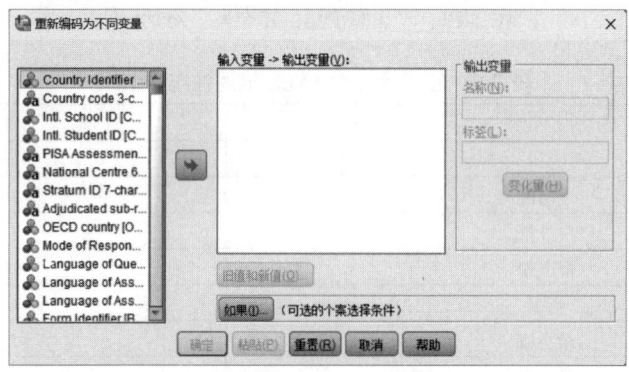

图 2-21　"重新编码为不同变量"对话框

将"ESCS"选项选入"输入变量→输出变量"列表，此时"输出变量"区域被激活，在"名称"文本框中输入新变量名"ESCS2"并单击"变化量"按钮，可见原来的"ESCS→？"变成了"ESCS→ESCS2"，即新旧变量名之间已经建立了对应关系。

注意：在这里不能输入已有变量的名称，即只能建立新变量，并且不能替换原始变量的取值。

单击"重新编码为不同变量"对话框中的"旧值和新值"按钮，打开"重新编码为不同变量：旧值和新值"对话框，如图 2-22 所示。该对话框左侧为原始变量的取值情形，右侧为新变量的赋值设定。设定完毕后单击"添加"按钮，相应的规则会被加入"旧→新"列表。需要注意的是，所有的范围都包含端点值。

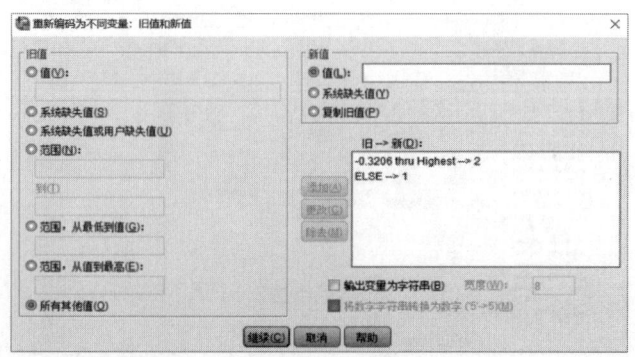

图 2-22　"重新编码为不同变量：旧值和新值"对话框

上述重新编码过程既可以将连续变量转换成数值型或字符型离散变量，又可以将数值型字符变量转换成数值变量，勾选图 2-22 中的"将数字字符串转换为数字"复选框即可。

2.6 自动重新编码、个案排秩和指定数值的查找与计数

2.6.1 自动重新编码

有的时候，对数值进行重新编码比较简单，只需要将其重新编码为新的编号数值即可，这类简单的操作可以通过自动重新编码功能来实现，该功能自动按原变量值的大小或字母排序生成新变量，而新变量值保留原变量值的大小次序。

下面进行案例分析，对 PISA 2018 年数据中的国家变量（CNT）进行重新编码。在菜单栏中选择"转换"→"自动重新编码"菜单命令，打开"自动重新编码"对话框，如图 2-23 所示。在该对话框中进行相应的设置后，得到自动重新编码的输出结果，如图 2-24 所示。

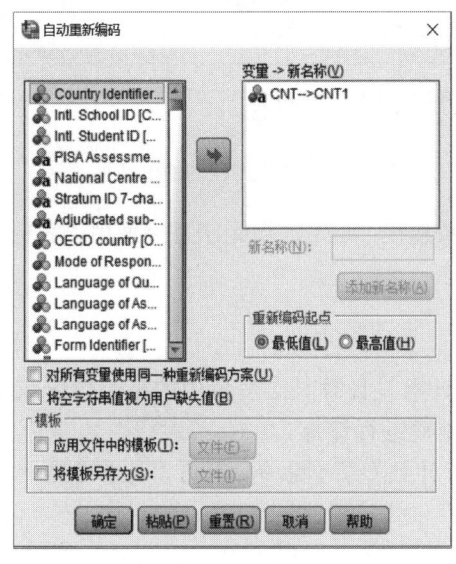

图 2-23　"自动重新编码"对话框

图 2-24　自动重新编码的输出结果

从自动重新编码的输出结果可以看出，"QCI"即"B-S-J-Z"已转换为数字"1"。由于本案例中的数据集只包含中国四个省市的数据，因此只转换了这一个指标。

2.6.2 个案排秩

在菜单栏中选择"转换"→"个案排秩"菜单命令，打开"个案排秩"对话框，如图 2-25 所示。

在"个案排秩"对话框中单击"类型排秩"按钮，打开"个案排秩：类型"对话框，如图 2-26 所示。系统默认勾选"秩"复选框。

下面进行案例分析，利用 PISA 2018 性别分组计算年龄的秩次。

打开"个案排秩"对话框进行设置（见图 2-27），单击"确定"按钮，即可得到个案排秩的输出结果，如图 2-28 所示。从个案排秩的输出结果可以看出，系统生成了一个新的变量 RAGE，其取值为按照性别分组的年龄的秩次。

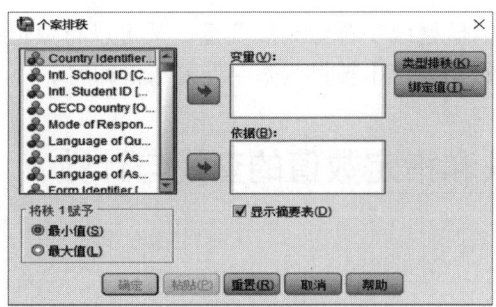
图 2-25 "个案排秩"对话框

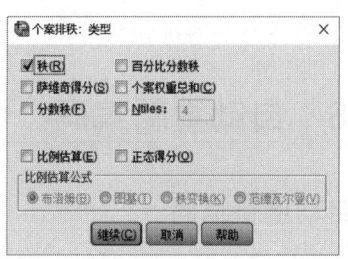
图 2-26 "个案排秩：类型"对话框

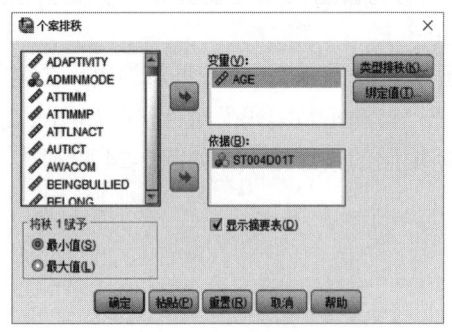
图 2-27 "个案排秩"对话框

图 2-28 个案排秩的输出结果

在一些统计检验中需要进行非参数检验或非参数建模，原始数据无法直接使用，需要先对其进行秩次变换，再进行后续分析。

2.6.3 指定数值的查找与计数

指定数值的查找与计数是指对个案中的值进行计数，计算某个变量中的某个数值或某个区间内数值的个数，或者根据给定条件，对部分数据集进行计算。

在菜单栏中选择"转换"→"对个案中的值进行计数"菜单命令，打开"计算个案中值的出现次数"对话框，如图 2-29 所示。

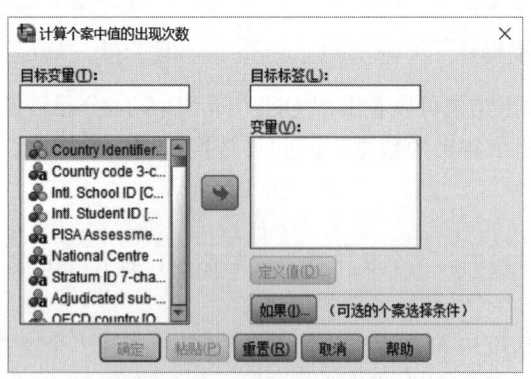
图 2-29 "计算个案中值的出现次数"对话框

（1）"目标变量"文本框：用于输入希望生成的计数变量的名称。
（2）"变量"列表：用于选入希望进行计数的数值型变量。
单击"计算个案中值的出现次数"对话框的"定义值"按钮，打开"对个案中的值进行计数：要计数的值"对话框，该对话框用于定义希望进行查找/计数的变量值范围，该对话框的内容类似于自动重编码时打开的子对话框，因此不再详细介绍。

下面进行案例分析，计算 PV1MATH 变量中大于 500 的个案的数量。

如图 2-30 所示，对"计算个案中值的出现次数"对话框进行设置，单击该对话框中的"定义值"按钮，打开"对个案中的值进行计数：要计数的值"对话框，在该对话框中定义希望进行查找/计数的变量值的范围，如图 2-31 所示，单击"继续"按钮，返回"计算个案中值的出现次数"对话框，单击"确定"按钮后会得到一个新变量 PV1MATH1.2，其含义是大于 500 的个案标为 1，小于 500 的个案标为 0。

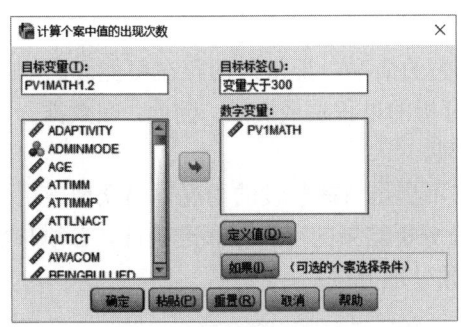

图 2-30　指定数值的查找与计数案例图示（a）

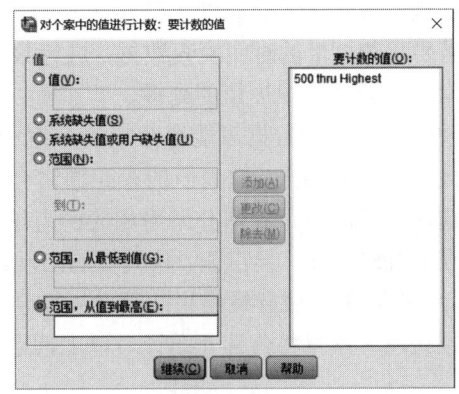

图 2-31　指定数值的查找与计数案例图示（b）

第 3 章 数 据 分 析

3.1 数 据 清 洗

在数据收集之后进行数据清洗是对数据进行准确分析的基础。通常情况下，在数据分析之前，需要花费大量的时间检查数据，进行数据预处理，这一过程需要考虑以下两个问题，分别是异常值的处理和缺失值的处理。

现实中采集的数据可能存在极端个案和数据缺失的情况，异常值的存在可能会影响甚至歪曲数据分析的结果，缺失值的存在通常会对数据分析的过程造成影响。因此，在数据分析前要对这两种情况进行评估并采用相应的方法进行处理。

在研究过程中，异常值、缺失值的出现，以及在不满足前提假设的情况下错误地使用分析方法，都有可能造成分析结果的歪曲和错误。为保证分析结果的可靠性和准确性，必须对数据进行预处理，本章将分别介绍针对以上问题的数据预处理方法。

3.2 异常值的处理

3.2.1 异常值的定义

异常值分为单变量异常值和多变量异常值。单变量异常值是指某一变量值明显高于或低于其他变量值的情况，多变量异常值则是指两个或多个变量值异常组合，使该变量值与其他变量值明显不同。

3.2.2 异常值的检测原理与方法

1. 单变量异常值的检测原理与方法

箱图也称盒式图，可以直观呈现变量值的分布。在箱图中箱体边缘分别对应上四分位数和下四分位数，上四分位数与下四分位数的差值为四分位距。大于上四分位数 1.5 倍四分位距或小于下四分位数 1.5 倍四分位距的值可被划定为异常值。超出上、下四分位数 1.5~3 倍四分位距的值称为温和异常值，超出上、下四分位数 3 倍以上的值称为极端异常值。在利用 SPSS 的绘图功能绘制的箱图中，温和异常值用空心圆圈表示，极端异常值用星号表示。

2. 双变量异常值的检测原理与方法

散点图是以一个变量为横坐标，另一变量为纵坐标，利用散点的分布形态反映变量的统计关系的一种图形。散点图不仅可以用来直观地判断两个变量之间是否存在相关趋势，还可以用来判断是否存在双变量异常值。

利用 SPSS 可以绘制双变量的散点图，要想判断双变量异常值，还需要划定一个范围，这个范围用置信区间来表示。二元正态分布置信区间的几何表示为置信椭圆，椭圆内部表示期望范围，落在椭圆外的变量值即双变量异常值。

3. 多变量异常值的检测原理与方法

多变量异常值可以通过计算观测点的马氏距离（Mahalanobis Distance）进行检测。马氏距离由印度统计学家马哈拉诺比斯（P.C.Mahalanobis）提出，用来度量一个样本点与数据集的距离。假设样本点为 x，数据集分布的平均值为 u，协方差为 V，其中 x, u 均为 n 维向量，V 为 $n×n$ 阶矩阵。则这个样本点与数据集的马氏距离为

$$D^2 = (x-u)^T V (x-u) \tag{3-1}$$

马氏距离本质上定义了样本点与样本平均值的距离，并以此来衡量样本点与数据集的距离。

由于 D^2/df 近似服从 t 分布，因此可以对其进行显著性检验，将落在置信区间外的观测值识别为潜在异常值。由于显著性检验容易受到样本量的影响，根据以往的经验，在小样本时将 D^2/df 的临界值设为 2.5，在大样本时将其设为 3 或 4，将超过临界值的观测值识别为潜在异常值，本书中使用的 PISA 2018 中国四省市的学生数据属于大样本，故以 3 或 4 为临界值。一旦在 D^2/df 指标上被识别为潜在异常值，该观测值就可以按照单变量或双变量异常值进行检测，从而进一步了解变量的异常情况。在 SPSS 的回归分析中可以实现多变量马氏距离的计算，详见下面案例分析。

3.2.3 SPSS 异常值案例分析

本节采用的数据是 PISA 2018 中国四省市学生数据中的数学拟真值（Plausible Value in Mathematics），共 12058 个学生样本观测记录，每个学生在数学科目上都有 10 个拟真值，分别是 PV1MATH,PV2MATH,…, PV10MATH，均为连续数值变量。

1. 单变量异常值检测

首先利用箱图检测单变量异常值。具体操作如下：在菜单栏中选择"图形"→"旧对话框"→"箱图"菜单命令，如图 3-1 所示，在打开的"箱图"对话框中单击"单独变量的摘要"单选按钮，打开"定义简单箱图：单独变量的摘要"对话框。

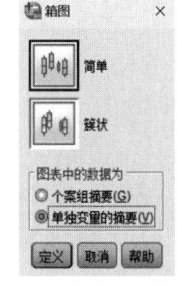

（a）"箱图"对话框的打开途径　　　　　　　（b）"箱图"对话框

图 3-1　打开"箱图"对话框

在"定义简单箱图：单独变量的摘要"对话框中，将 10 个变量全部选入"箱表示"列表，

如图 3-2 所示，单击"确定"按钮即可生成箱图。

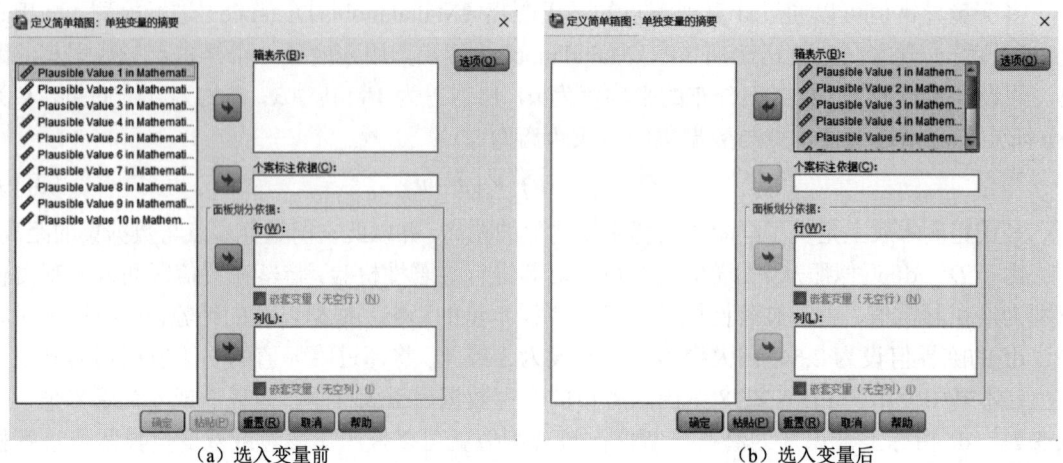

(a) 选入变量前　　　　　　　　　　　　(b) 选入变量后

图 3-2　在"定义简单箱图：单独变量的摘要"对话框中选入变量

在图 3-3 所示的箱图中，空心圆圈表示的是某一变量中的温和异常值，星号表示的是某一变量中的极端异常值。例如，在变量 PV1MATH 中第 11、21、237 个个案是温和异常值，在变量 PV2MATH 中第 15 个个案是极端异常值。

2．多变量异常值检测

在多变量异常值检测中，需要先计算马氏距离，再计算 D^2/df 统计量。计算马氏距离的具体操作如下：在菜单栏中选择"分析"→"回归"→"线性"菜单命令，打开"线性回归"对话框，将变量 PV10MATH 选入"因变量"列表中，将变量 PV1MATH～PV9MATH 选入"自变量"列表中，然后单击"保存"按钮，在打开的"线性回归：保存"对话框中勾选"距离"区域中的"马氏距离"复选框，单击"继续"按钮返回"线性回归"对话框，单击其中的"确定"按钮。此时数据集中会加入新变量"MAH_1"，如图 3-4 至图 3-6 所示。

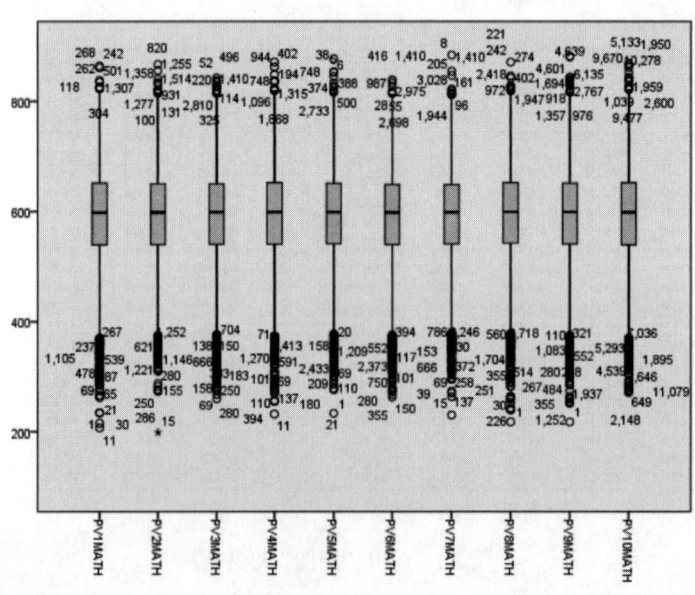

图 3-3　单变量异常值检测——箱图

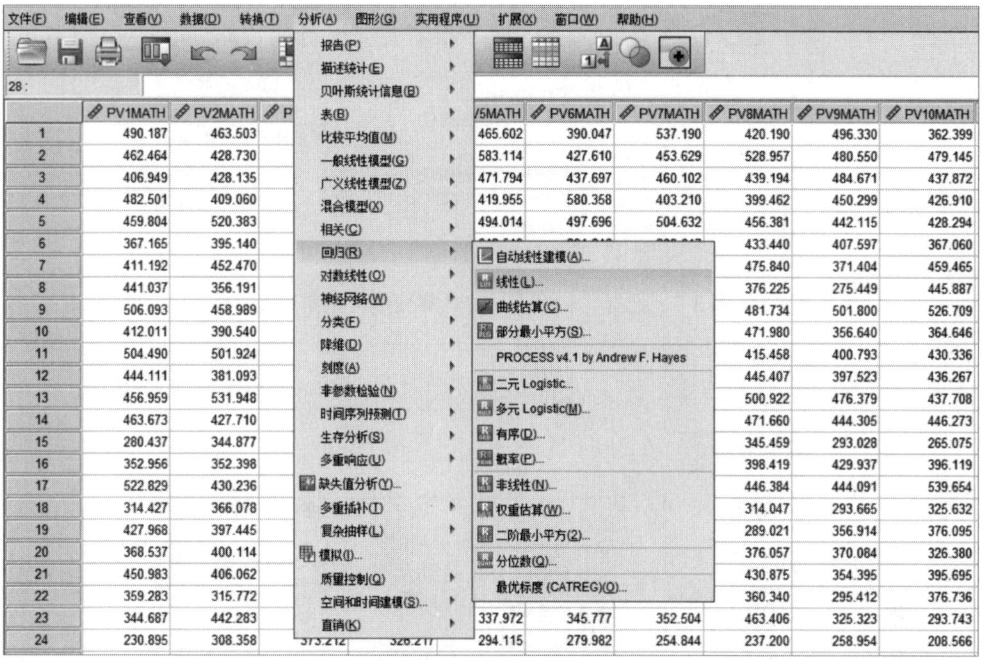

第3章 数据分析

图3-4 "线性回归"对话框的打开途径

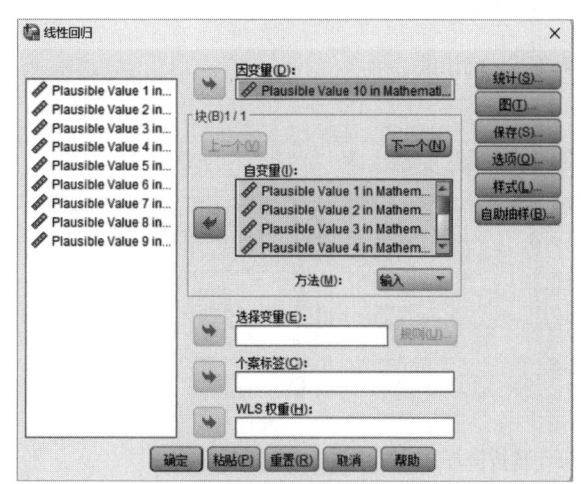

图3-5 在"线性回归"对话框中选入变量

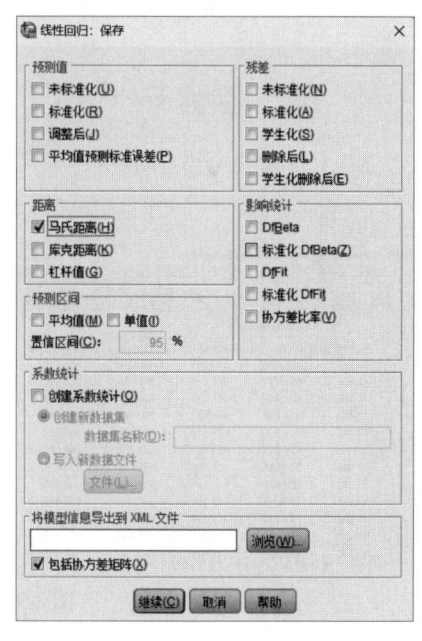

图3-6 在"线性回归：保存"对话框中勾选"马氏距离"复选框

接下来，计算 D^2/df 统计量的值，判断 D^2 是否显著。具体操作如下：在菜单栏中选择"转换"→"计算变量"菜单命令，打开"计算变量"对话框，在"目标变量"文本框中输入"MAHdf"，在"数字表达式"文本框中输入公式"MAH_1/9"，单击"确定"按钮。注意，这里将马氏距离除以 9，是因为自由度为 9。给新增的变量 MAHdf 排序，选取 4 作为临界值，查找可能的异常值，如图3-7至图3-9所示。

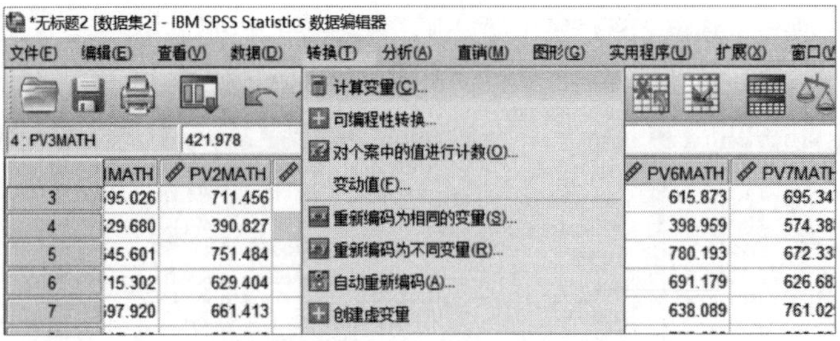

图 3-7 选择"转换"→"计算变量"菜单命令

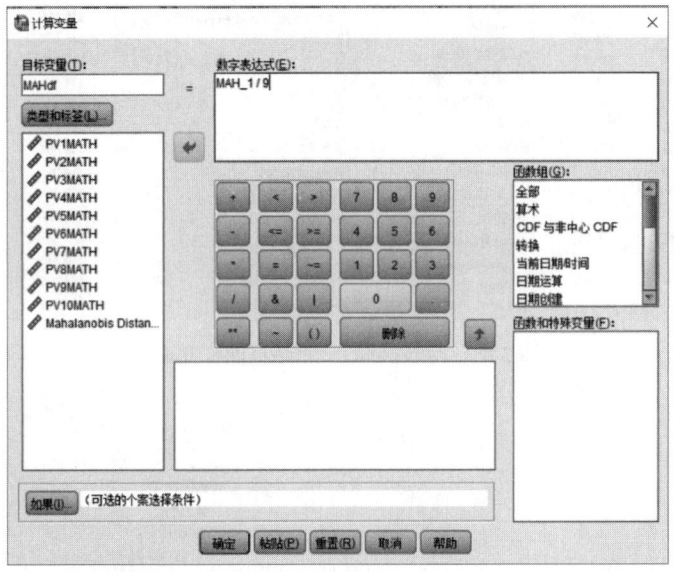

图 3-8 计算生成 t 统计量

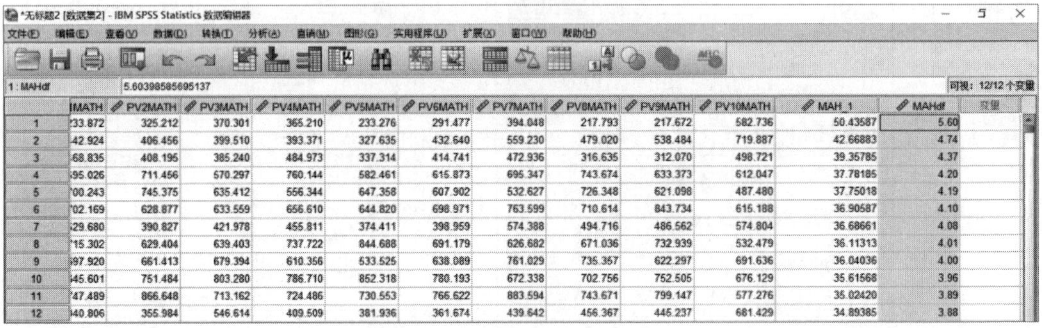

图 3-9 将 t 统计量按降序排列

3.3 缺失值的处理

在日常工作及科学研究中,当进行样本量较大的群体调查时,有多种原因可能导致所收集的数据不完整,这时初始数据中包含缺失值。缺失值会带来许多负面影响,例如,包含缺失值的观测可以看作正常观测的系统误差,这会导致计算结果不准确;获得的信息比预期要少,这会导致统计量的计算精度降低;许多统计过程的假设是基于完整数据的,数据不完整将导致计算无法进行。

缺失值问题是统计人员和数据采集人员所不愿见到的，也是无法避免的。在大型的数据采集任务中，即使有着非常严格的质量控制，含有缺项、漏项的记录所占的比例也很容易达到10%；在进行敏感问题的调查时，缺失值问题就更加突出了，例如，当问卷中涉及家庭收入等问题时，许多受访者会以故意漏填来避免尴尬。

当样本量较大而缺失值较少时，可以将含有缺失值的记录直接删去，这样做没有太大问题；但当缺失值的数量较多时，这样做会直接丢失大量信息，并有可能导致错误的结论。因此进行更为系统的缺失值分析是非常有必要的。

3.3.1 数据的缺失机制

数据的缺失机制大致可以分为以下三种：完全随机缺失（Missing Completely at Random，MCAR）、随机缺失（Missing at Random，MAR）和非随机缺失（Missing Not at Random，MNAR）。

（1）完全随机缺失。完全随机缺失是指缺失现象完全是随机发生的，与数据本身或其他变量的取值无关。这是缺失值问题中处理起来比较简单的一种，可以直接将缺失值删除，无须担心估计偏差，这样做唯一的缺点是会丢失一些信息；也可以采用均值替换等方法处理缺失值，以便充分利用样本信息。要评估 MCAR 假设是否成立，可以通过比较回答者和未回答者的分布情况进行验证，也可以利用单变量 t 检验或 Little's MCAR 检验进行更精确的评估。事实上，完全符合 MCAR 假设的情况非常少见，而且上述检验方法只能证明 MCAR 假设不成立，不能证明其成立，因此在对缺失情况进行评估时一定要相当谨慎，切不可妄下结论。

（2）随机缺失。这种情况要严重些，也更加常见。它是指数据的缺失情况与数据集中其他无缺失变量的取值有关。此时，缺失值不仅会导致信息损失，还可能导致分析结果不可信。例如，在调查人群的血压时发现数据有缺失，但数据缺失以高龄组为主，这是由于高龄组的受访者行动不便，不能到场接受深度访谈和检查。此时将缺失值直接删除就不一定合适，而应利用已知变量对缺失的数据进行估计，这样才能对总体进行综合的评价。

（3）非随机缺失。这是最坏的一种情形，数据的缺失既和其他变量的取值有关，又和数据本身的取值有关，例如，在调查人群的收入时，收入高的受访者出于各种原因不愿意提供其家庭年收入值。对于这种情况，缺失值分析模型基本上是无法解决的，只能对其进行粗略的估计。

3.3.2 缺失值的处理方法

缺失值的处理方法主要分为两类，删除和替换值插补。数据量、研究问题的类型或变量的类型不同，采用的处理方法不同。

1. 删除

（1）成列删除：将含有缺失值的个案全部删除。这种处理方法的局限性在于会使数据量大大减少，但在原本数据量较大的情况下，其不失为一种简单直接的方法，本书采用 PISA 数据，其数据量较为庞大，就可以采用这种方法。

（2）成对删除：根据不同问题的需要，仅使用所有可能获得的数据。例如，在计算两个变量之间的相关性时，仅使用这两个变量均不缺失的个案。

2. 替换值插补

（1）均值插补：均值插补即用变量未缺失个案的平均值来填补缺失。这种处理方法可能会低估该填补变量的方差，扭曲实际的变量值分布，减弱变量之间的关系。

（2）回归插补：回归插补将缺失变量作为因变量，将其他连续变量作为自变量，建立回归方程。回归插补分为单一插补（使用在缺失值上的回归方程预测值对缺失进行插补）和多重插补（在回归预测值的分布上找多个点对缺失进行插补）。为了保证模型估计结果的稳定性，样本量必须足够大才可以使用回归插补，并且回归插补假设有缺失的变量与其他变量之间存在一定程度的相关性，可能会增强变量之间的关系。

3.3.3 SPSS缺失值案例分析

本节案例分析采用的数据是PISA 2018中国四省市数据中的"家庭财产"、"家庭文化财产"、"家庭教育资源"、"家族财富"、"信息和通信技术资源"、"学生感知到的家长情感支持"、"竞争力"、"普遍害怕失败"、"生命的意义"及"主观幸福感：积极情感"十个变量。这些变量都存在一定程度的缺失。

1. 评估数据的缺失程度

评估数据缺失程度的具体操作如下：在菜单栏中选择"转换"→"对个案中的值进行计数"菜单命令，如图3-10所示，打开"计算个案中值的出现次数"对话框，在该对话框的"目标变量"文本框中输入"nmiss"，将需要检测的十个变量选入"数字变量"列表中，如图3-11所示，单击"定义值"按钮，打开"对个案中的值进行计数：要计数的值"对话框，单击"值"区域中的"系统缺失值或用户缺失值"单选按钮，如图3-12所示，依次单击"添加"按钮和"继续"按钮，返回"计算个案中值的出现次数"对话框，单击其中的"确定"按钮。这样新添加的变量nmiss将记录每个个案所缺失变量的个数。接下来，在菜单栏中选择"分析"→"描述统计"→"频率"菜单命令，在弹出的对话框中将nmiss变量选入变量列表，得到每个观测缺失变量的频数统计，如图3-13所示。

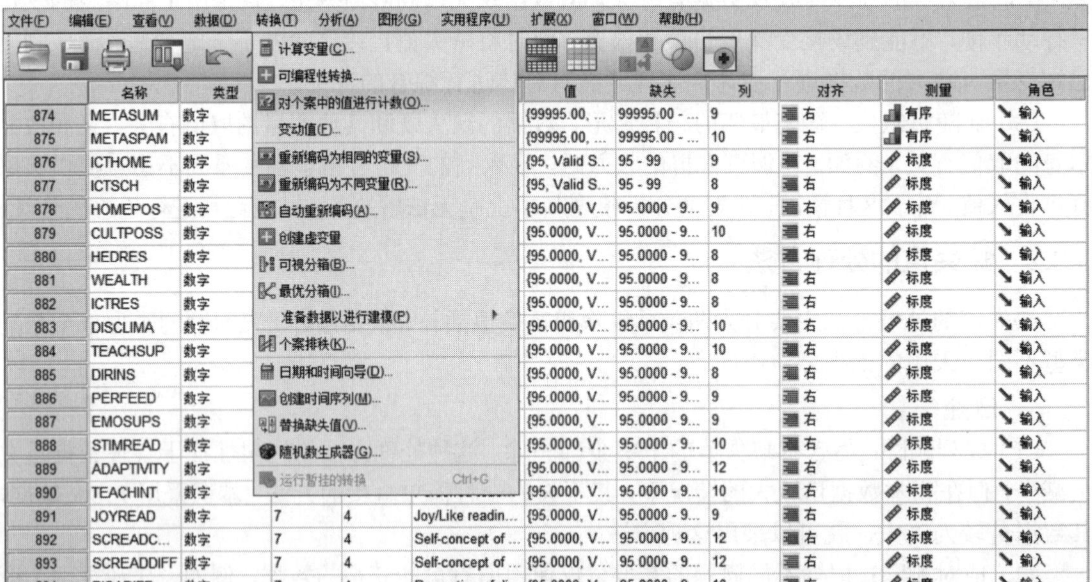

图3-10 选择"转换"→"对个案中的值进行计数"菜单命令

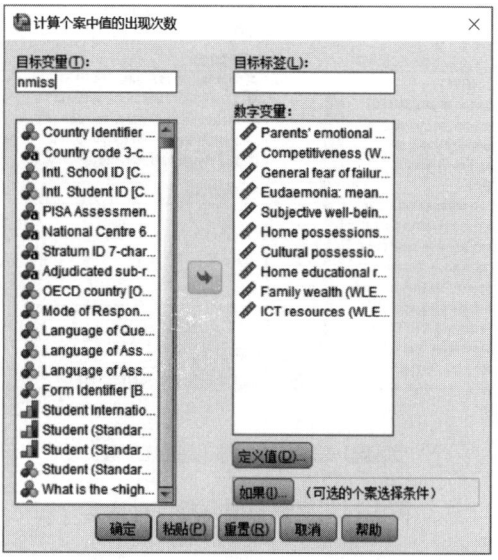

图 3-11　“计算个案中值的出现次数”对话框

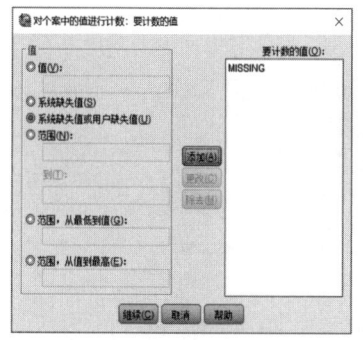

图 3-12　“对个案中的值进行计数：要计数的值”对话框

nmiss

		频率	百分比	有效百分比	累积百分比
有效	.00	11779	97.7	97.7	97.7
	1.00	194	1.6	1.6	99.3
	2.00	8	.1	.1	99.4
	3.00	2	.0	.0	99.4
	4.00	3	.0	.0	99.4
	5.00	6	.0	.0	99.5
	9.00	1	.0	.0	99.5
	10.00	65	.5	.5	100.0
	总计	12058	100.0	100.0	

图 3-13　观测缺失变量的频数统计

从图 3-13 中可以看出，有 11779 个个案在这十个变量上不含缺失值，有 194 个个案在一个变量上有缺失，有 8 个个案在两个变量上有缺失，有 65 个个案在十个变量上都有缺失。

在菜单栏中选择“分析”→“缺失值分析”菜单命令，打开“缺失值分析”对话框，将十个连续变量全部添加到“定量变量”列表中，若在实际分析中存在分类变量，则将分类变量添加到“分类变量”列表中，将学校 ID 添加到“个案标签”列表，如图 3-14 所示。之后单击“模式”按钮，打开“缺失值分析：模式”对话框，在该对话框中勾选“个案表（按缺失模式分组）”和“具有缺失值的个案（按缺失值模式排序）”复选框，设定省略个案数不足 0.01%的模式，如图 3-15 所示。单击“继续”按钮返回“缺失值分析”对话框，在该对话框中单击“描述”按钮，打开“缺失值分析：描述”对话框，在该对话框中勾选“单变量统计”复选框，如图 3-16 所示。单击“继续”按钮返回“缺失值分析”对话框，单击其中的“确定”按钮，结果如图 3-17 至图 3-20 所示，由于图 3-18 中的表格较长，在此仅截取首尾两部分。

从图 3-17 中可以看出变量 SWBP（主观幸福感：积极情感）的缺失值最多，共有 162 个缺失值，占比为 1.3%。变量 HOMEPOS（家庭财产）的缺失值最少，共有 65 个缺失值，占比为 0.5%。

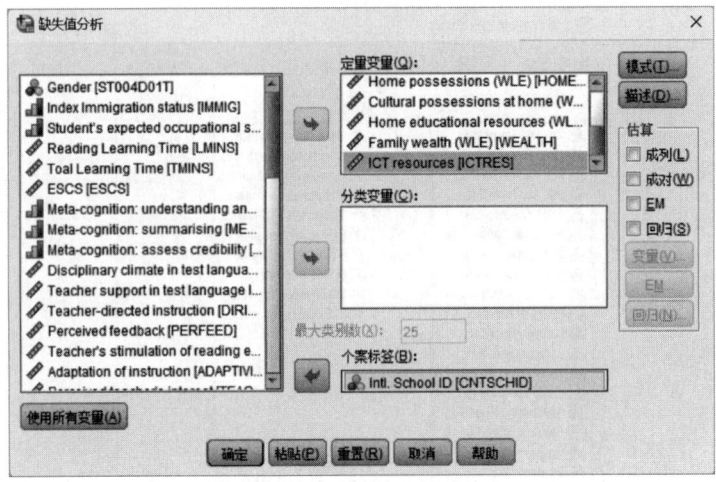

图 3-14 "缺失值分析"对话框

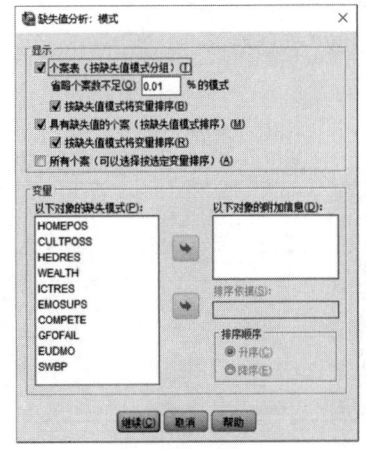

图 3-15 "缺失值分析：模式"对话框

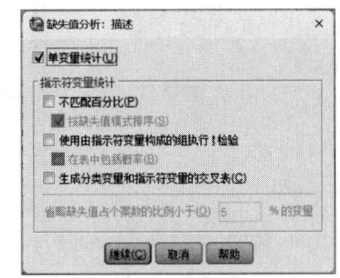

图 3-16 "缺失值分析：描述"对话框

	个案数	平均值	标准 偏差	缺失 计数	缺失 百分比	极值数[a] 低	极值数[a] 高
EMOSUPS	11952	.005736	.9308054	106	.9	285	0
COMPETE	11954	.420146	.8190053	104	.9	214	0
GFOFAIL	11964	.012426	.8770561	94	.8	507	875
EUDMO	11957	.089889	.9207751	101	.8	205	0
SWBP	11896	.102188	.8915477	162	1.3	273	0
HOMEPOS	11993	-.385672	.9301148	65	.5	246	347
CULTPOSS	11980	-.103115	1.1525965	78	.6	257	0
HEDRES	11988	.268942	.9981199	70	.6	182	0
WEALTH	11991	-.678086	.8317614	67	.6	255	326
ICTRES	11988	-.396653	.9513709	70	.6	223	439

a. 超出范围（平均值 - 2*标准差, 平均值 + 2*标准差）的个案数。

图 3-17 单变量统计结果

从图 3-18 和图 3-19 中可以看出每个包含缺失值的个案在哪几个变量上有缺失，如个案 9750001 在变量 EUDMO 上是缺失的，其缺失百分比为 10%，个案 975000362 在十个变量上均有缺失，因此其缺失百分比为 100%。从图 3-20 中可以看出，有 11779 个个案是不包含缺失值的，有 65 个个案在十个变量上均有缺失，有 29 个个案在 EMOSUPS 变量上有缺失，在其他变量上没有缺失。

缺失模式（具有缺失值的个案）

个案	缺失数	缺失百分比	缺失模式和极值模式[a] HOMEPOS	WEALTH	HEDRES	ICTRES	CULTPOSS	GROFAIL	EUDMO	COMPETE	EMOSUPS	SWBP
97500001	1	10.0							S			
97500045	1	10.0							S			
97500129	1	10.0							S			
97500149	1	10.0							S			
97500150	1	10.0							S			-
97500163	1	10.0						+	S			
97500176	1	10.0							S			
97500178	1	10.0							S			
97500194	1	10.0							S			
97500197	1	10.0							S			
97500202	1	10.0							S			
97500216	1	10.0						+	S			
97500224	1	10.0							S			
97500225	1	10.0			-				S			
97500235	1	10.0						+	S	-		

图 3-18　个案缺失模式（首）

97500362	10	100.0	D	D	D	S	D	S	S	S	S	S
97500362	10	100.0	D	D	D	S	D	S	S	S	S	S
97500334	4	40.0	-	D	D	S	D					
97500262	3	30.0	-	-	D	S	D					
97500083	2	20.0			D		D					
97500301	1	10.0					D			-		
97500272	1	10.0					D					
97500167	1	10.0					D	+				
97500104	1	10.0					D					
97500195	1	10.0					D					
97500051	1	10.0				-	D					-
97500267	1	10.0					D					
97500178	1	10.0					D					
97500020	1	10.0					D					
97500057	1	10.0				S						
97500282	1	10.0				S						
97500020	1	10.0			D							

- 指示极小值，而 + 指示极大值。使用的范围是 (平均值 - 2*标准差, 平均值 + 2*标准差)。

a. 个案和变量按缺失模式进行排序。

图 3-19　个案缺失模式（尾）

制表模式

个案数	HOMEPOS	WEALTH	HEDRES	ICTRES	CULTPOSS	GROFAIL	EUDMO	COMPETE	EMOSUPS	SWBP	完成条件...[b]
11779											11779
25							X				11804
29								X			11808
2								X		X	11892
82										X	11861
17						X					11796
29									X		11808
2									X	X	11892
2						X	X		X	X	11939
6						X	X	X	X	X	11977
65	X	X	X	X	X	X	X	X	X	X	12058
9						X					11788
2					X						11781

将不会显示个案百分比低于 0.01% (1 个或更少) 的模式。
a. 变量按缺失模式进行排序。
b. 不使用模式（以 X 标记）中的缺失变量时的完整个案数。

图 3-20　变量缺失模式

2. 检验数据的缺失机制

首先对单个变量进行检验。以变量 CULTPOSS 为例进行单个变量的缺失值检验：根据该变量是否缺失，将所有观测值分为两组，比较其他变量的值在这两组上是否存在显著差异。具体操作如下：在菜单栏中选择"转换"→"重新编码为不同变量"菜单命令，打开"重新编码为不同变量"对话框，将变量 CULTPOSS 选入"数字变量→输出变量"列表中，在"输出变量"区域中的"名称"文本框中输入"cultposs_new"，如图 3-21 所示，然后单击"旧值和新值"按钮，打开"重新编码为不同变量：旧值和新值"对话框，在"旧值"区域中单击"系统缺失值或用户缺失值"单选按钮，在"新值"区域中的"值"文本框中输入"1"，如图 3-22 所示，单击"添加"按钮；在"旧值"区域中单击"所有其他值"单选按钮，在"新值"区域中的"值"文本框中输入"2"，依次单击"添加"按钮和"继续"按钮，返回"重新编码为不同变量"对话框，单击其中的"确定"按钮，此时数据集中新增一列名为 cultposs_new 的分组变量。

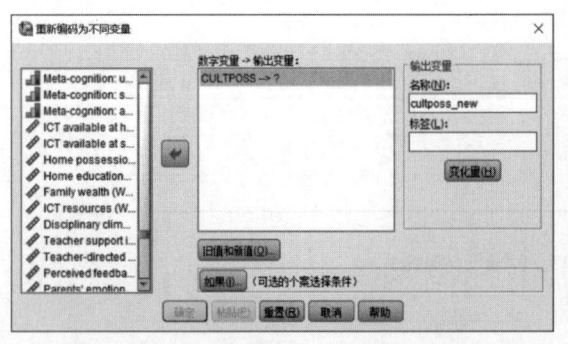

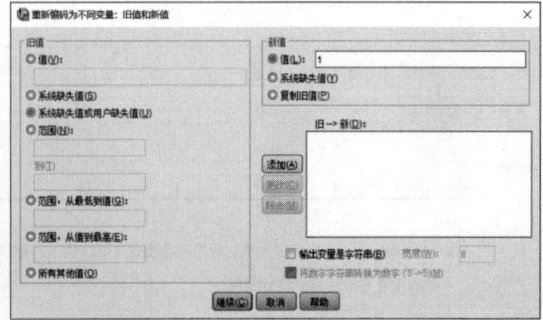

图 3-21　"重新编码为不同变量"对话框　　图 3-22　"重新编码为不同变量：旧值和新值"对话框

其次根据变量 cultposs_new 对其他变量进行 t 检验，具体操作如下：在菜单栏中选择"分析"→"比较平均值"→"独立样本 T 检验"菜单命令，打开"独立样本 T 检验"对话框，将其余 9 个变量选入"检验变量"列表，将变量 cultposs_new 添加到"分组变量"列表，如图 3-23 所示，单击"定义组"按钮，打开"定义组"对话框，在该对话框中单击"使用指定的值"单选按钮进行分组，如图 3-24 所示，在"组 1"文本框中输入"1"，在"组 2"文本框中输入"2"，单击"继续"按钮返回"独立样本 T 检验"对话框，单击其中的"确定"按钮，检验结果如图 3-25 所示。

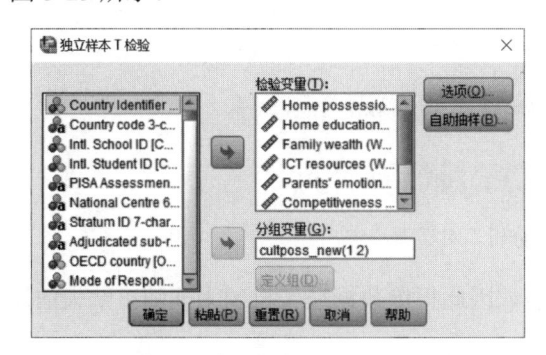

图 3-23　"独立样本 T 检验"对话框　　　　图 3-24　"定义组"对话框

		\multicolumn{2}{c}{}	\multicolumn{5}{c}{平均值等同性 t 检验}	\multicolumn{2}{c}{差值 95% 置信区间}
				t	自由度	Sig.(双尾)	平均值差值	标准误差差值	下限	上限
Parents' emotional support perceived by student	假定等方差	1.657	0.198	-1.253	11950	0.210	-0.3367405	0.2688290	-0.8636890	0.1902079
	不假定等方差			-1.366	11.026	0.199	-0.3367405	0.2466014	-0.8793487	0.2058676
Competitiveness (WLE)	假定等方差	0.085	0.770	-2.874	11952	0.004	-0.6796788	0.2364734	-1.1432051	-0.2161525
	不假定等方差			-2.680	11.019	0.021	-0.6796788	0.2536525	-1.2378453	-0.1215122
General fear of failure (WLE)	假定等方差	1.998	0.158	2.387	11962	0.017	0.6046224	0.2532616	0.1081885	1.1010563
	不假定等方差			3.422	11.046	0.006	0.6046224	0.1766690	0.2159720	0.9932728
Eudaemonia: meaning in life (WLE)	假定等方差	0.002	0.961	-0.330	11955	0.741	-0.0877603	0.2659483	-0.6090622	0.4335415
	不假定等方差			-0.343	11.024	0.738	-0.0877603	0.2562145	-0.6515360	0.4760153
Subjective well-being: Positive affect (WLE)	假定等方差	0.475	0.491	-1.771	11894	0.077	-0.4560481	0.2574744	-0.9607401	0.0486439
	不假定等方差			-1.513	11.016	0.158	-0.4560481	0.3013981	-1.1193018	0.2072056
Home possessions (WLE)	假定等方差	0.085	0.771	-2.414	11991	0.016	-0.6229805	0.2580554	-1.1288109	-0.1171501
	不假定等方差			-2.717	12.033	0.019	-0.6229805	0.2292697	-1.1223643	-0.1235967
Home educational resources (WLE)	假定等方差	7.017	0.008	0.182	11986	0.855	0.0607146	0.3328450	-0.5917156	0.7131447
	不假定等方差			0.301	8.033	0.771	0.0607146	0.2018949	-0.4045256	0.5259547
Family wealth (WLE)	假定等方差	0.064	0.801	-1.840	11989	0.066	-0.4617194	0.2508756	-0.9534762	0.0300375
	不假定等方差			-1.771	10.017	0.107	-0.4617194	0.2607806	-1.0426410	0.1192023
ICT resources	假定等方差	0.014	0.906	-1.921	11986	0.055	-0.5780187	0.3009417	-1.1679132	0.0118758
	不假定等方差			-2.134	9.019	0.062	-0.5780187	0.2709140	-1.1906765	0.0346391

图 3-25　单变量缺失机制检验结果

从图 3-25 所示的检验结果中可以看出，其中 8 个变量在变量 CULTPOSS 是否包含缺失两个组上进行 t 检验都是没有显著差异的，说明变量 CULTPOSS 的缺失不是随机缺失（MAR）。

最后进行缺失数据的整体检验。检验数据的缺失机制是否为完全随机缺失（MCAR）可以使用 Little's MCAR 检验，在菜单栏中选择"分析"→"缺失值分析"菜单命令，打开"缺失值分析"对话框，如图 3-26 所示，将十个连续变量全部添加到"定量变量"列表中，将学生 ID 添加到"个案标签"列表中，在"估算"区域中勾选"EM"复选框，单击"确定"按钮，检验结果如图 3-27 所示。

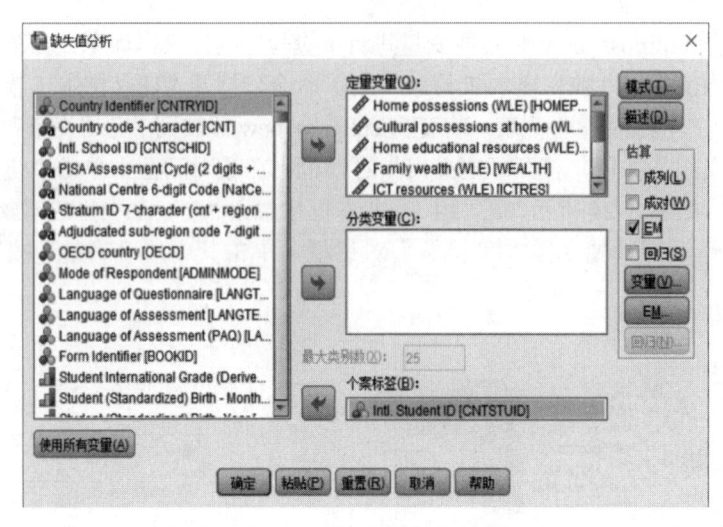

图 3-26 "缺失值分析"对话框

由图 3-27 可知，Little's MCAR 检验结果显著，因此拒绝数据缺失机制为非随机缺失的原假设。

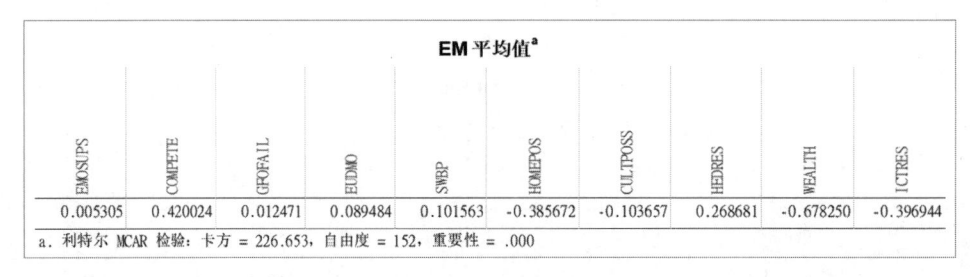

EM 平均值[a]

EMOSUPS	COMPETE	GFOFAIL	EUDMO	SWBP	HOMEPOS	CULTPOSS	HEDRES	WEALTH	ICTRES
0.005305	0.420024	0.012471	0.089484	0.101563	-0.385672	-0.103657	0.268681	-0.678250	-0.396944

a. 利特尔 MCAR 检验：卡方 = 226.653，自由度 = 152，重要性 = .000

图 3-27 Little's MCAR 检验结果

3．缺失值的插补

下面仍以变量 CULTPOSS 为例，介绍各种填补缺失值的操作方法。

（1）均值插补。在菜单栏中选择"转换"→"替换缺失值"菜单命令，在弹出的对话框中将变量 CULTPOSS 选入"新变量"列表，方法选择"序列平均值"，单击"确定"按钮，得到的均值插补结果如图 3-28 所示。在数据集中会生成新变量 CULTPOSS_1，它是对原变量 CULTPOSS 进行均值插补后得到的完整变量。

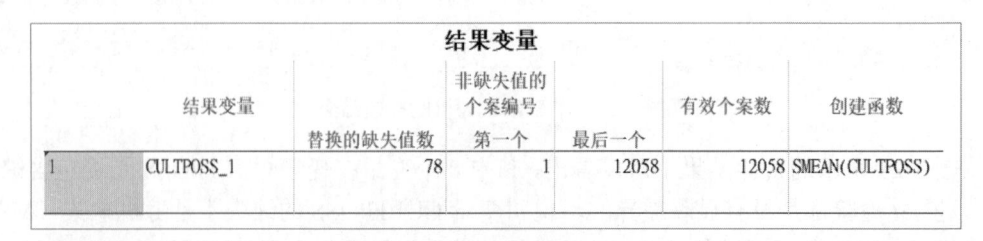

结果变量

结果变量	替换的缺失值数	非缺失值的个案编号 第一个	最后一个	有效个案数	创建函数
1 CULTPOSS_1	78	1	12058	12058	SMEAN(CULTPOSS)

图 3-28 均值插补结果

（2）回归插补。在菜单栏中选择"分析"→"缺失值分析"菜单命令，打开"缺失值分析"对话框，在"估算"区域中勾选"回归"复选框，系统的默认设置是使用所有的连续变量进行估计，这里使用默认设置。接下来单击"回归"按钮，打开"缺失值分析：回归"对话框，默认使用"残差"为回归预测值添加随机误差项。勾选"保存完成的数据"复选框，可以为插补后的数据集建立一个新的数据集，将数据集的名称填入"数据集名称"文本框中，如图3-28所示，单击"继续"按钮返回"缺失值分析"对话框，单击该对话框中的"确定"按钮即可得到回归插补结果。

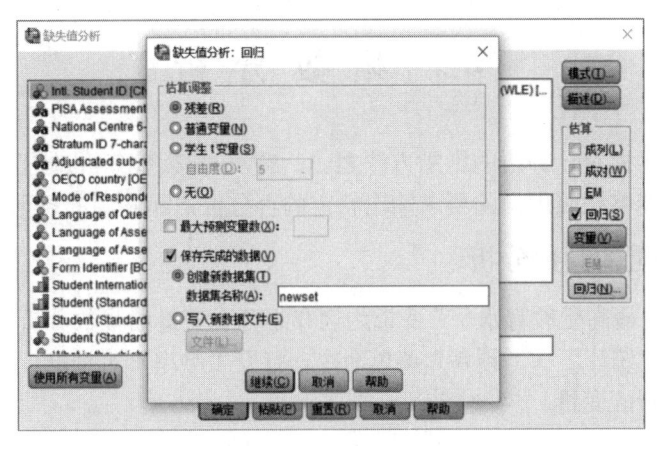

图3-29 回归插补

（3）EM插补。EM插补和回归插补的操作类似，只是需要在"估算"区域中勾选"EM"复选框，然后单击"EM"按钮，在弹出的对话框中勾选"保存完成的数据"复选框，为插补后的数据创建一个新的数据集。

（4）多重插补。在菜单栏中选择"分析"→"多重插补"→"插补缺失数据值"菜单命令，打开"插补缺失数据值"对话框，如图3-30所示，将十个变量添加到"模型中的变量"列表中，"插补"数值框中的插补次数默认为"5"。单击"插补数据的位置"区域中的"创建新数据集"单选按钮，将插补结果保存为一个新的数据集。

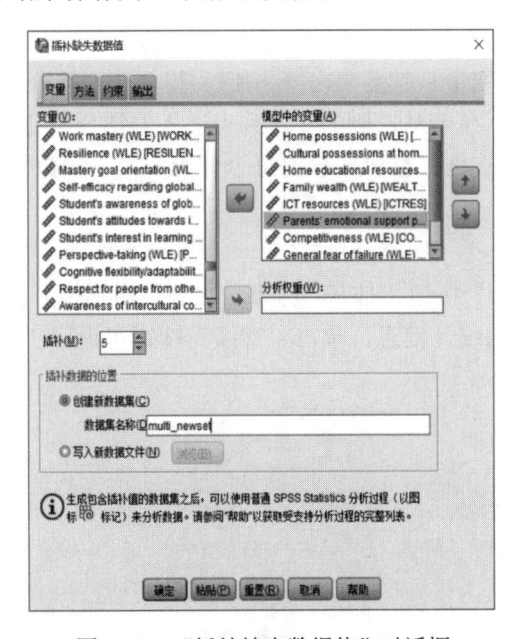

图3-30 "插补缺失数据值"对话框

第 4 章 数据基本描述

4.1 频数分析

频数分析是描述性统计分析的常用方法之一，SPSS 的频数分析过程不但能够输出详细的频数分布表，而且能够按照用户的要求输出特定的百分位点和常用的条形图等统计图形。

4.1.1 对分类变量的频数分析

下面以"母亲的最高受教育水平"变量为例介绍分类变量的频数分析过程。在菜单栏中选择"分析"→"描述统计"→"频率"菜单命令，打开"频率"对话框，如图 4-1 所示，在该对话框中选择待分析的变量。

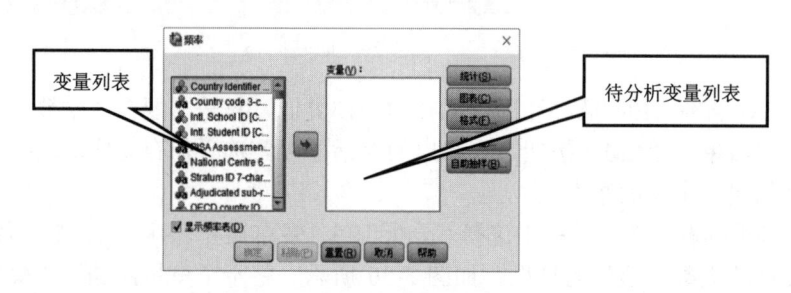

图 4-1 "频率"对话框

1. 变量选择

想要查看变量的频率分布情况，就将其选入右侧的待分析变量列表中。在变量列表中选中"母亲的最高受教育水平"变量，然后单击 按钮，将其选入待分析变量列表。

（1）待分析变量列表：显示从左侧的变量列表选入的待分析变量。

（2）"显示频率表"复选框：显示输出的每个分析变量的频数分布表，系统默认勾选该复选框。

2. 统计量选择

单击图 4-1 中的"统计"按钮，打开"频率：统计"对话框，如图 4-2 所示，在该对话框中选择想要在结果中显示的统计信息，单击"继续"按钮可返回"频率"对话框。

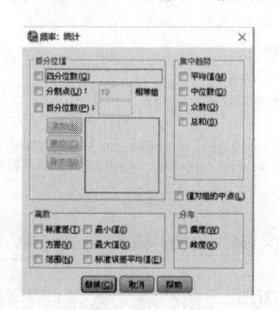

图 4-2 "频率：统计"对话框

1)"百分位值"区域

百分位数是一种位置指标，常用 P_X 表示。一个百分位数 P_X 将一组观察值分为两部分，理论上有 $x\%$ 的观察值比它小，有 $(100-x)\%$ 的观察值比它大。

四分位数：变量的 P_{25}、P_{50} 和 P_{75} 分位数，分别记为 Q_1、Q_2 和 Q_3。这三个数可以将变量的取值等分为四个部分，通常将第一个四分位数称为"下四分位数"，记为 Q_L；将第三个四分位数称为"上四分位数"，记为 Q_U。在"频率：统计"对话框中勾选"四分位数"复选框可输出变量的 P_{25}、P_{50} 和 P_{75} 分位数。

分割点：可将变量取值等分为几组。在"频率：统计"对话框中勾选"分割点"复选框并在其后的文本框中输入要等分的组数，可输出相应的分割点取值。

百分位数：可指定输出的百分位数，在"频率：统计"对话框的"百分位数"文本框中输入相应的百分位数后单击"添加"按钮可将其加入下面的列表，如此重复可加入多个百分位数。列表中的数值可通过单击"更改"和"除去"按钮进行修改和删除，最终可输出列表中各百分位数的取值。

2)"集中趋势"区域

"集中趋势"区域包含表示数据集中程度的统计量，有平均值、中位数和众数等，勾选相应的复选框，可分别输出对应的取值。

平均值：用于反映一组数据的平均水平，其计算方法为变量所有的有效取值相加再除以有效个案总数。平均值最重要的意义在于它高度浓缩了数据中的信息，将大量的观测数据转换为一个具有代表性的数值。将平均值作为变量的集中值不仅考虑到了变量值的频次、次序，还考虑到了变量值的大小。数据资料中任何频次、次序和数值大小的变化，都会引起平均值的改变，因此平均值是灵敏的，也是对数据资料中所提供的信息运用得最为充分的。但平均值在高度概括观测数据从而使问题简单化的同时，丢失了某些有用的信息。一方面，平均值把观测数据之间的差异性掩盖了起来；另一方面，由于平均值对个别极端值的反应比较灵敏，因此在某些情况下平均值可能具有一定的欺骗性，有可能传递不准确的信息。

中位数：将变量的取值按大小顺序排列，处于中间位置的数值称为中位数。它把变量的取值分成两部分，一半比它小，一半比它大。由于中位数是位置平均数，因此它不受极端值的影响，在具有个别极大值或极小值的分布数列中，中位数比平均值更具有代表性。中位数适用于任意分布类型的数据，不过，由于中位数只代表居中位置的数值，其他的变量值比中位数大多少或小多少，它是无法反映出来的，因此用中位数来描述连续变量会损失很多信息。当样本量较小时，中位数不太稳定，并不是一个好的选择。因此，对于对称分布的数据资料，分析数据时往往优先考虑使用平均值，仅在平均值不能使用的情况下才用中位数对数据加以描述。

众数：样本数据中出现频次最多的数值称为众数，众数不受极端值影响，但不易确定，且没有太明确的统计特性。众数适用于任何层次的变量，特别适用于单峰对称的情况，是比较两个分布是否相近首先要考虑的参数。但是，由于众数只包含数据的最大频次这一信息，因此它能够提供的信息有限，用它来反映连续变量会损失很多信息。

3)"离散"区域

"离散"区域包含表示数据离散程度的统计量，有标准差、方差、最小值、最大值、范围和标准误差平均值等。

标准差：将方差开平方后得到的数值称为标准差，它克服了方差量纲不合理的缺点。标准差用于衡量数据偏离平均数的程度，相当于平均偏差，可以直接地、概括地、平均地描述数据变异程度的大小。对同性质的数据来说，标准差越小，表明数据的变异程度越小，数据越整齐，数据的分布越集中；标准差越大，表明数据的变异程度越大，数据参差不齐，数据的分布越分散。

方差：变量的所有取值与平均值之差的平方和除以有效个案总数所得到的数值称为方差。方差可用于比较样本数据分布的离散程度，方差越大，数据分布的离散程度越大。

最小值：变量的所有取值中最小的数值称为最小值。

最大值：变量的所有取值中最大的数值称为最大值。

范围：也称极差，是一组数据中最大值与最小值之差。极差反映的是变量分布的变异范围或离散幅度。极差的计算简单，含义直观，运用方便，但存在两点不足：一是其仅仅取决于两个极端值的水平，不能反映其间的变量分布情况，提供的信息太少；二是其容易受到个别极端值的影响，不符合稳健性的要求。

标准误差平均值：也称平均数标准误差，用于衡量样本平均值的离散程度。在实际抽样中，习惯用样本平均值来推断总体平均值，样本平均值的离散程度（标准误差）越大，抽样误差越大，所以用样本平均值的标准误差来衡量抽样误差的大小。

4）"分布"区域

"分布"区域包含表示数据分布形态的统计量，有偏度和峰度等。

偏度：用来描述变量取值的分布形态的统计量，指分布不对称的方向和程度。样本的偏度系数记为 α，偏度是与正态分布相比较而言的统计量。当 $\alpha > 0$ 时，分布为正偏或右偏，即分布曲线的"长尾巴"在右边，峰尖偏左；当 $\alpha < 0$ 时，分布为负偏或左偏，即分布曲线的"长尾巴"在左边，峰尖偏右；当 $\alpha = 0$ 时，分布为对称分布。需要特别提醒的是，偏度的方向指的是"长尾巴"的方向，而不是峰尖的方向。与左、右偏度相对应的术语还有正、负偏度，这里的正负是指数据的算术平均值与众数之差的符号，对于右偏度分布的数据，其算术平均值大于众数，称之为正偏度；同理，称左偏度为负偏度。

峰度：用来描述变量取值分布形态的陡缓程度的统计量，是指分布曲线的尖峭程度或峰凸程度。样本的峰度系数记为 β，峰度也是与正态分布相比较而言的统计量。当 $\beta > 0$ 时，分布为高峰度的，即分布曲线的峰比正态分布的峰要陡峭，峰的形状比较尖；当 $\beta < 0$ 时，分布为低峰度的，即分布曲线的峰比正态分布的峰要平坦；当 $\beta = 0$ 时，分布为正态分布。

5）"值为组的中点"复选框

当原始数据记录的是分组频数的数据，并且具体取值是组中值时（如所有20~30岁的人的年龄都记录为25），勾选该复选框，SPSS会自行估计数据的中位数和百分位数。

3. 输出图形设置

单击图4-1中的"图表"按钮，打开"频率：图表"对话框，如图4-3所示，在该对话框中选择输出哪些图形，单击"继续"按钮可返回"频率"对话框。

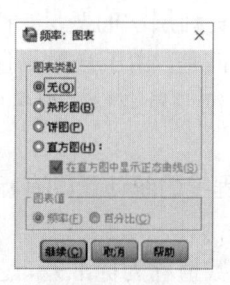

图4-3 "频率：图表"对话框

1)"图表类型"区域

"图表类型"区域有四个单选按钮:"无"(不输出图形)、"条形图"、"饼图"和"直方图"单选按钮,勾选"直方图"单选按钮下方的复选框可在直方图中显示正态曲线。

2)"图表值"区域

"图表值"区域用于设置在图表中显示何种类型的值,有"频率"和"百分比"单选按钮(只对条形图和饼图有效)。

4. 输出格式设置

单击图 4-1 中的"格式"按钮,打开"频率:格式"对话框,如图 4-4 所示,在该对话框中选择输出格式,单击"继续"按钮可返回"频率"对话框。

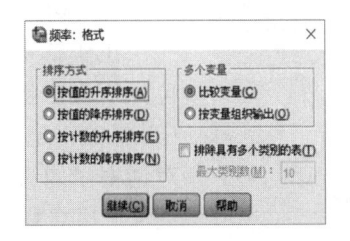

图 4-4 "频率:格式"对话框

1)"排序方式"区域

"排序方式"区域包含四种排序方式,分别为按值的升序排序(系统默认方式)、按值的降序排序、按计数的升序排序和按计数的降序排序。

2)"多个变量"区域

(1)"比较变量"单选按钮:可将所有变量在同一个表格里输出,便于比较。

(2)"按变量组织输出"单选按钮:为每个变量单独输出一个表格。

3)"排除具有多个类别的表"复选框

"排除具有多个类别的表"复选框用于控制表格的大小,勾选后可进一步设置最多能显示的分组个数,即最大类别数,当频数表的分组个数大于此临界值时不进行输出,以避免产生过大的表格。

5. 输出结果

单击图 4-1 中的"确定"按钮,SPSS 的输出结果如图 4-5 和图 4-6 所示。

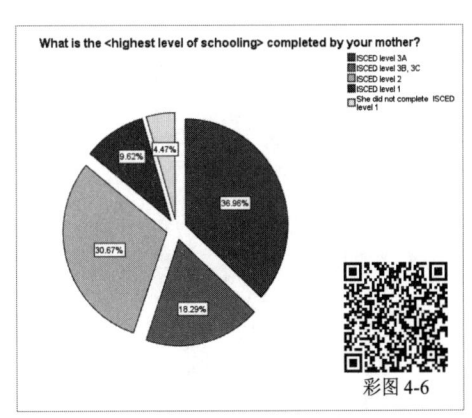

图 4-5 频数分析表   图 4-6 频数分析饼图

从图 4-5 所示的频数分析表中可看出，该数据集中"母亲最高受教育水平"变量的有效个案数为 11982 个，缺失个案数为 76 个；在"母亲最高受教育水平"的表格中给出了各水平的学生所占的百分比。图 4-6 所示的频数分析饼图以图形的方式更直观地显示了各水平学生的比例信息。

4.1.2 对连续变量的频数分析

在菜单栏中选择"分析"→"描述统计"→"频率"菜单命令，打开"频率"对话框，如图 4-7 所示。

1. 参数设置

在变量列表中选中 ESCS（经济社会文化地位）变量，将其添加到右侧待分析的变量列表中。单击"统计"按钮，在打开的"频率：统计"对话框中勾选"四分位数"、"平均值"、"中位数"、"标准差"、"偏度"和"峰度"复选框，单击"继续"按钮返回"频率"对话框。单击"图表"按钮，在弹出的"频率：图表"对话框中单击"直方图"单选按钮，勾选"在直方图中显示正态曲线"复选框，单击"继续"按钮返回"频率"对话框，单击"确定"按钮。

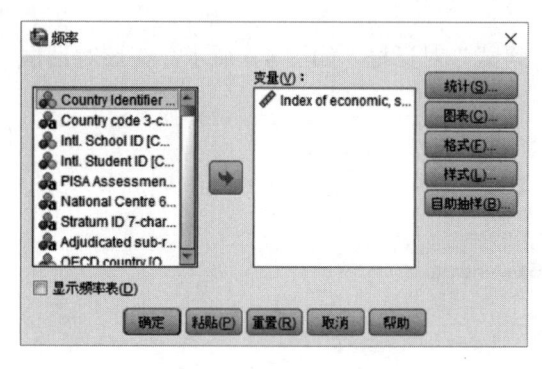

图 4-7 "频率"对话框

2. 结果分析

在图 4-8 所示的连续变量频数分析表中显示了所选统计量的统计结果，如平均值为-0.362、中位数为-0.321 等；由于偏度和峰度都小于 0，ESCS 数据的分布呈现左偏低峰分布，但两个数值均较小，因此可认为 ESCS 数据的分布与正态分布较为接近。

从直方图中正态曲线和柱状图的拟合结果（见图 4-9）来看，ESCS 数据基本呈现正态分布。

图 4-8　连续变量频数分析表

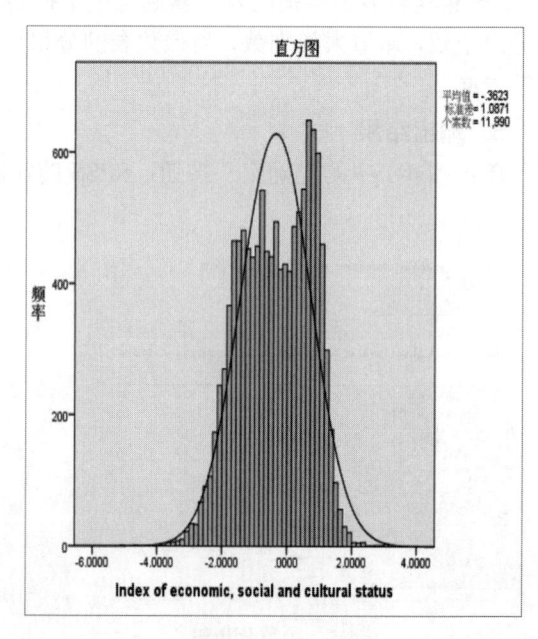

图 4-9　直方图

4.2 描述性统计分析

描述性统计分析可以输出多种类型的统计量，也可以将原始数据转换成标准 Z 分数（标准化数据）并存入当前的数据集中，标准化后的数据不会受到量纲的影响，更易于比较，常用于其他统计分析过程。

在菜单栏中选择"分析"→"描述统计"→"描述"菜单命令，打开"描述"对话框，如图 4-10 所示，在该对话框中选择待分析的变量。

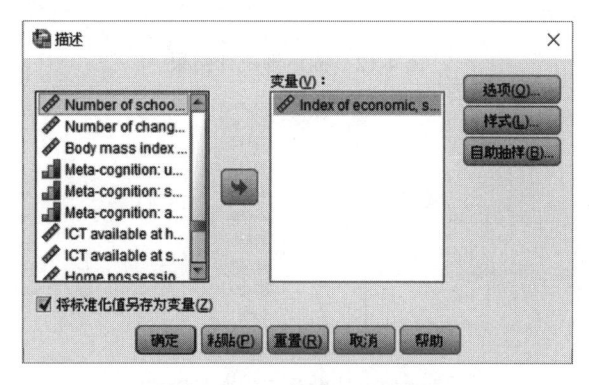

图 4-10 "描述"对话框

4.2.1 变量选择

在变量列表中选中所有的待分析变量，单击 按钮将其添加至待分析的变量列表中。

（1）变量列表：选入待分析的变量，适用于连续变量。

（2）"将标准化值另存为变量"复选框：将每个待分析的变量转换成标准化数据后另存为新变量，并将其保存到当前的数据集中。新变量的命名方式就是在原变量名的前面加"Z"。新变量可用于其他作图或统计分析过程。

4.2.2 选项设置

图 4-11 所示的"描述：选项"对话框与频数分析部分介绍的内容类似，此处不再赘述。

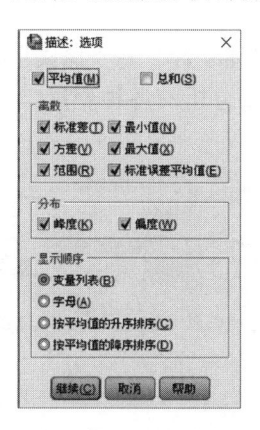

图 4-11 "描述：选项"对话框

4.2.3 输出结果

由图 4-12 所示的描述性统计结果可知，变量 ESCS 的最大值为 3.10，最小值为-5.08，范围为 8.18，其他统计量的取值与图 4-8 所示的内容一致，不再复述。勾选"将标准化值另存为变量"复选框后，系统在原始数据的最后一列新生成了 ESCS 标准化后的变量值 ZESCS，其部分内容如图 4-13 所示。

	个案数 统计	范围 统计	最小值 统计	最大值 统计	平均值 统计	平均值 标准误差	标准差 统计	方差 统计	偏度 统计	偏度 标准误差	峰度 统计	峰度 标准误差
Index of economic, social and cultural status	11990	8.1786	-5.0771	3.1015	-.362260	.0099278	1.0870843	1.182	-.195	.022	-.759	.045
有效个案数（成对）	11990											

图 4-12　描述性统计结果

图 4-13　标准化后的变量取值

4.3　探索性分析

对变量进行深入和详尽的描述性统计分析的过程，称为探索性分析。其在一般描述性统计指标的基础上，增加了关于其他数据特征的文字与图形描述，使分析结果更加细致与全面，有助于用户对数据进行深入分析。

探索性分析能够生成关于所有个案或不同分组个案的综合统计量及图形，既可以进行数据筛选，如检测异常值、极端值、数据缺口等，又可以进行假设检验。探索性分析能够帮助用户决定选择何种统计方法进行数据建模、判断是否需要把数据转换成正态分布，以及是否需要进行非参数统计。

在菜单栏中选择"分析"→"描述统计"→"探索"菜单命令，打开"探索"对话框，如图 4-14 所示，在该对话框中选择需要分析的各种变量。

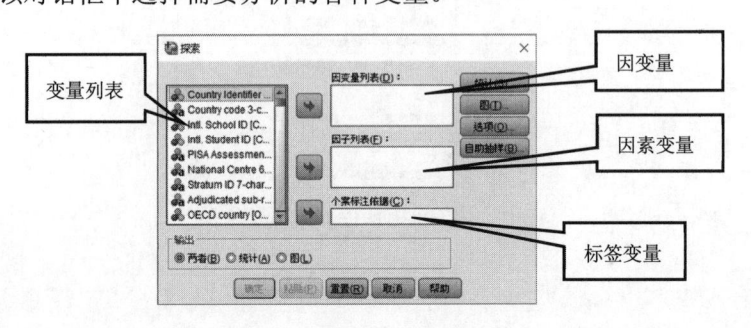

图 4-14　"探索"对话框

4.3.1 变量选择

在"探索"对话框的变量列表中选择 PV1READ 变量，然后单击因变量列表左侧的 按钮，将其选入因变量列表；在变量列表中选择 MISCED 变量，然后单击因子列表左侧的 按钮，将其选入因子列表；在变量列表中选择 CNTSTUID 变量，然后单击"个案标注依据"列表左侧的 按钮，将其选入"个案标注依据"列表。

（1）因变量列表：用于从变量列表中选入因变量，一般为连续变量；

（2）因子列表：用于从变量列表中选入因素变量，一般为分类变量。

若同时选入了多个因变量和因素变量，则 SPSS 将对它们之间的两两组合分别进行分析，对于每对因变量和因素变量的搭配，输出的结果都是类似的；当选入的变量较多时，可能会耗费较多的时间并产生很多的输出。

（3）个案标注依据：用于从变量列表中选入标签变量，以在结果中标识观测量。

（4）输出：用于选择输出哪些内容。有三个可选选项："图"（输出统计图形）、"统计"（输出统计量表格）和"两者"（输出统计量表格和统计图形）。

4.3.2 统计量设置

单击图 4-14 中的"统计"按钮，打开"探索：统计"对话框，如图 4-15 所示。单击"继续"按钮可返回"探索"对话框。

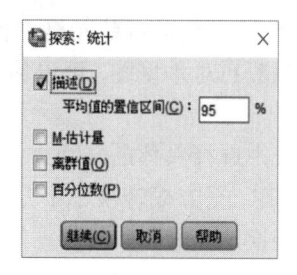

图 4-15 "探索：统计"对话框

（1）描述：勾选此复选框会输出包含如下内容的表格：平均值、中位数、众数、5%修正均数、标准误差、方差、标准差、最小值、最大值、全距、峰度系数、峰度系数的标准误差、偏度系数、偏度系数的标准误差等；系统默认显示平均值95%的置信区间，可以在"平均值的置信区间"数值框中指定此置信区间的范围。

（2）M-估计量：计算并输出比平均值和中位数更稳定的数据中心估计值，包括以下 4 个：Huber's、Andrews、Hampel's、Tukey's。

（3）离群值：输出 5 个最大值与 5 个最小值，包括观测量的标签。

（4）百分位数：输出第 5%、10%、25%、50%、75%、90%、95%的百分位数。

4.3.3 作图设置

单击图 4-14 中的"图"按钮，打开"探索：图"对话框，如图 4-16 所示。单击"继续"按钮可返回"探索"对话框。

1."箱图"区域

"箱图"区域用于设置关于箱图的参数，有如下 3 个单选按钮。

（1）因子级别并置：对于每个因素变量，每个图只显示一个因变量，系统默认选中该单选按钮。

(2) 因变量并置：对于每个因素变量，每个图显示所有的因变量。

(3) 无：不绘制箱图。

2. "描述图"区域

"描述图"区域用于设置关于数据描述性质的图形输出，有如下 2 个复选框。

(1) 茎叶图：作茎叶图，系统默认勾选该复选框。

(2) 直方图：作直方图。

3. "含检验的正态图"复选框

"含检验的正态图"复选框用于绘制正态概率图和去趋势后的正态概率图，并输出检验正态性的 Kolmogorov-Smirnov 统计量及其 Lilliefors 置信水平；若指定了非整数的权重，并且加权样本数为 3～50，则输出 Shapiro-Wilk 统计量；若没有指定权重或指定了整数权重，并且加权样本数为 3～5000，则输出 Shapiro-Wilk 统计量。

4. "含莱文检验的分布-水平图"区域

"含莱文检验的分布-水平图"区域用于设置控制数据转换的散布对水平图，同时显示回归曲线的斜率和方差齐性检验的莱文统计量。若选择了数据转换，则对转换后的数据进行莱文检验。可选项有如下 4 个。

(1) 无：不输出散布对水平图。

(2) 幂估算：产生四分位数的自然对数、对单元格中位数的自然对数的散布图，以及达到方差齐性要求的幂次估计；根据此散布对水平图，可以估计将各组方差转换成同方差所需的幂次。

(3) 转换后：在其后的下拉列表中选择具体的转换方法，可选方法有自然对数转换（系统默认方法）、1/平方根转换、倒数转换、平方根转换、平方转换、立方转换。

(4) 未转换：不进行任何数据转换，输出原始的数据散布图，相当于进行幂次为 1 的数据转换。

4.3.4　缺失值设置

单击图 4-14 中的"选项"按钮，打开"探索：选项"对话框，如图 4-17 所示。单击"继续"按钮可返回"探索"对话框。

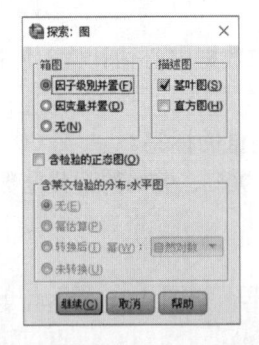

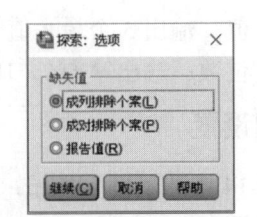

图 4-16　"探索：图"对话框　　　　图 4-17　"探索：选项"对话框

对缺失值的处理方式有以下 3 种。

(1) 成列排除个案：对每个个案，只要分析所用到的变量中有 1 个包含缺失值，就将该个案从所有分析中剔除,该选项为系统默认选项。

(2)成对排除个案:只有分析所用到的变量包含缺失值,才将相应的个案从当前分析中剔除,此方法可以最大限度地利用原始数据。

(3)报告值:将因素变量中包含缺失值的个案作为一个单独的类别进行统计,所有的输出结果都将包含这个被标识为缺失的类别。

4.3.5 分析结果

1. 个案处理摘要和描述性表格

如图 4-18 和图 4-19 所示,个案处理摘要给出了母亲受教育水平变量在不同取值下的有效个案数和缺失个案数,在本案例中没有缺失数据;描述性表格给出了以母亲受教育水平为 None 为例的描述性统计量,包括平均值及其 95%置信区间、中位数、方差等,其他水平输出的描述性统计量与此类似。

		个案处理摘要					
		有效		个案 缺失		总计	
	Mother's Education (ISCED)	个案数	百分比	个案数	百分比	个案数	百分比
Plausible Value 1 in Reading	None	532	100.0%	0	0.0%	532	100.0%
	ISCED 1	1121	100.0%	0	0.0%	1121	100.0%
	ISCED 2	3273	100.0%	0	0.0%	3273	100.0%
	ISCED 3B, C	509	100.0%	0	0.0%	509	100.0%
	ISCED 3A, ISCED 4	1961	100.0%	0	0.0%	1961	100.0%
	ISCED 5B	1842	100.0%	0	0.0%	1842	100.0%
	ISCED 5A, 6	2747	100.0%	0	0.0%	2747	100.0%

图 4-18 个案处理摘要

		描述		统计	标准误差
	Mother's Education (ISCED)				
Plausible Value 1 in Reading	None	平均值		522.35741	3.682536
		平均值的 95% 置信区间	下限	515.12329	
			上限	529.59154	
		5% 剔除后平均值		524.02662	
		中位数		521.59900	
		方差		7214.489	
		标准差		84.938150	
		最小值		232.209	
		最大值		737.645	
		全距		505.436	
		四分位距		123.506	
		偏度		-.272	.106
		峰度		.077	.211

图 4-19 描述

2. 正态性检验

如图 4-20 所示,由于正态性检验的显著性水平都比较低,因此可以认为每个水平的学生阅读成绩的分布不是正态分布,在后续的研究中需要注意。

		正态性检验					
		柯尔莫戈洛夫-斯米诺夫[a]			夏皮洛-威尔克		
	Mother's Education (ISCED)	统计	自由度	显著性	统计	自由度	显著性
Plausible Value 1 in Reading	None	.036	532	.092	.992	532	.008
	ISCED 1	.031	1121	.014	.997	1121	.025
	ISCED 2	.026	3273	.000	.996	3273	.000
	ISCED 3B, C	.056	509	.001	.990	509	.002
	ISCED 3A, ISCED 4	.040	1961	.000	.991	1961	.000
	ISCED 5B	.038	1842	.000	.991	1842	.000
	ISCED 5A, 6	.049	2747	.000	.978	2747	.000

图 4-20 正态性检验

3. 方差齐性检验

如图 4-21 所示，4 种莱文检验的显著性水平都低于 0.05，故认为方差不齐。

方差齐性检验

		莱文统计	自由度1	自由度2	显著性
Plausible Value 1 in Reading	基于平均值	4.273	6	11978	.000
	基于中位数	4.027	6	11978	.000
	基于中位数并具有调整后自由度	4.027	6	11877.783	.000
	基于剪除后平均值	4.199	6	11978	.000

图 4-21　方差齐性检验

4. 直方图和去趋势正态 Q-Q 图

图 4-22 和图 4-23 所示为母亲受教育水平为 None 时学生阅读成绩分布的直方图和去趋势正态 Q-Q 图，其他水平输出的图形与此类似。从直方图来看，阅读成绩分布偏大的较多一些；从去趋势正态 Q-Q 图来看，虽然大部分点分布在横轴附近，但偏差相对较大的点占据较大比重。

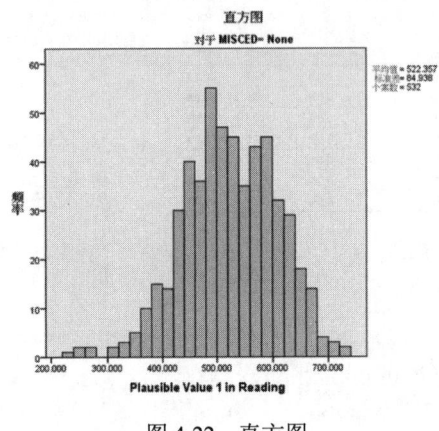

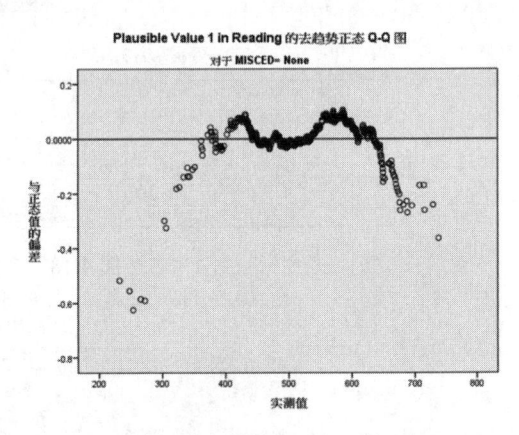

图 4-22　直方图　　　　　　　　　图 4-23　去趋势正态 Q-Q 图

5. 箱图

母亲受教育水平变量和学生阅读成绩变量的箱图如图 4-24 所示，每个母亲受教育水平变量中都存在部分异常数据，其中，大部分异常数据是偏低的，只存在少数几个偏高的数据，编号已在图中标注。

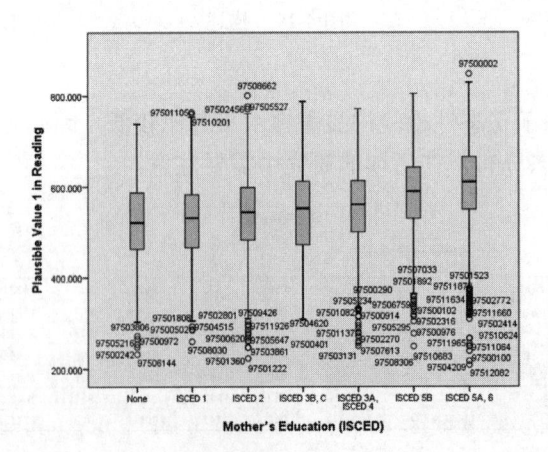

图 4-24　箱图

4.4 交叉表分析

交叉表也称列联表，是将观测数据按两个或多个属性（分类变量）进行分类时列出的频数表。

在一般情况下，若总体中的个体可按两个属性 A 与 B 进行分类，属性 A 有 r 个等级 $A_1, A_2, \cdots, A_r$，属性 B 有 c 个等级 $B_1, B_2, \cdots, B_c$，从总体中抽取数量为 n 的样本，设其中有 N_{ij} 个样本的属性属于等级 A_i 和 B_j，则称 N_{ij} 为频数，将 $r \times c$ 个 N_{ij} 排列为一个 r 行 c 列的二维交叉表，简称 $r \times c$ 表。如果需要考虑的属性多于两个，那么可以按照类似的方式做出它们的交叉表，称为多维交叉表。由于属性变量的取值是离散的，因此交叉表分析属于离散多元分析的范畴。交叉表分析在市场研究中有着广泛的应用。

在 SPSS 中使用交叉表对计数资料和某些等级资料（分类变量）进行分析，可以得到许多统计检验和统计量的输出。

4.4.1 交叉表分析的参数设置

在菜单栏中选择"分析"→"描述统计"→"交叉表"菜单命令，打开"交叉表"对话框，如图 4-25 所示，在该对话框中选择需要分析的各种变量。

1. 变量设置

在变量列表中选择销售点变量，然后单击行变量列表左侧的 ![] 按钮，将其选入行变量列表。在变量列表中选择服务满意度变量，然后单击列变量列表左侧的 ![] 按钮，将其选入列变量列表。勾选"显示簇状条形图"复选框。

行变量列表：用于选入行变量。

列变量列表：用于选入列变量。

分层变量列表：用于选入分层变量。

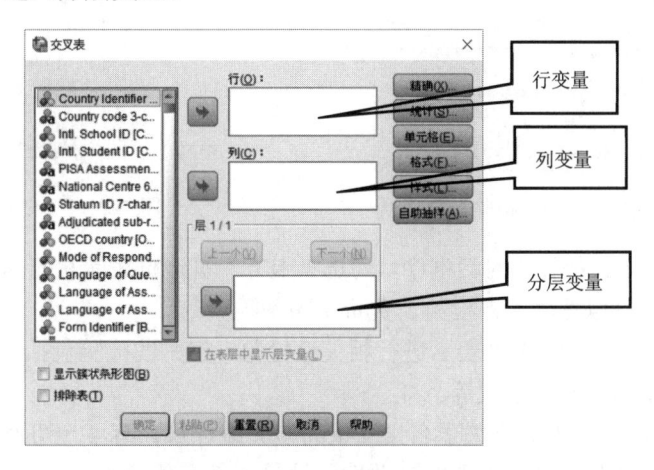

图 4-25 "交叉表"对话框

通过单击"上一个""下一个"按钮，可以指定多组分层变量，从而对分层变量的每个取值（或取值组合）分别进行关于行、列变量的交叉表分析。

显示簇状条形图：勾选该复选框后系统将输出关于各类别频数统计的复合条形图。

排除表：勾选该复选框后系统将不再输出频数统计表格。

2. 精确检验设置

单击图 4-25 中的"精确"按钮，打开"精确检验"对话框，如图 4-26 所示。在该对话框中可以设置计算检验统计量显著性水平的参数。单击"继续"按钮可返回"交叉表"对话框。

（1）仅渐近法用于基于检验统计量的渐进分布计算显著性水平。当计算得到的显著性水平低于 0.05 时，认为是显著的。此方法适用于较大的数据集，当数据量较少或数据没有明显的分布特征时，由此方法所得的结论可能会很不稳定。

（2）蒙特卡洛法是对精确显著性水平的无偏估计。先从一个参考样本中重复抽取样本量相同的子样本，再通过子样本的显著性水平推导总体的显著性水平。此方法适用于数据量太大，无法使用其他方法进行计算的情况。"置信度级别"文本框用来设置置信水平，默认值为 99%；"样本数"文本框用来设置抽样的次数，系统默认为 10000 次。

（3）精确方法。一般情况下，当由此计算得到的显著性水平低于 0.05 时，认为是显著的，即认为行、列变量之间存在一定的相关性。勾选"每个检验的时间限制"复选框表示只有当精确方法对单个检验的计算时间少于限制条件时，才用其取代蒙特卡洛法。"分钟"前的文本框用来设置时间限制（单位：分钟），系统默认为 5 分钟。

3. 统计量设置

单击图 4-25 中的"统计"按钮，打开"交叉表：统计"对话框，如图 4-27 所示，在该对话框中可以设置所要计算的统计量。单击"继续"按钮可返回"交叉表"对话框。

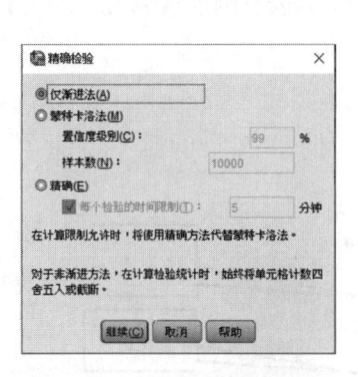

图 4-26 "精确检验"对话框　　　　图 4-27 "交叉表：统计"对话框

在"交叉表：统计"对话框中，勾选"卡方"复选框表示进行卡方检验。卡方检验包括皮尔逊卡方检验、似然比卡方检验、费希尔精确检验等。

勾选"相关性"复选框表示进行相关性检验。相关性检验包括行、列变量的皮尔逊相关系数和斯皮尔曼等级相关系数等。

"名义"区域用于选择关于名义变量的检验统计量，有 4 个可选项。

（1）列联系数：基于卡方的相关性统计量，其取值范围是 0～1，列联系数为 0 表示行、列变量之间没有关系，列联系数越接近 1 表示行、列变量之间的相关性越强。

（2）Phi 和克莱姆 V：两个基于卡方的相关性统计量。

（3）Lambda：反映根据自变量预测因变量时的误差缩减比例，其取值为 1 表示自变量能够完全预测因变量，其取值越接近 0 表示自变量对因变量的预测效果越差。

（4）不确定性系数：反映根据一个自变量预测其他变量时的误差缩减比例，其取值越接近 0 表示用这个自变量预测其他变量的效果越差。

"有序"区域用于选择关于有序变量的检验统计量，有 4 个可选项。

（1）Gamma：关于两个有序变量相关性的对称性度量，其取值范围是-1~1，其取值的绝对值越接近 1 表示两个变量的相关性越强，其取值越接近 0 表示两个变量的相关性越弱。

（2）萨默斯 d：关于两个有序变量相关性的非对称性度量，其取值范围是-1~1，其取值的绝对值越接近 1 表示两个变量的相关性越强，其取值越接近 0 表示两个变量的相关性越弱。

（3）肯德尔 tau-b：关于有序变量（或秩变量）相关性的非参数统计量，计算时将结（tie）考虑在内，其取值范围是-1~1，符号表示相关性的方向，其取值的绝对值越大表示相关性越强。

（4）肯德尔 tau-c：关于有序变量相关性的非参数统计量，计算时不考虑结（tie）的问题，其取值范围是-1~1，符号表示相关性的方向，其取值的绝对值越大表示相关性越强。

按区间标定：当一个变量为分类变量(且必须是数值编码)，另一个变量为连续变量时，勾选此区域中的"Eta"复选框。Eta 的取值范围为 0~1,其取值越接近 1 表示行、列变量的相关性越强。在输出的两个 Eta 值中，一个将行变量作为连续变量，另一个将列变量作为连续变量。

Kappa：输出 Cohen's Kappa 统计量，用于衡量采用两种方法评价同一个对象时的一致性，其取值范围是 0~1，其取值越接近 1 表示两种方法的评价越一致。只有当表格的行、列变量有相同的取值个数和相同的取值范围时此统计量才会被输出。

风险：对于 2×2 的表格，此统计量用来衡量某个因素与某一事件发生与否的相关性强弱，也就是行、列变量的相关性。若计算所得的置信区间包含 1，则认为这个因素与这一事件发生与否没有显著的相关性。

麦克尼马尔：对于两个二元变量的非参数检验，这个统计量用于检验卡方分布响应的改变。同时这个统计量经常用来检验对实验进行某项干预之前与之后，所引起响应（某事发生）的变化。

柯克兰和曼特尔-亨塞尔统计：检验两个二元变量独立性的统计量。

4．单元格显示设置

单击图 4-25 中的"单元格"按钮，打开"交叉表：单元格显示"对话框，如图 4-28 所示。在该对话框中可以选择要在输出表格中显示的统计量，单击"继续"按钮可返回"交叉表"对话框。

"计数"区域用于设置关于计数的选项，包括"实测"（实测频数）、"期望"（期望频数）及"隐藏较小的计数"（默认小于 5 不显示）3 个复选框。

"百分比"区域用于设置关于百分比的选项，包括"行"、"列"和"总计"3 个复选框，分别用于显示行百分比、列百分比和总百分比。

"残差"区域用于设置关于残差的选项，有以下 3 个可选项。

（1）非标准化：即非标准化残差，是指实际频数与期望频数的差。

（2）标准化：即标准化残差，由非标准化残差除以残差的标准差估计值后进行标准化得到。

（3）调整后标准化：即调整后标准化残差，由非标准化残差除以残差的标准误差估计值后进行标准化得到。

"非整数权重"区域用于设置关于非整数权重变量的参数。

在一般情况下，输出单元格显示整数形式的计数信息，当在数据集中指定了取值可以为小数的权重变量时，可以在此处设置关于非整数权重的处理方式。有如下 5 个可选项。

（1）单元格计数四舍五入：单个观测记录的权重按实际值计算，但交叉表里的累计权重在用于其他统计量的计算之前，需要先进行四舍五入处理。

（2）个案权重四舍五入：直接对单个观测记录的权重进行四舍五入处理。

（3）截断单元格计数：单个观测记录的权重按实际值计算，但交叉表里的累计权重在用于其他统计量的计算之前，需要先进行取整运算（舍去其小数部分）。

（4）截断个案权重：直接对单个观测记录的权重进行取整运算。

（5）不调整：不做调整，但在进行精确检验之前，交叉表里的累计权重需要进行四舍五入或取整运算。

5．行顺序设置

单击图 4-25 中的"格式"按钮，打开"交叉表：表格式"对话框，如图 4-29 所示，在该对话框中可以设置行变量在输出结果中的显示顺序。单击"继续"按钮可返回"交叉表"对话框。

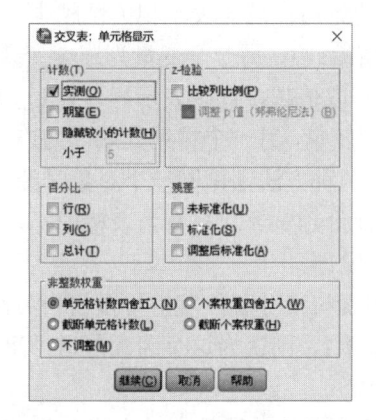

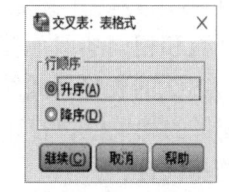

图 4-28 "交叉表：单元格显示"对话框   图 4-29 "交叉表：表格式"对话框

"交叉表：表格式"对话框中的"行顺序"区域用于指定行变量的显示顺序为升序或降序，系统默认为升序。

4.4.2 交叉表分析的输出结果

1．个案处理摘要和交叉表

如图 4-30 和图 4-31 所示，个案处理摘要给出了分析中用到的有效变量的个数和比例，可见本案例中的所有数据都是有效的；交叉表给出了母亲受教育水平和学生的阅读时长，单元格里显示了每种组合的计数（实际频数）和期望计数（期望频数），例如，当母亲受教育水平为 None 时，不以阅读为娱乐活动的学生的实际频数为 40，而当母亲受教育水平和学生的阅读时长无关时，不以阅读为娱乐活动的学生的期望频数为 27。

图 4-30 个案处理摘要

Mother's Education - alternate definition (ISCED) * About how much time do you usually spend reading for enjoyment? 交叉表				I do not read for enjoyment	30 minutes or less a day	More than 30 minutes to less than 60 minutes a day	1 to 2 hours a day	More than 2 hours a day	总计
Mother's Education - alternate definition (ISCED)	None	计数		40	131	166	112	85	534
		期望计数		27.0	131.8	192.0	114.6	68.6	534.0
	ISCED 1	计数		60	237	401	268	184	1150
		期望计数		58.0	283.9	413.5	246.8	147.7	1150.0
	ISCED 2	计数		196	762	1142	719	449	3268
		期望计数		165.0	806.8	1175.2	701.3	419.8	3268.0
	ISCED 3B, C	计数		40	138	165	104	62	509
		期望计数		25.7	125.7	183.0	109.2	65.4	509.0
	ISCED 3A, ISCED 4	计数		102	473	677	423	265	1940
		期望计数		97.9	478.9	697.6	416.3	249.2	1940.0
	ISCED 5B	计数		61	468	705	399	197	1830
		期望计数		92.4	451.8	658.1	392.7	235.1	1830.0
	ISCED 5A, 6	计数		105	745	1047	543	295	2735
		期望计数		138.1	675.2	983.5	587.0	351.3	2735.0
总计		计数		604	2954	4303	2568	1537	11966
		期望计数		604.0	2954.0	4303.0	2568.0	1537.0	11966.0

图 4-31　交叉表

2．卡方检验

卡方检验的原假设：当母亲的受教育水平不同时，学生的阅读时长没有显著差异。如图 4-32 所示，3 种检验的双侧显著性水平都低于 0.05，故拒绝原假设，即认为母亲的受教育水平和学生的阅读时长有显著的相关关系。

卡方检验	值	自由度	渐进显著性（双侧）
皮尔逊卡方	110.242[a]	24	.000
似然比(L)	110.343	24	.000
线性关联	14.119	1	.000
有效个案数	11966		

a. 0 个单元格 (0.0%) 的期望计数小于 5。最小期望计数为 25.69。

图 4-32　卡方检验

3．其他检验

如图 4-33 和图 4-34 所示，其他统计量的显著性水平都低于 0.05，这一结果同样支持母亲的受教育水平和学生的阅读时长有显著的相关关系的结论。

对称测量		值	渐进显著性
名义到名义	Phi	.096	.000
	克莱姆 V	.048	.000
	列联系数	.096	.000
有效个案数		11966	

图 4-33　对称测量

定向测量

			值	渐近标准误差[a]	近似 T[d]	渐进显著性
名义到名义	Lambda	对称	.000	.000	[b]	[b]
		Mother's Education - alternate definition (ISCED) 因变量	.000	.000	[b]	[b]
		About how much time do you usually spend reading for enjoyment? 因变量	.000	.000	[b]	[b]
	古德曼和克鲁斯卡尔 tau	Mother's Education - alternate definition (ISCED) 因变量	.002	.000		.000[c]
		About how much time do you usually spend reading for enjoyment? 因变量	.002	.000		.000[c]
	不确定性系数	对称	.003	.001	5.274	.000[e]
		Mother's Education - alternate definition (ISCED) 因变量	.003	.000	5.274	.000[e]
		About how much time do you usually spend reading for enjoyment? 因变量	.003	.001	5.274	.000[e]

a. 未假定原假设。
b. 由于渐近标准误差等于零，因此无法进行计算。
c. 基于卡方近似值。
d. 在假定原假设的情况下使用渐近标准误差。
e. 似然比卡方概率。

图 4-34　定向测量

4. 复合条形图

母亲的受教育水平与学生的阅读时长的条形图如图 4-35 所示，从图中可以看出，当母亲的受教育水平不同时，条形图的分布有较大差异，因此可以直观地判断母亲的受教育水平和学生的阅读时长有相关关系。

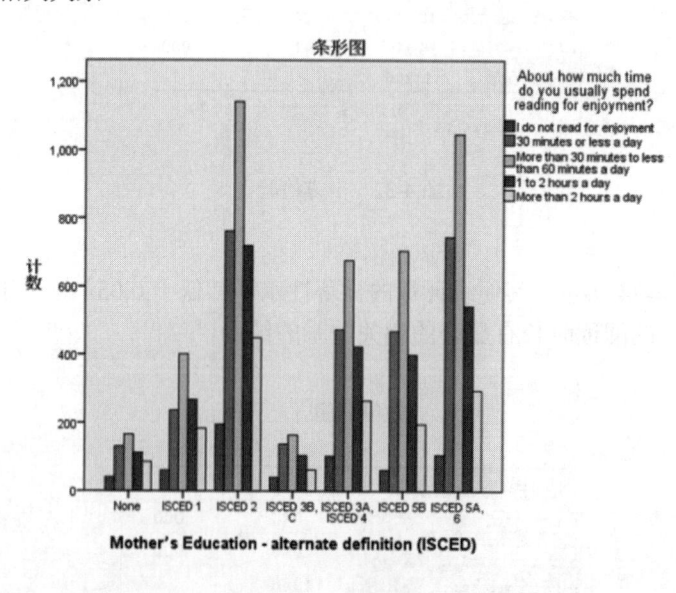

图 4-35　条形图

彩图 4-35

第 5 章 绘图制表

从调查研究中获得的资料常包括多个观察对象及多个观察指标,绘制统计图可简洁、直观地对这些资料进行描述。绘制统计图有两个基本要求:一是正确,二是简洁,以反映事物内在的规律和关联。统计图有时仅粗略显示资料数据的大小,当参与比较的数据大小接近时可在统计图中标出具体数值或另附相应的统计表。

5.1 统计图的基本结构

在进一步讲解各种统计图及其功能之前,有必要先对统计图的基本结构进行讲解。如图 5-1 所示,一个完整的统计图可以被分解为绘图区、图例区、标题区、注解区、数据区等多个部分,下面进行简单介绍。

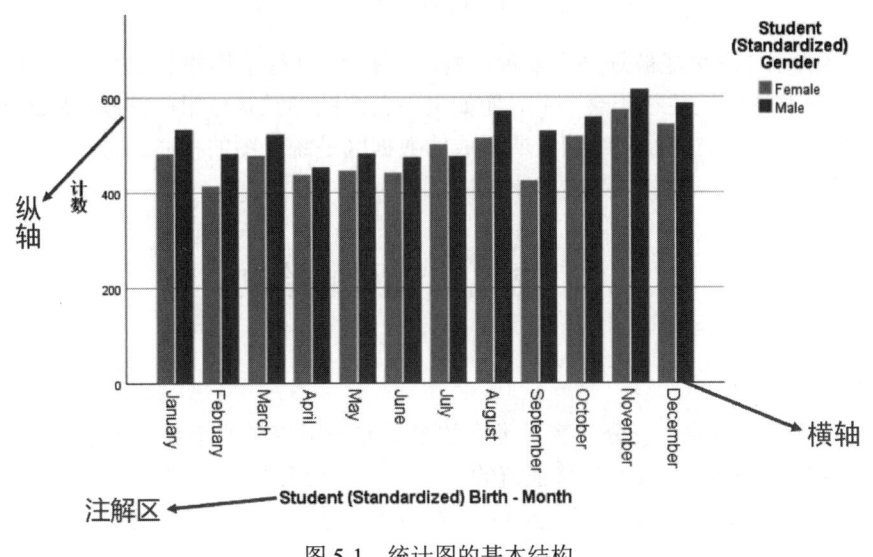

图 5-1 统计图的基本结构

1. 绘图区

绘图区指的是被坐标轴包围,直接使用图形元素对数据进行呈现的区域,在 SPSS 中也被称为内框区,和表示整个图形范围的外框区相对应。绘图区中主要有表示变量数值的直条、区块、点、线等图形元素,使用者在阅读图形时需要先了解各坐标轴的具体含义,以明确各图形元素的坐标表示的是数量还是类别。图 5-1 中的横轴为分类轴,表示的是学生的出生月份,而纵轴为连续轴,表示具体的指标,即男女生的数量。

除基本的图形元素外,绘图区中还可能出现各种文字注解、辅助坐标线等方便阅读的元素。

2. 图例区

图例区一般位于整个图形的右侧,当图形中需要使用不同的颜色、线型等对图形元素进行分组来表示不同的类别时，需要在图例区中对此加以说明。如图 5-2 所示，在图例区中填充格式为■■的方块分别表示性别。

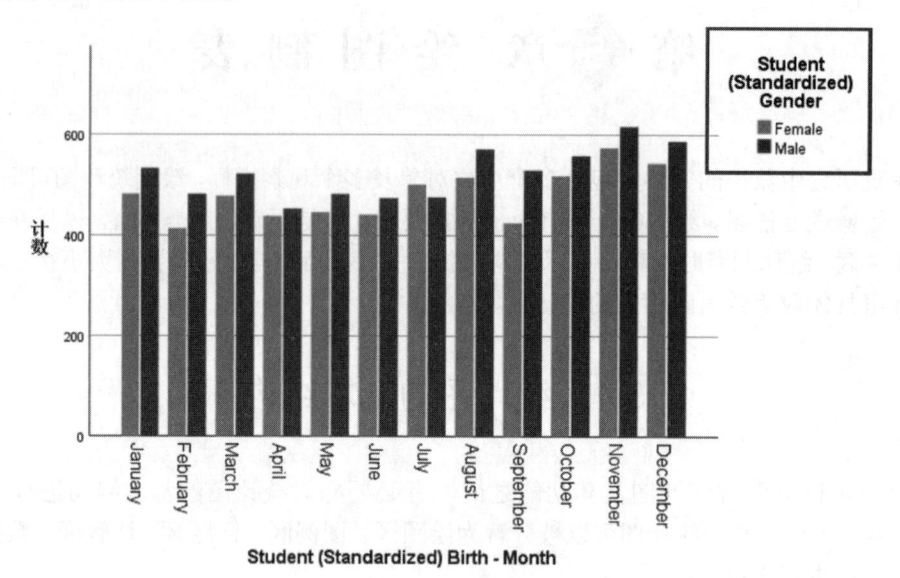

图 5-2　统计图中的图例区位置示例

一个完整的统计图可能被划分出多种结构，实际上，这些结构并非在所有的统计图中都会出现，如标题区和注解区往往不会用到，而如果不存在图形元素分组的问题，那么图例区就不会出现。一般而言，由坐标轴和绘图区所组成的数据区是统计图的核心部分，这一部分一定会出现，其余部分则可以根据需要有选择地使用。

5.2　常见统计图的绘制

5.2.1　绘制条形图

条形图用条形的根数代表分类变量类别的多少或选用变量的个数，用条形的高度反映各个类别的分析指标值的大小或变量特征值的大小，各个条形之间有间隔。条形图可以直观展示或比较频数变量的频数特征值，以及分类变量在有关综述变量方面的特征值大小，以此发现重要的分组或类别。

下面以 PISA 2018 中国四省市的数据为例详细说明使用 SPSS 绘制条形图的相关操作。

1. 利用"旧对话框"菜单命令

1）简单条形图的绘制

第一步：在菜单栏中选择"图形"→"旧对话框"→"条形图"菜单命令，打开"条形图"对话框，如图 5-3 所示。系统默认选择"简单条形图"，图表中的数据为"个案组摘要"，单击"定义"按钮，打开"定义简单条形图：个案组摘要"对话框，如图 5-4 所示。

第二步：将学生的出生月份"Student(Standardized)Birth-Month"选入"类别轴"列表，在"条形表示"区域中单击"个案数"单选按钮。

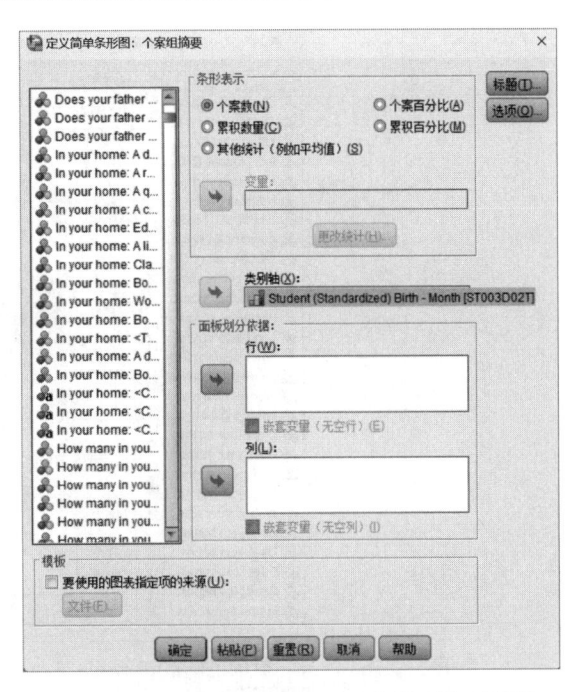

图 5-3 "条形图"对话框　　　　图 5-4 "定义简单条形图：个案组摘要"对话框

第三步：完成以上两个操作步骤，单击"确定"按钮，得到简单条形图，如图 5-5 所示。

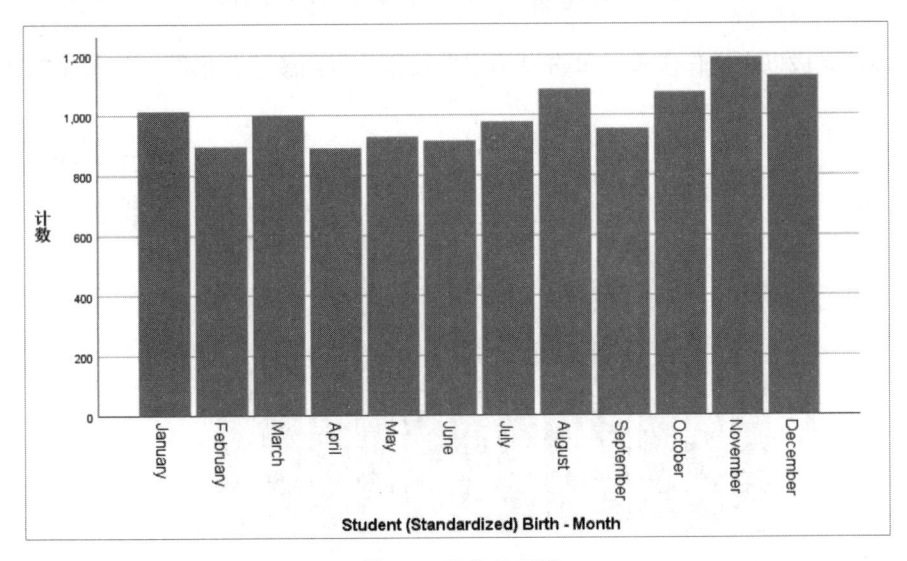

图 5-5　简单条形图

2）簇状条形图的绘制

第一步：在菜单栏中选择"图形"→"旧对话框"→"条形图"菜单命令，打开"条形图"对话框，在该对话框中依次单击"簇状"按钮和"定义"按钮，打开"定义簇状条形图：个案组摘要"对话框，如图 5-6 所示。将学生的出生月份"Student(Standardized)Birth-Month"选入"类别轴"列表，在"条形表示"区域中单击"个案数"单选按钮。与绘制简单条形图不同的是，绘制簇状条形图需要在"定义簇状条形图：个案组摘要"对话框中选择聚类定义依据，在本案例中，我们选择了学生性别这个变量。

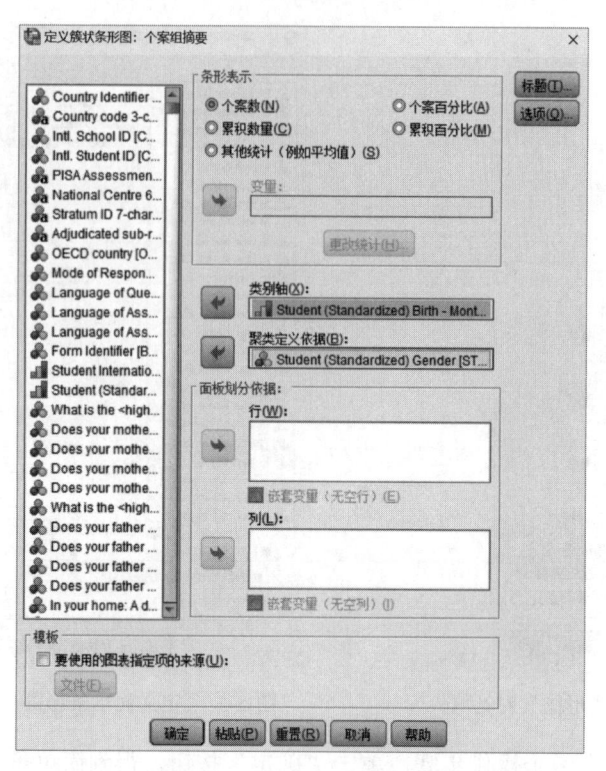

图 5-6 "定义簇状条形图:个案组摘要"对话框

第二步:完成以上操作步骤,单击"确定"按钮,得到簇状条形图,如图 5-7 所示。

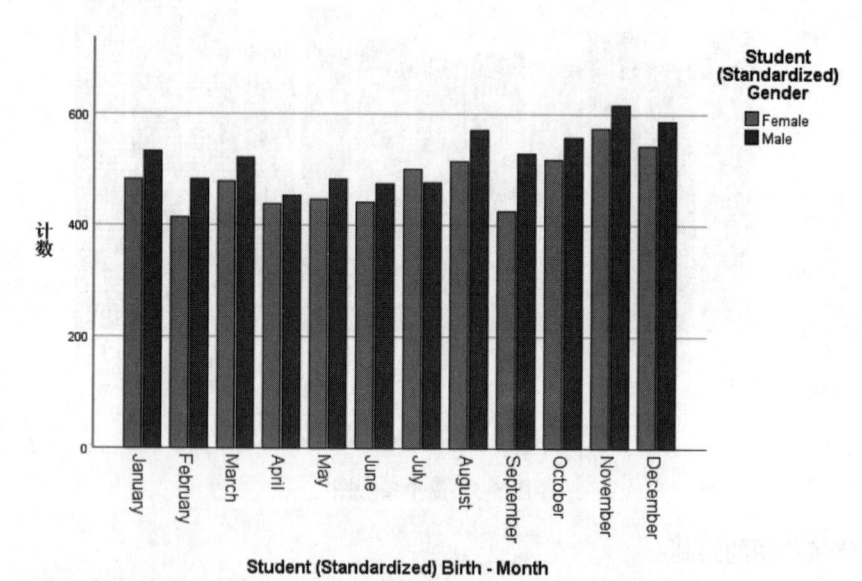

图 5-7 簇状条形图

3)堆积条形图的绘制

第一步:在菜单栏中选择"图形"→"旧对话框"→"条形图"菜单命令,打开"条形图"对话框,在该对话框中依次单击"堆积"按钮和"定义"按钮,打开"定义堆积条形图:个案组摘要"对话框,如图 5-8 所示。

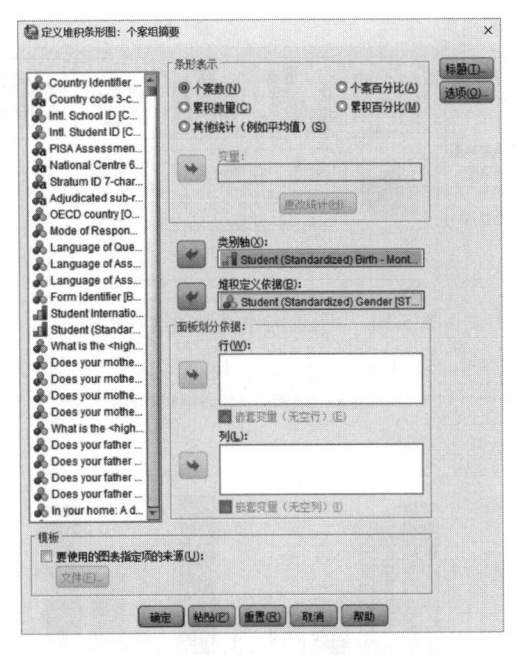

图 5-8 "定义堆积条形图：个案组摘要"对话框

第二步：将学生的出生月份"Student(Standardized)Birth-Month"选入"类别轴"列表，将学生性别"Student(Standardized)Gender"选入"堆积定义依据"列表，在"条形表示"区域中单击"个案数"单选按钮，单击"确定"按钮，得到堆积条形图，如图 5-9 所示。

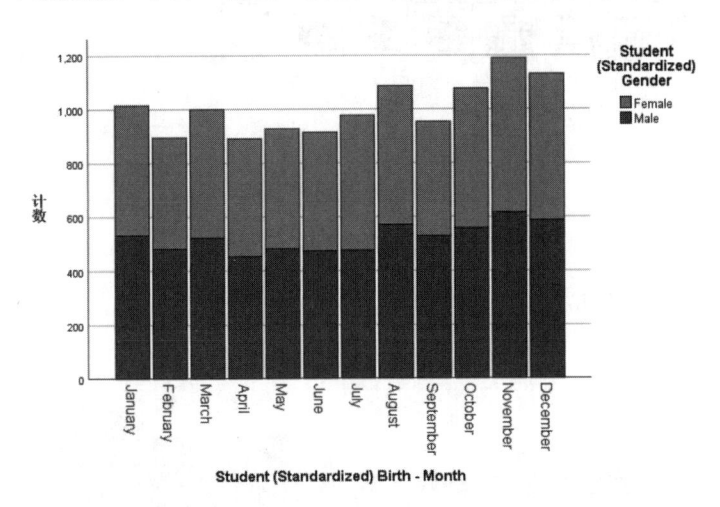

图 5-9 堆积条形图

2. 利用"图表构建器"菜单命令

与"旧对话框"菜单命令不同的是，利用"图表构建器"菜单命令绘制条形图有 8 种选择，如图 5-10 所示。下面以简单条形图的绘制为例进行介绍，其余类型的条形图绘制过程类似，此处不再赘述。

第一步：在菜单栏中选择"图形"→"图表构建器"菜单命令，打开"图表构建器"对话框，在"选择范围"列表中选择"条形图"选项，将"简单条形图"图标拖动至右侧的图表预览区，并将学生的出生月份"Student(Standardized)Birth-Month"选为横轴，如图 5-11 所示。

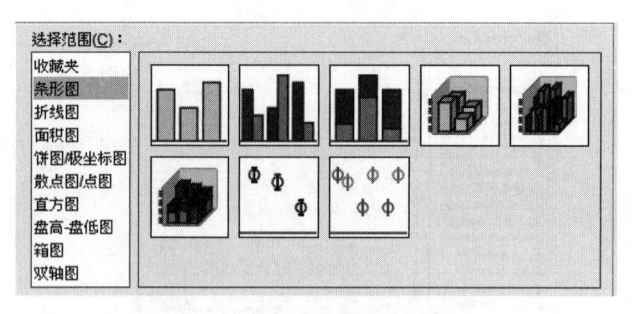

图 5-10 "图表构建器"的选择范围

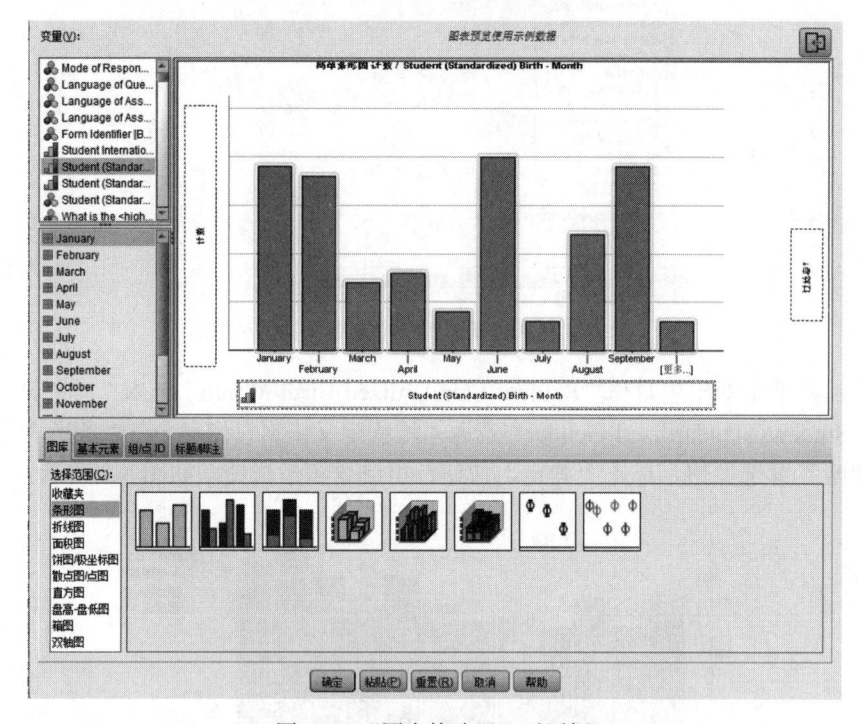

图 5-11 "图表构建器"对话框

第二步：单击"确定"按钮，得到简单条形图，如图 5-12 所示。

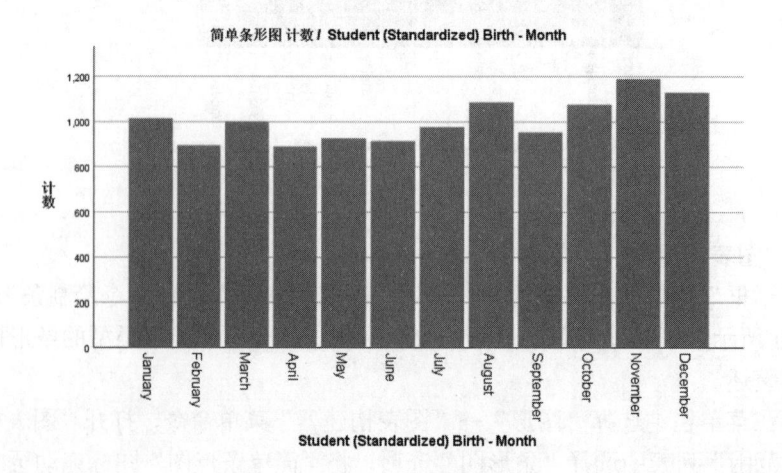

图 5-12 简单条形图

5.2.2 绘制折线图

上文介绍了条形图的绘制方法，本节将介绍另一种图形的绘制方法，那就是折线图。

折线图（又称线图）用来反映某一变量随着另一变量变化的趋势或速度，一般用线段的升降来表示数值的大小变化，可以与直方图合用。

折线图有三种，即简单折线图、多线折线图、垂线图，如图 5-13 所示。

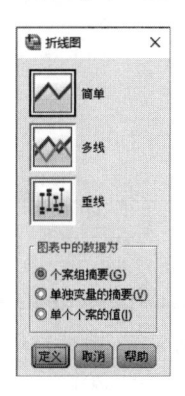

图 5-13 "折线图"对话框

1．利用"旧对话框"菜单命令

1）简单折线图的绘制

第一步：在菜单栏中选择 "图形"→"旧对话框"→"折线图"菜单命令，打开"折线图"对话框，在该对话框中依次单击"简单"按钮和"定义"按钮，打开"定义简单折线图：个案组摘要"对话框，将学生的出生月份"Student(Standardized)Birth-Month"选入"类别轴"列表，在"折线表示"区域中单击"个案数"单选按钮，如图 5-14 所示。

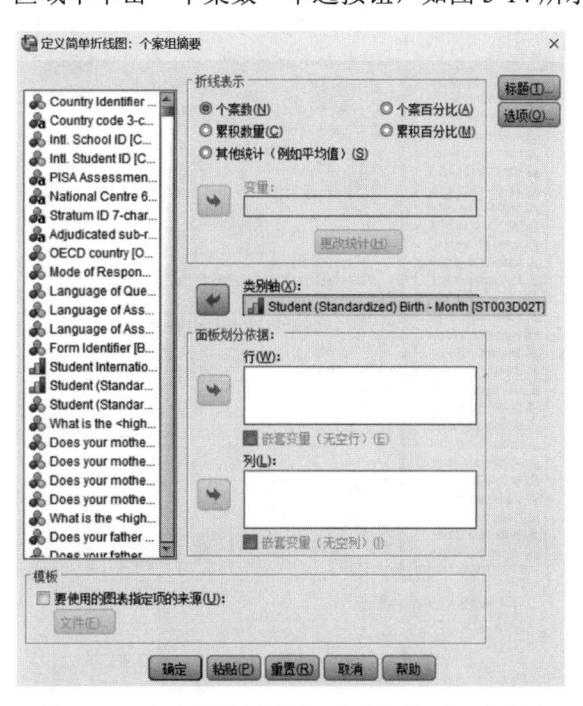

图 5-14 "定义简单折线图：个案组摘要"对话框

第二步：完成以上操作步骤，单击"确定"按钮，得到简单折线图，如图 5-15 所示。

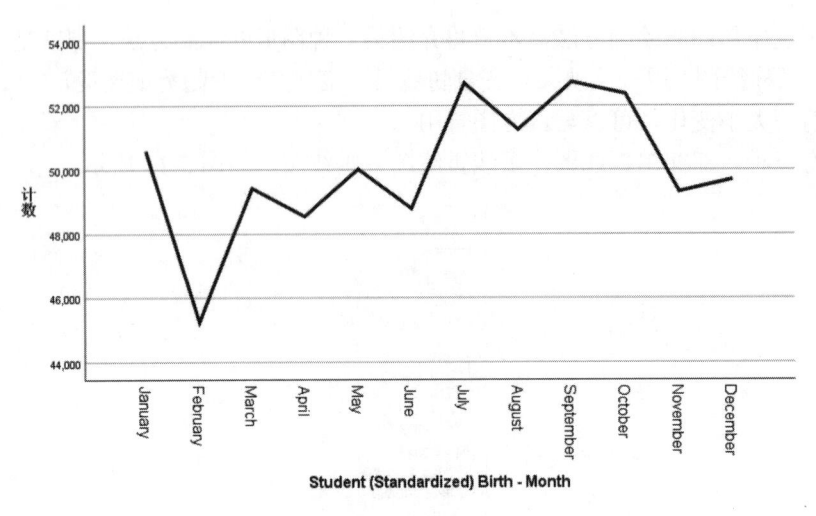

图 5-15　简单折线图

2）多线折线图的绘制

第一步：在菜单栏中选择"图形"→"旧对话框"→"折线图"菜单命令，打开"折线图"对话框，在该对话框中依次单击"多线"按钮和"定义"按钮，打开"定义多线折线图：个案组摘要"对话框，如图 5-16 所示。将学生的出生月份"Student(Standardized)Birth-Month"选入"类别轴"列表，在"折线表示"区域中单击"个案数"单选按钮。与绘制简单折线图不同的是，绘制多线折线图需要在"定义多线折线图：个案组摘要"对话框中选择折线定义依据，在本案例中，我们选择了学生性别这个变量。

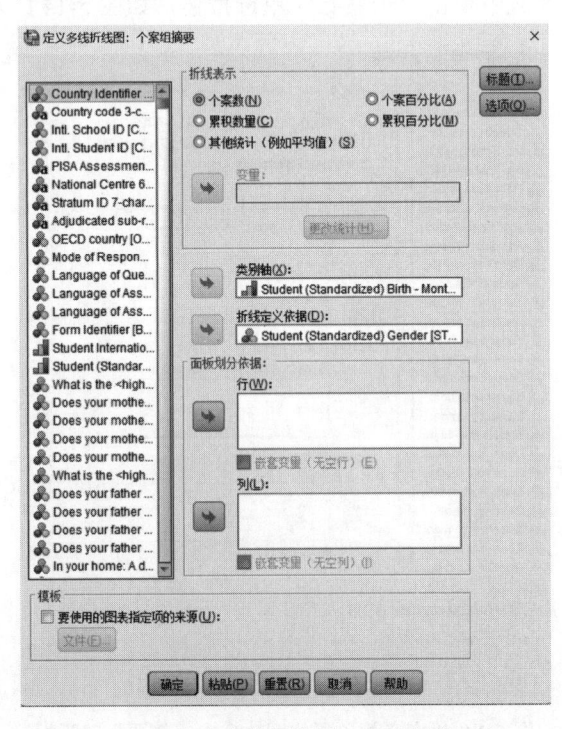

图 5-16　"定义多线折线图：个案组摘要"

第二步：完成上述操作步骤，单击"确定"按钮，得到多线折线图，如图 5-17 所示。

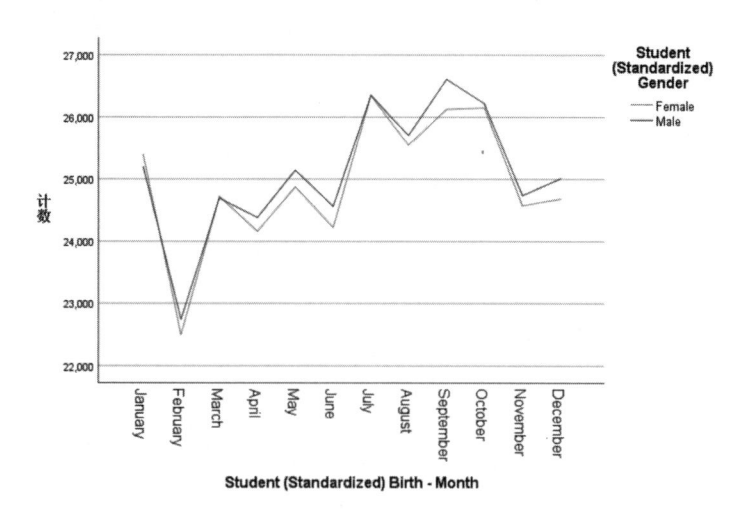

图 5-17　多线折线图

彩图 5-17

3）垂线图的绘制

第一步：在菜单栏中选择"图形"→"旧对话框"→"折线图"菜单命令，打开"折线图"对话框，在该对话框中依次单击"垂线"按钮和"定义"按钮，打开"定义垂线图：个案组摘要"对话框，如图 5-18 所示。

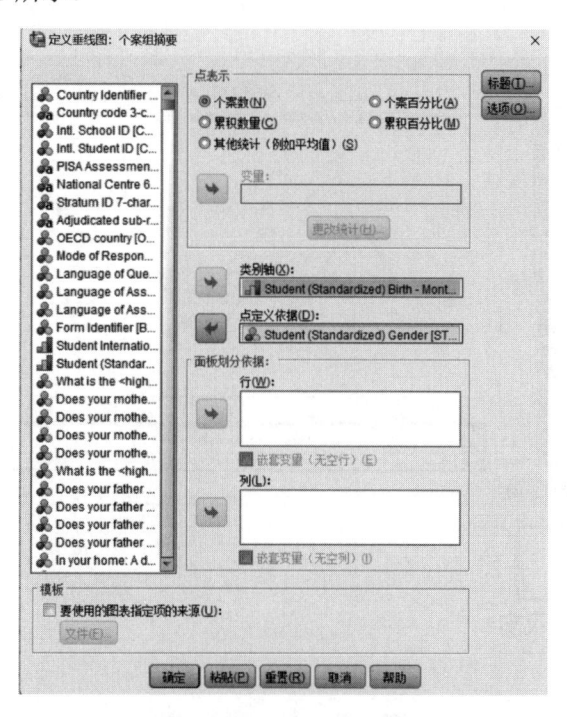

图 5-18　"定义垂线图：个案组摘要"对话框

第二步：将学生的出生月份"Student(Standardized)Birth-Month"选入"类别轴"列表，将学生性别"Student(Standardized)Gender"选入"点定义依据"列表，在"点表示"区域中单击"个案数"单选按钮，单击"确定"按钮，得到垂线图，如图 5-19 所示。

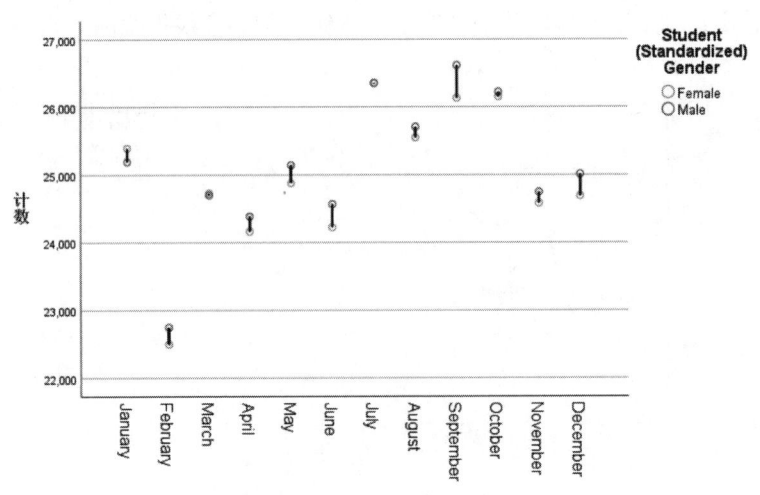

图 5-19　垂线图

2. 利用"图表构建器"菜单命令

与"旧对话框"菜单命令不同的是，利用"图表构建器"菜单命令绘制折线图时不能绘制垂线图，只能绘制简单折线图和多线折线图。

第一步：在菜单栏中选择"图形"→"图表构建器"菜单命令，打开"图表构建器"对话框，如图 5-20 所示。

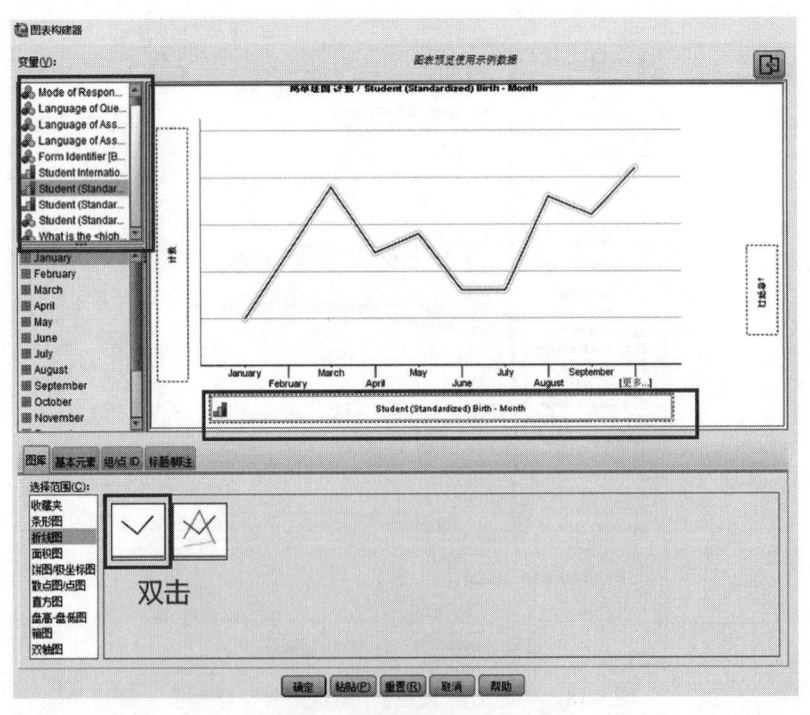

图 5-20　"图表构建器"对话框

第二步：选择简单折线图或多线折线图（由于这两种图的绘制过程类似，这里以简单折线图的绘制为例进行介绍）。如图 5-20 所示，先双击对话框下方折线图中的"简单折线图"图标，然后将"变量"列表中学生的出生月份"Student(Standardized)Birth-Month"拖动至右侧图表预览区中的横轴区域，再单击"确定"按钮，最后得到简单折线图，如图 5-21 所示。

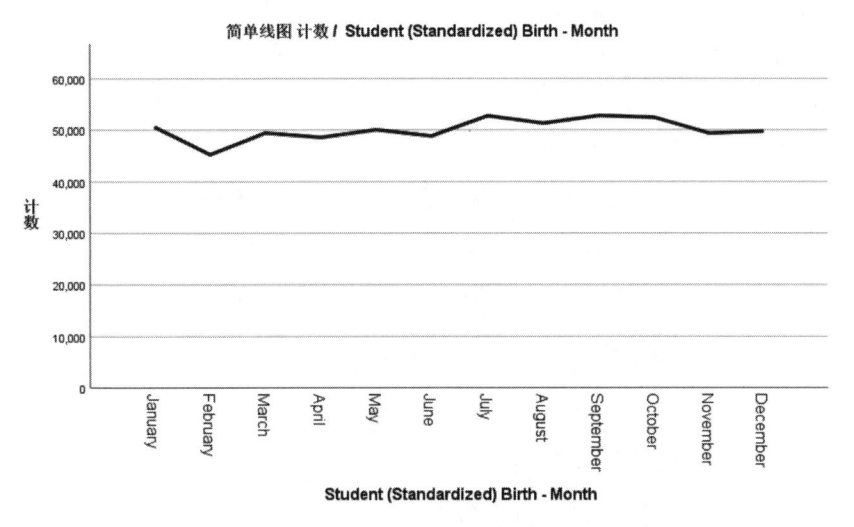

图 5-21　简单折线图

5.2.3　绘制箱图

箱图（Boxplot），又称箱形图，是表示样本数据的中位数、四分位数和极端值的统计图形。在箱图中，最上方和最下方的线段分别表示数据的最大值和最小值，箱图的上方和下方的线段分别表示第三、四分位数和第一四分位数，箱图中间的粗线段表示数据的中位数。另外，箱图中最上方和最下方的星号和空心圆圈分别表示样本数据中的极端值。

案例：PISA 2018 中国四省市数据。

1．利用"旧对话框"菜单命令

第一步：在菜单栏中选择"图形"→"旧对话框"→"箱图"菜单命令，如图 5-22 所示，打开"箱图"对话框，如图 5-23 所示。

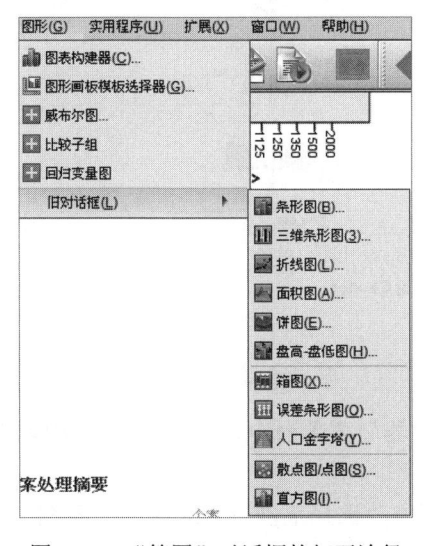

图 5-22　"箱图"对话框的打开途径　　　　图 5-23　"箱图"对话框

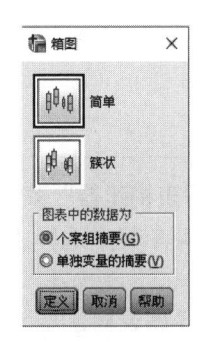

第二步：在"箱图"对话框中依次单击"个案组摘要"单选按钮、"简单"按钮和"定义"按钮，打开"定义简单箱图：个案组摘要"对话框，如图 5-24 所示。将每周数学学习时间（分钟）"Learning time (minutes per week) - <Mathematics>"变量选入"变量"列表，将学生性别"Student(Standardized)Gender"变量选入"类别轴"列表，单击"确定"按钮，得到箱图，如图 5-25 所示。

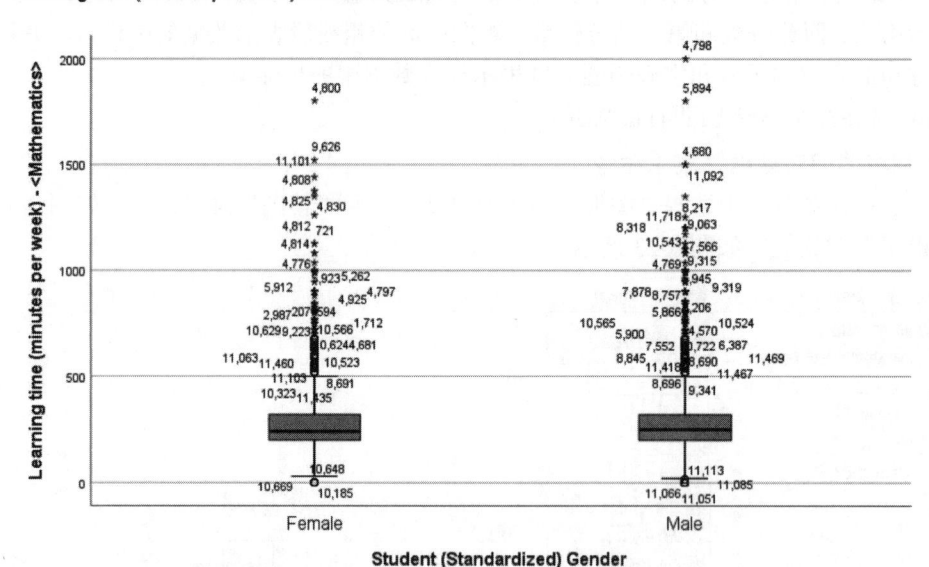

图 5-24 "定义简单箱图：个案组摘要"对话框

图 5-25 箱图

2. 利用"图表构建器"菜单命令

第一步：在菜单栏中选择"图形"→"图表构建器"菜单命令，打开"图表构建器"对话框。

第二步：在"图表构建器"对话框中，先选择下方"选择范围"列表中的"箱图"选项，然后双击右侧的"简单箱图"图标，或用鼠标将其拖动至上方的图表预览区。在"变量"列表中选择学生性别"Student(Standardized)Gender"变量并将其拖动至右侧图表预览区中的横轴区域,选择每周数学学习时间(分钟)"Learning time (minutes per week) - <Mathematics>"变量并将其拖动至右侧图表预览区中的纵轴区域,如图 5-26 所示。

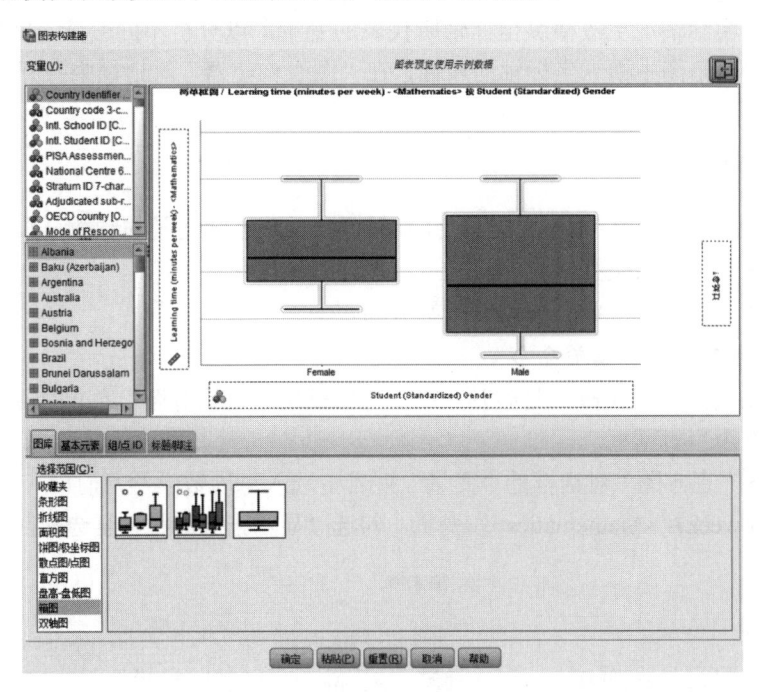

图 5-26 "图表构建器"对话框

第三步:设置箱图的标题和脚注。在"图表构建器"对话框中选择"标题/脚注"选项卡,选择"标题 1"选项,单击"元素属性"按钮,打开"元素属性"对话框,在"元素属性"对话框的"内容"文本框中输入标题,依次单击"应用"按钮和"确定"按钮。

绘制的箱图如图 5-27 所示。箱图中的粗线表示中位数,箱子的高度表示四分位差的距离,箱图最上面和最下面的线分别代表数据的最大值和最小值,空心圆圈和星号表示异常值,在后期的统计中可以剔除。

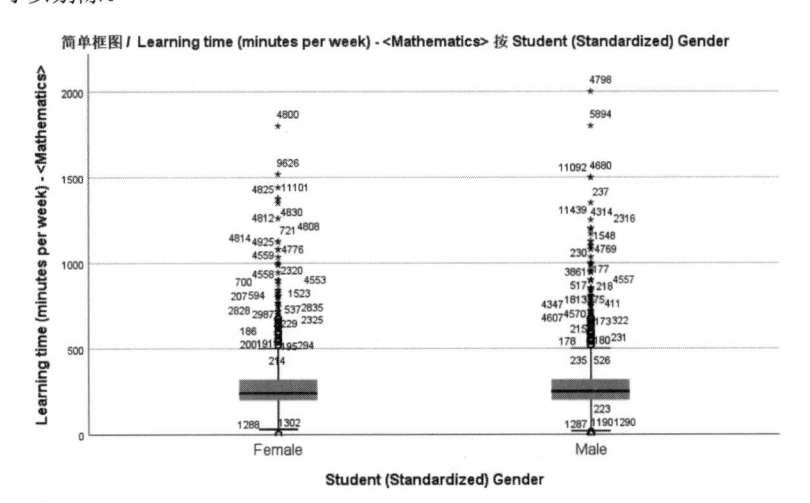

图 5-27 箱图

注意：

（1）本案例只针对每周数学学习时间（分钟）"Learning time (minutes per week) - <Mathematics>"与学生性别"Student(Standardized)Gender"的关系绘制箱图，各位读者在操作时可根据自己的实际情况更改横纵坐标轴所代表的变量，以分析不同变量之间的关系。

（2）要想编辑箱图中横纵坐标轴的属性，在"图表构建器"对话框中打开"元素属性"对话框进行编辑即可。

5.2.4 绘制直方图

本节将详细介绍直方图的相关内容。直方图可以反映连续变量的频数分布，帮助人们考察其分布是否服从某种分布类型。

案例：描述中国各地区学生成绩的频数分布。

1．利用"旧对话框"菜单命令

第一步：在菜单栏中选择"图形"→"旧对话框"→"直方图"菜单命令，如图5-28所示，打开"直方图"对话框。

第二步：在"直方图"对话框的"变量"列表中选入每周数学学习时间（分钟）"Learning time (minutes per week) - <Mathematics>"变量，勾选"显示正态曲线"复选框，如图5-29所示。

图 5-28　"直方图"对话框的打开途径　　　　图 5-29　"直方图"对话框

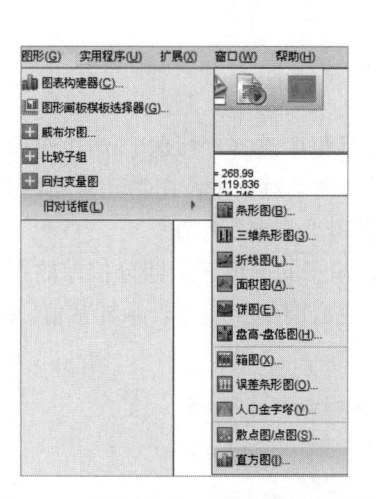

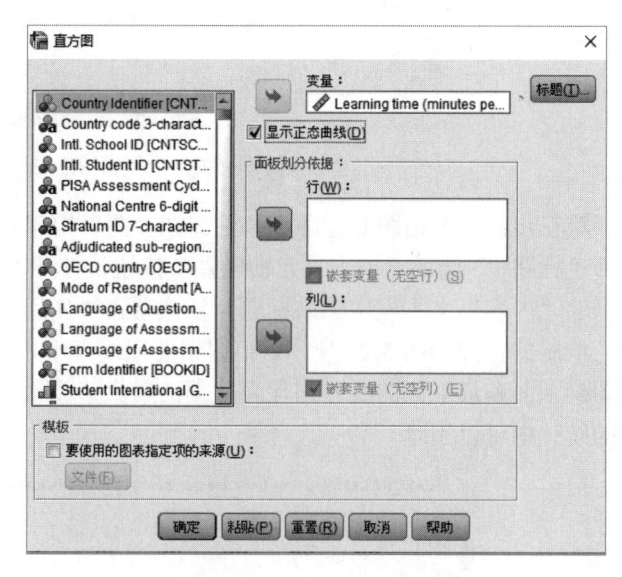

单击"标题"按钮，打开"标题"对话框填写标题，在"标题"对话框第1行的文本框中输入"数学学习时间"。若需要设置子标题、脚注，则可以在相应的文本框中进行设置。

2．利用"图表构建器"菜单命令

第一步：在菜单栏中选择"图形"→"图表构建器"菜单命令，打开"图表构建器"对话框。

第二步：在"图表构建器"对话框的"选择范围"列表中选择"直方图"选项，将其右侧的"简单直方图"图标拖动至上方的图表预览区。

图表构建器提供了四种直方图：简单直方图、堆积直方图、频率多边形图、总体锥形图。最常用的为简单直方图，现阶段我们只需掌握此图形的绘制方法即可。

第三步：将每周数学学习时间（分钟）"Learning time (minutes per week) - <Mathematics>"变量作为图形的横轴，纵轴为相应的频率，如图 5-30 所示。

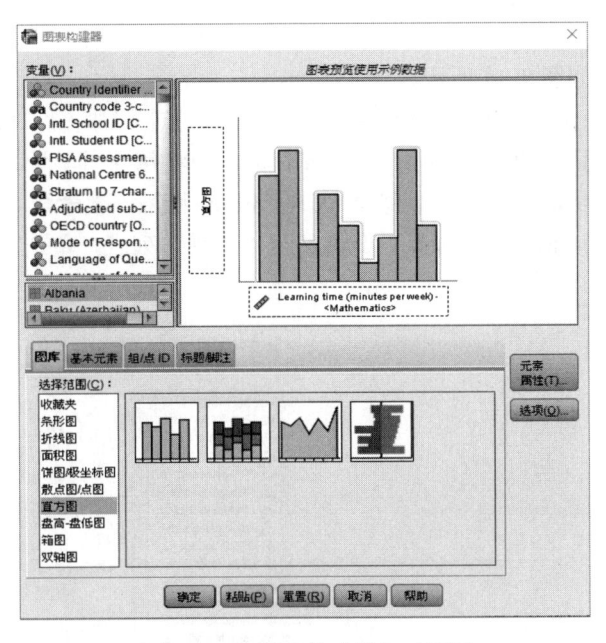

图 5-30　"图表构建器"对话框

第四步：单击"元素属性"按钮，打开"元素属性"对话框。在"元素属性"对话框中勾选"显示正态曲线"复选框，如图 5-31 所示。我们可以通过图形与正态曲线的拟合程度分析其分布形态，如图 5-32 所示。

图 5-31　"元素属性"对话框

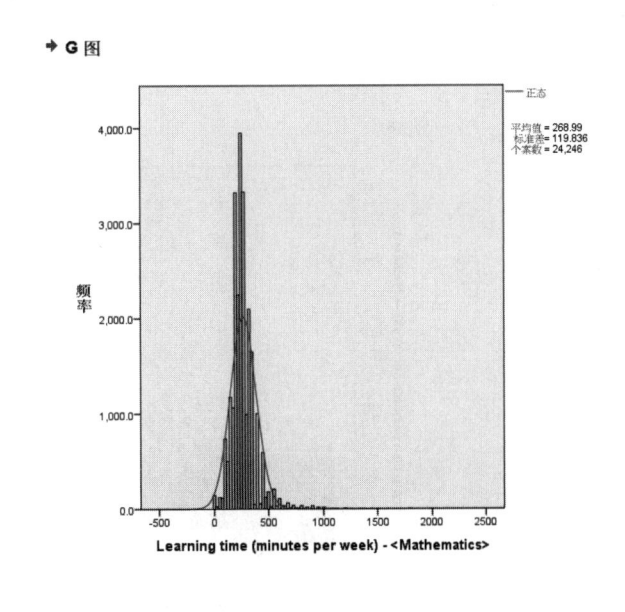

图 5-32　直方图

5.2.5 绘制简单散点图

1. 利用"旧对话框"菜单命令

第一步：在菜单栏中选择"图形"→"旧对话框"→"散点图/点图"菜单命令，打开"散点图/点图"对话框，如图 5-33 所示。

第二步：在"散点图/点图"对话框中单击"简单散点图"按钮，再单击"定义"按钮，打开"简单散点图"对话框，如图 5-34 所示。在该对话框中将每周科学学习时间（分钟）"Learning time (minutes per week)-<science>"变量移至"X 轴"列表，将每周数学学习时间（分钟）"Learning time (minutes per week)-<Mathematics>"变量移至"Y 轴"列表，单击"确定"按钮，得到散点图，如图 5-35 所示。

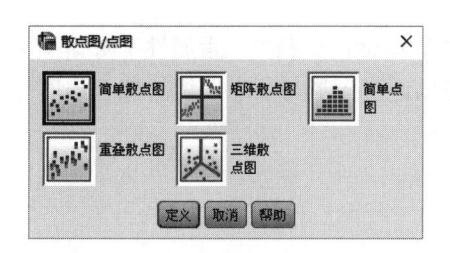

图 5-33 "散点图/点图"对话框

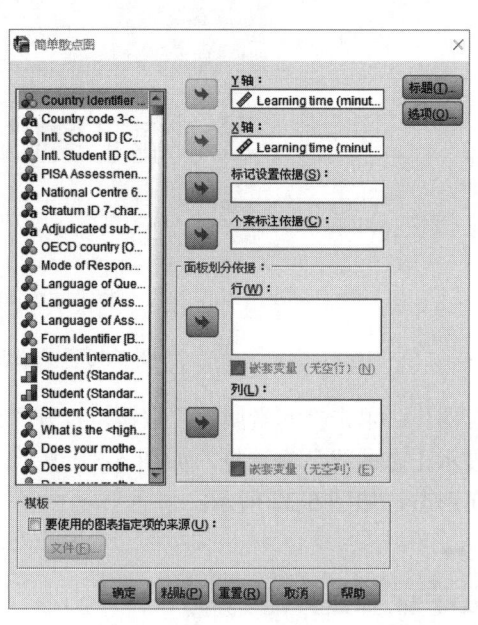

图 5-34 "简单散点图"对话框

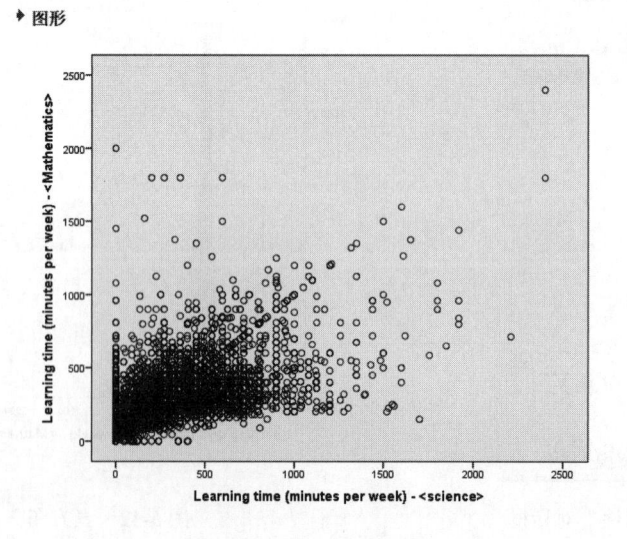

图 5-35 散点图

2. 利用"图表构建器"菜单命令

第一步：在菜单栏中选择"图形"→"图表构建器"菜单命令，打开"图表构建器"对话框。

第二步：在"图表构建器"对话框的"选择范围"列表中选择"散点图/点图"选项。

第三步：将"简单散点图"图标（"选择范围"列表右侧的第一个图标）拖动到图表预览区中。并将左侧"变量"列表中的每周科学学习时间（分钟）"Learning time(minutes per week)-\<science\>"和每周数学学习时间（分钟）"Learning time(minutes per week)-\<Mathematics\>"变量分别拖动到横轴和纵轴的位置，如图 5-36 所示。

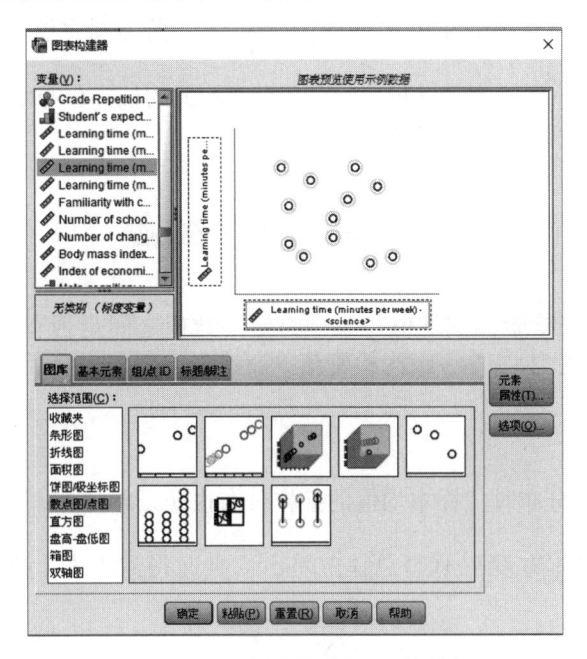

图 5-36 "图表构建器"对话框

第四步：单击"确定"按钮，得到散点图，如图 5-37 所示。

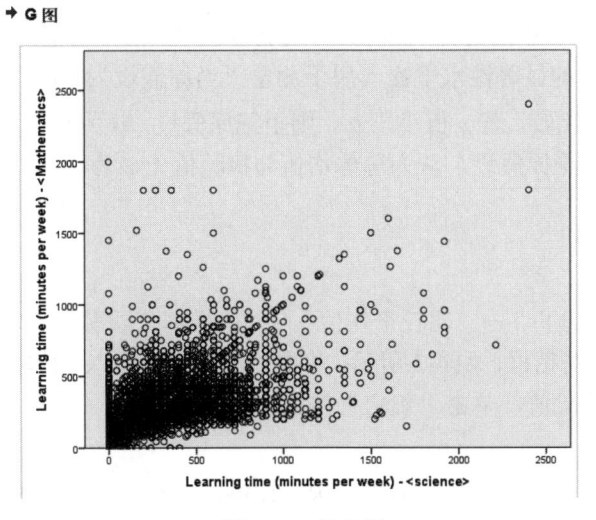

图 5-37 散点图

第 6 章 假设检验

在连续变量的统计分析中，t 检验是十分常用的方法，人们常利用 t 分布理论来比较两个平均数的差异是否显著。t 检验的基本假设为，当总体分布为正态分布或近似服从正态分布时，样本均值的抽样分布也是正态分布：$\bar{X} \sim N\left(\mu, \dfrac{\sigma^2}{n}\right)$。当样本量足够大时，必然满足该假设，因为根据中心极限定理，当样本量 n 很大时，其样本均值的抽样分布近似服从正态分布。而当样本量比较小时，则需要对样本的正态性进行检验。

6.1 单样本 t 检验

单样本 t 检验用来检验样本均值与某一特定的数值之间是否有显著差异，其原假设为 $H_0 : \mu = \mu_0$。其中 μ 为总体均值，μ_0 为检验值。

6.1.1 原理简介

当总体分布为正态分布时，样本均值的抽样分布也是正态分布：$\bar{x} \sim N\left(\mu, \dfrac{\sigma^2}{n}\right)$。因为总体方差未知，所以用样本方差 S^2 代替总体方差 σ^2，此时得到的统计量为 t 统计量：

$$t = \dfrac{\bar{x} - \mu}{\sqrt{\dfrac{S^2}{n}}} \sim t(n-1) \tag{6-1}$$

式中，$S^2 = \dfrac{1}{n-1}\sum_{i=1}^{n}(x_i - \bar{x})^2$ 为样本方差。t 统计量服从自由度为 $n-1$ 的 t 分布。进行检验时，用检验值 μ_0 代替式（6-1）中的总体均值 μ，即可计算出统计量 t 的值，利用 t 分布可以算出概率 p 值。将 p 值与给定的显著性水平 α（用于测量"当原假设为真时，拒绝原假设的概率"，一般设置为 0.05）进行比较，若 p 值小于 α，则拒绝原假设，认为总体均值与检验值有显著差异，否则无充分理由拒绝原假设，认为总体均值与检验值无显著差异。

6.1.2 操作步骤

1. 基本操作

在菜单栏中选择"分析"→"比较平均值"→"单样本 T 检验"菜单命令，如图 6-1 所示，打开"单样本 T 检验"对话框，如 6-2 所示，将要检验的变量选入"检验变量"列表中，在"检验值"文本框中输入检验值，单击"确定"按钮。

2. "选项"按钮

单击"单样本 T 检验"对话框中的"选项"按钮，打开"单样本 T 检验：选项"对话框，如图 6-3 所示。可以在该对话框中自行设置置信区间百分比，系统默认值为 95%。另外，可以在该对话框中选择排除缺失值的方案:"按具体分析排除个案"表示在检验时排除检验变量有缺失值的个案,"成列排除个案"表示排除任意变量有缺失值的个案。

图 6-1 "单样本 T 检验"对话框的打开途径

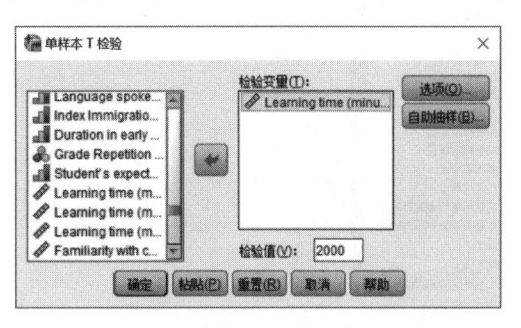

图 6-2 "单样本 T 检验"对话框

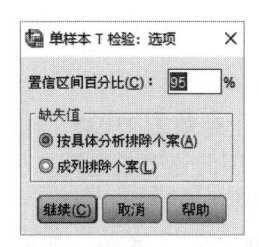

图 6-3 "单样本 T 检验:选项"对话框

6.1.3 案例分析

以 PISA 2018 学生层面的数据中学生每周总学习时间(分钟)"Learning time(minutes per week)-in total"为例。首先计算检验变量的平均值。在菜单栏中选择"分析"→"比较平均值"→"平均值"菜单命令,打开"平均值"对话框,如图 6-4 所示。将每周总学习时间(分钟)"Learning time(minutes per week)-in total"变量选入"因变量列表"中,单击"选项"按钮,打开"平均值:选项"对话框,如图 6-5 所示,可以在该对话框中设置需要计算的统计量,系统默认选择平均值、个案数、标准差三个,也可以计算峰度和偏度,粗略检验该变量是否服从正态分布。单击"继续"按钮返回"平均值"对话框,单击"确认"按钮,即可得到计算结果,如图 6-6 所示。

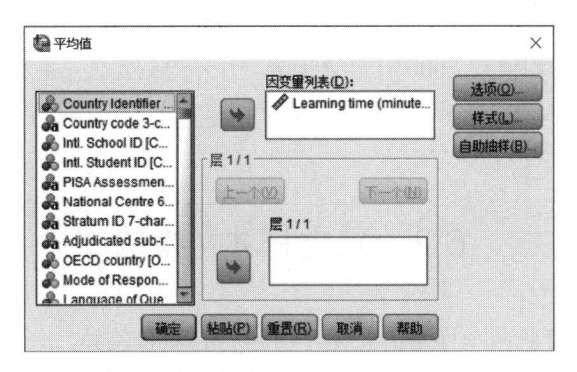

图 6-4 "平均值"对话框

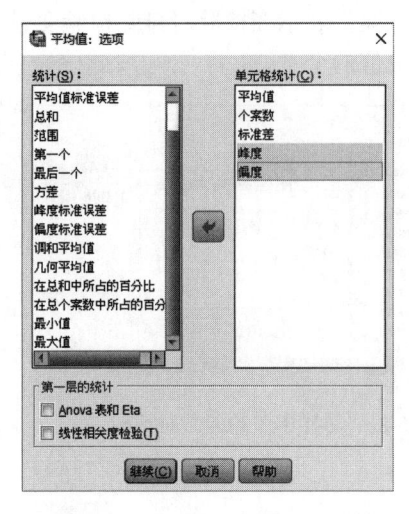

图 6-5　"平均值：选项"对话框　　　　图 6-6　计算结果

可以看到，每周总学习时间（分钟）"Learning time(minutes per week)-in total"变量的平均值为 1880.40，个案数为 11028，标准差为 416.003，峰度为 0.270，偏度为 0.251。由于偏度和峰度皆大于 0，因此该变量呈现右偏分布，相对标准正态分布来说呈现轻微尖峰，可以认为其近似服从正态分布。

下面进行单样本 t 检验。我们检验总体均值与 2000 是否有显著差异。此时，原假设为 $H_0: \mu = 2000$。将每周总学习时间（分钟）"Learning time(minutes per week)-in total"变量选入"检验变量"列表中，在"检验值"文本框中输入"2000"。在"单样本 T 检验：选项"对话框中设置置信区间百分比为 95%，单击"按具体分析排除个案"单选按钮，再单击"继续"按钮返回"平均值"对话框，单击"确定"按钮，得到的单样本 t 检验结果如图 6-7 所示。

图 6-7　单样本 t 检验结果

结果显示，t 为-30.189，自由度为 $n-1$，即 11027，p 值等于 0.000，小于 0.05，因此我们拒绝原假设，即认为总体均值与 2000 有显著差异。另外得到差值 $\bar{x} - 2000$ 的 95%置信区间（构造 100 个估计区间时，认为至少有 95 个包含估计的真值）为(-127.37，-111.83)，即 $\bar{x}$ 的 95%置信区间为(1872.63，1888.17)。

6.2　独立样本 t 检验

双总体 t 检验用于检验两个样本的总体均值是否有显著差异，分为两种情况：独立样本 t 检验（两组样本相互独立）与配对样本 t 检验（检验两组匹配的数据是否有显著差异）。本节仅介绍独立样本 t 检验。

独立样本 t 检验用于检验两个服从正态分布的独立样本的总体均值是否有显著差异,其原假设为 $H_0: \mu_1 - \mu_2 = 0$。独立样本 t 检验的基本假设为两组样本相互独立,并且样本均来自正态总体(或近似服从正态分布)。

6.2.1 原理简介

当两个总体分布分别为 $N(\mu_1, \sigma_1^2)$ 和 $N(\mu_2, \sigma_2^2)$(通常 σ_1 和 σ_2 未知)时,其抽样分布是正态分布,样本均值的差值 $\bar{X}_1 - \bar{X}_2$ 也服从正态分布 $N(\mu_1 - \mu_2, \sigma_{12}^2)$(正态分布具有可加性),在 σ_1 和 σ_2 取值不同的情况下,σ_{12}^2 有不同的计算方式,从而 t 统计量的数学形式也不同。

(1)当 σ_1 和 σ_2 未知但相等时,可以将两组样本的方差合并为两个总体方差的估计,其表达式为

$$S_p^2 = \frac{(n_1 - 1)S_1^2 + (n_2 - 1)S_2^2}{n_1 + n_2 - 2} \tag{6-2}$$

此时,t 统计量的表达式为

$$t = \frac{\bar{X}_1 - \bar{X}_2 - (\mu_1 - \mu_2)}{S_p \sqrt{\frac{1}{n_1} + \frac{1}{n_2}}} \sim t(n_1 + n_2 - 2) \tag{6-3}$$

将 $\mu_1 - \mu_2 = 0$ 代入式(6-3),即可得到 t 统计量的值。

(2)当 σ_1 和 σ_2 未知且不相等时,总体方差 σ_{12}^2 的表达式为

$$\sigma_{12}^2 = \frac{S_1^2}{n_1} + \frac{S_2^2}{n_2} \tag{6-4}$$

式中,S_1^2 和 S_2^2 分别为两组样本的方差。于是,两个总体均值差值的 t 统计量的表达式为

$$t = \frac{\bar{X}_1 - \bar{X}_2 - (\mu_1 - \mu_2)}{\sqrt{\sigma_{12}^2}} \sim t(f) \tag{6-5}$$

式中,修正自由度 $f = \dfrac{(S_1^2 / n_1 + S_2^2 / n_2)^2}{\dfrac{(S_1^2 / n_1)^2}{n_1 - 1} + \dfrac{(S_2^2 / n_2)^2}{n_2 - 1}}$。

6.2.2 操作步骤

1. 基本操作

在菜单栏中选择"分析"→"比较平均值"→"独立样本 T 检验"菜单命令,如图 6-8 所示,打开"独立样本 T 检验"对话框,如图 6-9 所示,将要检验的变量选入"检验变量"列表,将分组变量选入"分组变量"列表。

2. "定义组"按钮

单击"独立样本 T 检验"对话框中的"定义组"按钮,打开"定义组"对话框,如图 6-10 所示。先根据分组变量对检验变量进行分组,然后对两组数据进行检验。值得注意的是,由于独立样本 t 检验只能对两组样本进行检验,因此只能将检验变量分为两组进行检验。若分组变量为分类变量,则单击"使用指定的值"单选按钮,将分组变量的值输入"组 1"及"组 2"文本框。若分组变量为连续变量,则单击"分割点"单选按钮,在其后的文本框中输入分割数值,对大于该数值与小于该数值的两组样本进行独立样本 t 检验。单击"继续"按钮返回"独

立样本 T 检验"对话框，单击"确定"按钮即可进行检验。

图 6-8 "独立样本 T 检验"对话框的打开途径

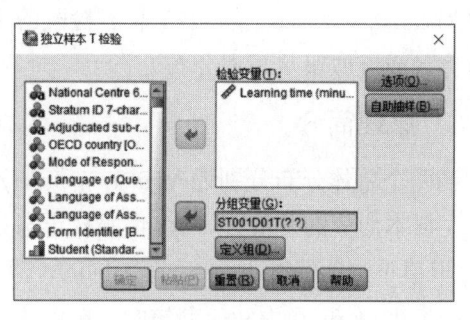

图 6-9 "独立样本 T 检验"对话框

图 6-10 "定义组"对话框

3. 结果分析

因为两个总体的方差是否相等决定了采用 t 统计量的哪一种数学形式，所以 SPSS 在进行独立样本 t 检验时采用单因素方差分析的方法进行 F 检验，并针对总体方差相等与否的两种情况分别给出 t 检验的结果。在分析结果时，先分析"莱文方差等同性检验"的结果，若"假定等方差" F 检验的 p 值小于 α，则拒绝方差相等的原假设，进而分析"不假定等方差"的 t 检验结果。若相应的 p 值小于 α，则拒绝平均值没有显著差异的原假设，否则接受原假设；若"假定等方差" F 检验的 p 值大于 α，则分析"假定等方差"的 t 检验结果，同样比较 p 值和 α，若相应的 p 值小于 α，则拒绝平均值没有显著差异的原假设，否则接受原假设。

6.2.3 案例分析

以 PISA 2018 学生层面的数据中学生每周总学习时间为例，检验七、八年级学生每周总学习时间的平均值是否有显著差异。将每周总学习时间（分钟）"Learning time(minutes per week)-in total"变量作为检验变量，将 ST001D01T 作为分组变量，操作步骤如图 6-9、图 6-10 所示，在"定义组"对话框中，数值"7"代表七年级，数值"8"代表八年级，表示只对七年级和八年级学生的每周总学习时间进行独立样本 t 检验，没有选择其他年级的个案。得到的独立样本 t 检验结果如图 6-11 所示。

独立样本检验

		莱文方差等同性检验		平均值等同性 t 检验					差值 95% 置信区间	
		F	显著性	t	自由度	Sig.(双尾)	平均值差值	标准误差差值	下限	上限
Learning time (minutes per week) - in total	假定等方差	.142	.707	-1.569	186	.118	-149.964	95.556	-338.478	38.549
	不假定等方差			-1.441	28.615	.160	-149.964	104.070	-362.936	63.007

图 6-11 独立样本 t 检验结果

从结果可以看出,"莱文方差等同性检验"的 F 值为 0.142,p 值为 0.707>α = 0.05,因此不拒绝方差齐性的原假设;接下来看"假定等方差"的独立样本 t 检验结果,p 值为 0.118>α = 0.05,因此不拒绝平均值的差值没有显著性差异的原假设。综上所述,我们不能认为七年级和八年级学生的总学习时间有显著差异。

6.3 成对样本 t 检验

成对样本 t 检验的目的是利用来自两个不同总体的配对样本,推断两个总体的平均值是否有显著差异。成对样本 t 检验有如下要求:两组样本必须是配对的,即两组样本的数量必须相同,且样本的顺序不能改变;两个总体都服从正态分布。一般来说,成对样本检验用于检验实验干预前后同一被试的某一指标或同一被试的不同指标之间是否有显著差异。

6.3.1 原理简介

成对样本 t 检验的原假设为 $H_0: \mu_1 - \mu_2 = 0$,即两组样本没有显著差异。先分别计算出两组样本每个观测记录的差值,得到差值样本 $\{d_i, i=1,2,\cdots,n\}$,然后对差值样本进行检验值为 0 的单样本 t 检验,检验差值样本的平均值与 0 是否有显著差异。t 统计量的表达式为

$$t = \frac{\bar{d} - d_0}{\sqrt{S_d}} \sim t(n-1) \tag{6-6}$$

6.3.2 操作步骤

在菜单栏中选择"分析"→"比较平均值"→"成对样本检验"菜单命令,如图 6-12 所示,打开"成对样本 T 检验"对话框,如图 6-13 所示,将要检验的两个变量选入"配对变量"列表中,两个变量为一个配对,单击"确定"按钮即可得出检验结果。

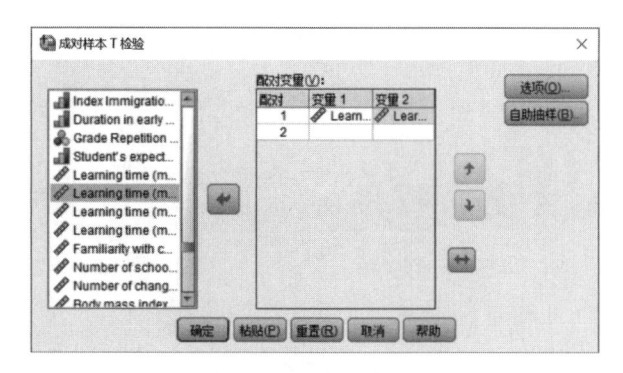

图 6-12 "成对样本 T 检验"对话框的打开途径   图 6-13 "成对样本 T 检验"对话框

6.3.3 案例分析

以 PISA 2018 学生层面的数据中学生每周学习时间为例，检验学生学习数学（Mathematics）和语言（test language）两科目的时间均值是否有显著差异。将每周数学学习时间（分钟）"Learning time(minutes per week)-<Mathematics>"变量与每周语言学习时间（分钟）"Learning time(minutes per week)-<test language>"变量作为配对变量，操作步骤如图 6-12、图 6-13 所示，得到的成对样本 t 检验结果如图 6-14 所示。

配对样本检验

		配对差值					t	自由度	Sig.（双尾）
		平均值	标准 偏差	标准 误差平均值	差值 95% 置信区间 下限	上限			
配对 1	Learning time (minutes per week) -<Mathematics> - Learning time (minutes per week) - <test language>	17.103	70.720	.648	15.833	18.374	26.379	11896	.000

图 6-14　成对样本 t 检验结果

每周数学学习时间（分钟）"Learning time(minutes per week)-<Mathematics>"变量与每周语言学习时间（分钟）"Learning time(minutes per week)-<test language>"变量的差值样本的平均值为 17.103，p 值为 $0.000 < \alpha = 0.05$，故拒绝原假设，我们认为学生每周学习数学和学习语言的时间有显著差别，且学习数学的时间明显多于学习语言的时间。

第 7 章 方差分析

方差分析（Analysis of Variance，ANOVA）是一个假设检验过程，用于评估两个或多个样本的平均数的差异。如同所有的推论统计过程，方差分析把样本数据作为得出有关结论的基础。也可以说，方差分析与 t 检验只是解决相同问题的两种不同方法：它们都检验了平均数差异。在某些方面，这两种方法都使用样本数据来检验有关总体平均数的假设。但是，相较于 t 检验，方差分析的主要优点是可以用来比较多个分组。在方差分析中，自变量被称为因素。组成一个因素的各个条件或数值被称为这个因素的水平。常用的方差分析方法包括单因素方差分析、多因素方差分析、重复测量方差分析、协方差分析和多元方差分析。

7.1 单因素方差分析

7.1.1 单因素方差分析的统计假设

用下面的例子来介绍单因素方差分析的统计假设。例如，研究学校所在地对学生阅读成绩的影响（在此研究中，学生的阅读成绩用 PV1 代表）。在 PISA 2018 数据中，学校所在地按照当地人口的规模大小分为 5 种不同的类型，分别为乡村（居民总数少于 3000 人）、乡镇（居民总数大于或等于 3000 人，小于 15000 人）、城镇（居民总数大于或等于 15000 人，小于 100000 人）、城市（居民总数大于或等于 100000 人，小于 1000000 人）和大城市（居民总数大于或等于 1000000 人）。这个研究的目的是探究学校所在地是否影响学生的阅读成绩。因此，此研究的原假设（H_0）表示学校所在地对学生的阅读成绩没有影响，备择假设（H_1）则表示学校所在地的确影响学生的阅读成绩。

$$H_0: \mu_1 = \mu_2 = \mu_3 = \mu_4 = \mu_5$$

原假设陈述学校所在地对学生的阅读成绩没有影响。也就是说，5 种学校所在地的学生的总体阅读成绩的平均数是相等的。

对于备择假设，则认为至少有一个样本的平均数与其他样本的平均数是不相等的。

$$H_1: \mu_1, \mu_2, \mu_3, \mu_4, \mu_5 \text{不全相等}$$

1. 单因素方差分析中总平方和与自由度的分解

在 PISA 2018 数据中，学校所在地变量有 5 个处理水平，在进行加权处理后，位于乡村（居民总数少于 3000 人）的学校学生有 48857 人，位于乡镇（居民总数大于或等于 3000 人，小于 15000 人）的学校学生有 209888 人，位于城镇（居民总数大于或等于 15000 人，小于 100000 人）的学校学生有 232539 人，位于城市（居民总数大于或等于 100000 人，小于 1000000 人）的学校学生有 248117 人，位于大城市（居民总数大于或等于 1000000 人）的学校学生有 252899 人。方差分析使用样本方差（Mean Squares）来度量数据的变异程度，它是变异平方和除以自由度的商。要将样本数据的总变异分解为不同来源的变异，就要将总变异的平方和与总自由度分解为不同的变异来源的相应部分。

2．总平方和的分解

总平方和反映了全部观测的总变异情况，它是各个观测值与总平均值的离差平方和，记为 $SS_{总}$。总平方和可分解为处理间方差和处理内方差。处理间方差表示处理条件间的总的差异，真正测量了样本平均数间的差异，记为 $SS_{处理间}$。处理间方差由以下两个部分组成：一是处理效应，即差异是由处理效应引起的，对于本例所使用的 PISA 数据，不同学校所在地学生的平均成绩差异是由学校所在地引起的；二是偶然误差，即差异是由偶然引起的，其中包括个体差异引起的误差和实验误差。处理内方差表示每个处理条件内的变异性，记为 $SS_{处理内}$，在每个处理条件下，个案数据并非全部相等，而是存在个体差异。综上，$SS_{总} = SS_{处理间} + SS_{处理内}$。

3．自由度的分解

自由度的分解与总平方和的分解有着相同的模式。在计算自由度时，每个自由度（df）都与特定的平方和（SS）对应。自由度指的是，在计算某个统计量时，取值不受限制的变量的个数。通常 $df = n - a$。其中 n 为样本数量，a 为被限制的条件个数或变量个数。例如，某个变量有 k 个处理水平，每个处理水平有 $n_1, n_2, n_3, \ldots, n_k$ 个观察值，总共有 $n_1 + n_2 + n_3 + \ldots + n_k = N$ 个观察值。在这种情况下，总的自由度记为 $df_{总}$，$df_{总} = N - 1$。处理内自由度记为 $df_{内}$，与 $SS_{处理内}$ 对应。$SS_{处理内}$ 的计算方法为计算出每个处理内的 SS，然后将这些值相加。每个处理条件下的 SS 值代表该条件下 n_k 个数据的变异性，所以，每个 SS 所对应的 df 为 $df_k = n_k - 1$，将这些 df 值相加即可得到 $df_{内}$，即 $df_{内} = n_1 + n_2 + n_3 + \ldots + n_k - k*1 = N - k$。处理间自由度记为 $df_{间}$，与 $SS_{处理间}$ 对应。因为 $SS_{处理间} = SS_{总} - SS_{处理内}$，所以 $df_{间} = df_{总} - df_{内} = k - 1$。

4．单因素方差分析中 F 分数的计算

在方差分析中，习惯用均方或 MS 代替术语方差，方差为离差平方的平均数，$MS = \dfrac{SS}{df}$。对于方差分析，F 分数的分母被称为误差项，误差项是测量由偶然引起的方差的一种方法，当处理效应为零时（H_0 正确），误差项测量的方差与 F 分数的分子的方差来源相同，此时 F 分数接近 1。

对于单因素方差分析，F 分数有如下结构：

$$F = \frac{处理间方差}{处理内方差} = \frac{包括任何处理效应的差异}{不存在处理效应的差异} = \frac{MS_{间}}{MS_{内}} \tag{7-1}$$

5．单因素方差分析的假设

单因素方差分析要求数据满足以下三个假设。
（1）每个样本内的观察对象是来自所研究因素的各个水平之下的独立随机抽样。
（2）样本源自的总体必须是正态的。
（3）样本源自的总体的方差必须满足方差齐性。

6．事后比较

如上所述，方差分析的最大优势（与 t 检验相比）是：当处理条件多于两个时，方差分析可以检验平均数差异。方差分析通过在一个检验中同时比较所有的单独平均数的差异来达到这一目的。但是，把多个平均数的差异合并成一个统计检验的过程使得解释检验结果变得困难。特别是当 F 值显著（拒绝 H_0）时，这只表明在所有的平均数差异中至少有一个比偶然引起的差异大。换句话说，总的 F 值只表明了显著差异的存在，并没有表明到底哪些平均数是存

在显著差异的。因此，引入事后比较的检验方法。事后比较是附加的假设检验，在方差分析结束后使用，能够准确地确定哪些平均数的差异显著。事后比较一般分为两种类型：计划好的和非计划的。所谓计划好的事后比较是指在分析数据之前便决定了要通过多重比较考察多个组与某个特定组之间的差别或某几个特定组之间的差别；而非计划的事后比较只在方差分析得到显著的 F 值之后才有必要进行，是一种探索性分析。对于非计划的多重比较，下面简要介绍几种事后比较的方法。

（1）LSD 法：即最小显著差法（Least Significance Difference Method），是最简单的比较方法之一。该方法是 t 检验的简单变形，并未对检验水准做出任何校正，只是在计算标准误差时充分利用了样本信息。由于单次比较的检验水平仍为 α，因此可以认为 LSD 法是最灵敏的。

（2）Scheffe 法：与一般的多重比较不同，Scheffe 法的实质是对多组平均值间的线性组合是否为 0 进行假设检验。多用于进行比较的两组样本含量不相等的情况。

（3）Tukey 法：使用这种方法要求各组样本的含量相同。它利用学生化范围（Studentized Range）分布来比较各组的平均值，控制所有比较中最大的一类错误的概率。

7.1.2 案例分析

1．数据与问题描述

根据 PISA 2018 中国四省市数据，不同学校所在地的学生的阅读成绩如表 7-1 所示。

表 7-1 不同学校所在地的学生的阅读成绩

乡村	乡镇	城镇	城市	大城市
454.966	468.751	499.319	646.861	614.897
432.257	638.233	534.447	531.608	446.539
532.181	501.951	425.084	515.565	577.815
421.176	483.119	607.333	635.829	525.965
266.061	567.948	552.768	600.762	654.239
……	……	……	……	……

本节利用单因素方差分析来验证学生的阅读素养表现与学生所属学校的所在地有关。

2．SPSS 单因素方差分析的参数设置

如图 7-1 所示，在菜单栏中选择"分析"→"比较平均值"→"单因素 ANOVA 检验"菜单命令，打开"单因素 ANOVA 检验"对话框，如图 7-2 所示。在本案例中将因变量阅读素养表现选入"因变量"列表中，将自变量学校所在地选入"因子"列表中。

单击"单因素 ANOVA 检验"对话框的"选项"按钮，打开"单因素 ANOVA 检验：选项"对话框，如图 7-3 所示。在"缺失值"区域中规定了对缺失值的处理方式。勾选"平均值图"复选框表示用各组的平均值作图。"统计"区域包括以下功能。

（1）描述：输出描述性统计结果。

（2）固定和随机效应：对于固定效应模型，输出标准差、标准误差和 95%置信区间；对于随机效应模型，输出其标准误差、95%置信区间及方差成分。

（3）方差齐性检验：进行方差齐性检验。

（4）布朗-福塞斯（Brown-Forsythe）：指定输出用布朗-福塞斯方法比较各组平均值的统计量，适用于各组方差不齐的情况。

（5）韦尔奇（Welch）：指定输出用韦尔奇方法比较各组平均值的统计量，适用于方差不齐

的情况。

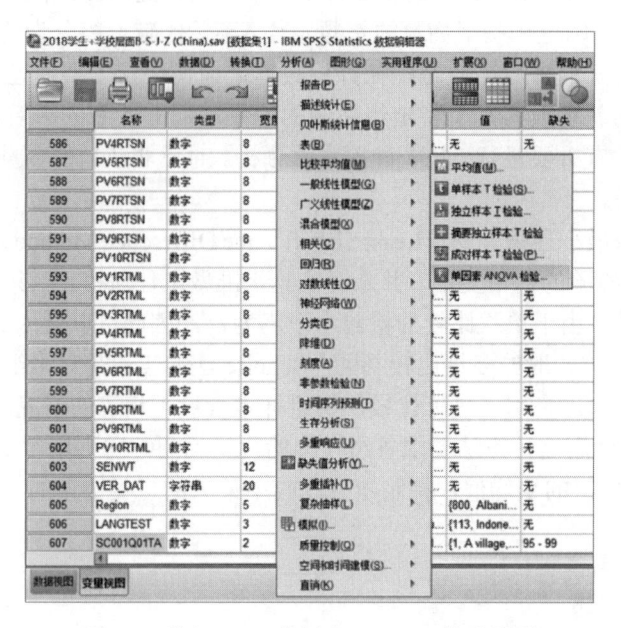

图 7-1 进入 SPSS 单因素 ANOVA 检验界面

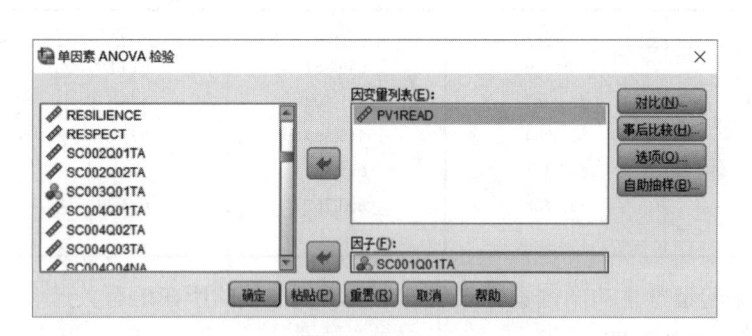

图 7-2 "单因素 ANOVA 检验"对话框

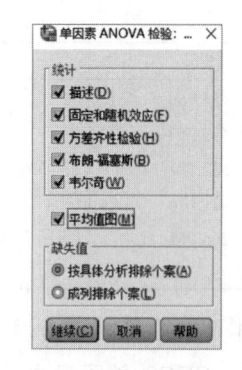

图 7-3 "单因素 ANOVA 检验：选项"对话框

单击"单因素 ANOVA 检验"对话框的"对比"按钮，打开"单因素 ANOVA 检验：对比"对话框，在此设置平均值对照的比较选项，如图 7-4 所示。上面的"多项式"复选框用于设定将组间方差平方和分解为何种形式的趋势成分。"等级"下拉列表给出的选项有"线性"、"二次"、"三次"、"四次"和"五次"。SPSS 会在输出结果里给出指定阶次和低于指定阶次的各阶平方和的分解结果，并给出各阶次的自由度、F 统计量和 F 检验结果。下面的区域用来设置先验的对照组，由 SPSS 采用 t 检验进行验证。先在"系数"文本框中指定一个系数，再单击"添加"按钮将其加入下方的列表。因素有几个水平就输入几个系数；若只比较第一水平和第四水平的均值，则必须把第二个、第三个系数设为 0；若只比较第一水平和第二水平的均值，则只需要输入前两个系数；若比较第一水平和第四、第五水平，则要将系数与因素取值的升序相对应。输入的系数为先验的假设比例。对于已加入列表的系数，可以通过单击"更改"和"除去"按钮进行修改和删除。此外，还可以建立多组对照关系，在输入一组系数后，单击"下一页"按钮，在"系数"文本框内进行新一组对照系数的设置。单击"上一页"或"下一页"按钮，可以在不同的对照组之间切换和编辑。在本案例中，进行大城市水平和农村水平的对比，因此对照系数设置为1、0、0、0、1。

单击"单因素 ANOVA 检验"对话框的"事后比较"按钮，打开"单因素 ANOVA 检验：事后多重比较"对话框，在此设定事后比较的方法，如图 7-5 所示。在满足方差齐性的情况下，可选择以下几种检验方法。

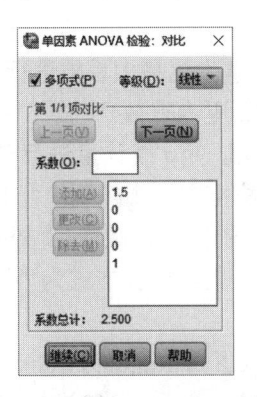

图 7-4 "单因素 ANOVA 检验：对比"对话框

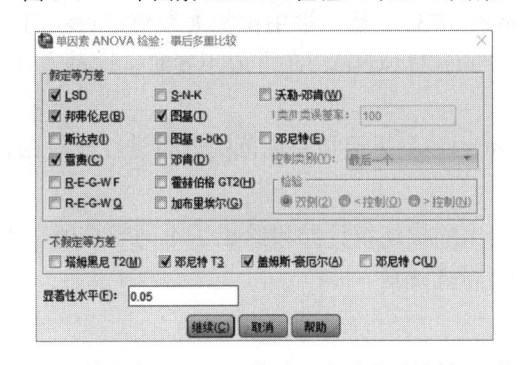

图 7-5 "单因素 ANOVA 检验：事后多重比较"对话框

（1）LSD（Least Significant Difference），基于 t 检验进行各组平均值间的配对比较，不对多重比较误差率进行调整。

（2）邦弗伦尼（Bonferroni），基于 t 检验进行各组平均值间的配对比较，通过设置每个检验的误差率来控制整体的误差率。

（3）斯达克（Sidak），基于 t 统计量进行多重配对比较，可以调整显著性水平，比邦弗伦尼方法的界限要小。

（4）雪费（Scheffe），使用样本的 F 分布对所有可能的平均值组合进行同步的配对比较，还可以检验分组平均值的所有线性组合，而不仅仅是配对比较。

（5）R-E-G-W F（Ryan-Einot-Gabriel-Welsch F），基于 F 检验进行多重比较。

（6）R-E-G-W Q（Ryan-Einot-Gabriel-Welsch Q），基于学生化范围分布进行多重比较。

（7）S-N-K（Student Newman Keuls），基于学生化范围分布进行各组平均值间的配对比较。若各组的样本含量相等，则系统会逐步比较同类子集的平均值。各组的平均值按从大到小的顺序排列，先比较差异最大的组对。

（8）图基（Tukey），基于学生化范围分布进行各组平均值间的配对比较。采用所有配对比较的误差率估计实验的误差率。

（9）图基 s-b，基于学生化范围分布进行各组平均值间的配对比较，其结果实际上就是图基检验和 S-N-K 检验统计量的平均值。

（10）邓肯（Duncan），用与 S-N-K 检验相似的逐步过程进行多重比较，但会设置对所有检验误差率的保护水平。使用的是学生化范围统计量。

（11）霍赫伯格 GT2（Hochberg's GT2），用学生化最大系数进行多重比较，与图基检验类似。

（12）加布里埃尔（Gabriel），用学生化最大系数进行配对比较。当不同处理水平下样本数量不相等时，此方法比霍赫伯格 GT2 更为有效。

（13）沃勒-邓肯（Waller-Duncan），用 t 统计量进行多重比较检验，使用的是贝叶斯方法。

（14）邓尼特（Dunnett），此方法指定一个控制组，其他组都与控制组进行多重配对 t 检验。勾选"邓尼特"复选框后，下面的区域被激活。"控制类别"下拉列表用于指定控制组为第一组或最后一个；"检验"区域用于指定检验方式为"双侧"检验、"<控制"或">控制"单边检验。

在方差不齐的情况下，可选择以下几种检验方法。

（1）塔姆黑尼 T2（Tamhane' T2），基于 t 检验进行保守的配对比较。

（2）邓尼特 T3（Dunnett's T3），基于学生化最大系数进行配对比较。

（3）盖姆斯-豪厄尔（Games Howell），在方差不齐时，这种方法是一种比较灵活的配对比较方法。

（4）邓尼特 C（Dunnett's C），基于学生化范围分布进行配对比较。

3. 结果分析与展示

如图 7-6 所示，SPSS 输出的描述统计结果给出了不同学校所在地学生阅读成绩的平均值、标准偏差、最大值、最小值等统计量。

图 7-6　SPSS 输出的描述统计结果

SPSS 输出的方差齐性检验结果如图 7-7 所示，该数据不满足方差齐性，但由于本节使用的 PISA 数据样本量过大，因此很小的效应量便能导致很显著的数据分析结果。

图 7-7　SPSS 输出的方差齐性检验结果

图 7-8 所示为 SPSS 输出的单因素方差分析结果，$F = 16321.515$，$p < 0.001$，在满足方差齐性的前提条件下，可以认为不同学校所在地的学生的阅读素养表现是存在显著差异的。

ANOVA

Plausible Value 1 in Reading

	平方和	自由度	均方	F	显著性
组间	466617620.7	4	116654405.2	16321.515	.000
组内	7092215579	992296	7147.278		
总计	7558833199	992300			

图 7-8　SPSS 输出的单因素方差分析结果

图 7-9 所示为 SPSS 输出的韦尔奇检验和布朗-福塞斯检验结果，当方差不齐时，根据表中数据，韦尔奇检验和布朗-福塞斯检验的显著性水平都低于 0.000，因此，可以认为不同学校所在地的学生的阅读素养表现是存在显著差异的。

平均值相等性稳健检验

Plausible Value 1 in Reading

	统计[a]	自由度1	自由度2	显著性
韦尔奇	17146.738	4	284425.805	.000
布朗-福塞斯	16949.027	4	644762.922	.000

a. 渐近 F 分布。

图 7-9　SPSS 输出的韦尔奇检验和布朗-福塞斯检验结果

图 7-10 所示为 SPSS 输出的对比检验的结果。本案例比较了学校所在地为农村和大城市的学生的阅读成绩是否服从 1.5∶1 的比例。当方差不齐时，检验的双侧显著性水平都低于 0.000，故能够显著否定 1.5∶1 这个先验假设比例。

对比系数

Which of the following definitions best describes the community in which your school is located?

	A village, hamlet or rural area (fewer than 3 000 people)	A small town (3 000 to about 15 000 people)	A town (15 000 to about 100 000 people)	A city (100 000 to about 1 000 000 people)	A large city (with over 1 000 000 people)
对比 1	1.5	0	0	0	1

对比检验

		对比	对比值	标准错误	t	自由度	Sig.（双尾）
Plausible Value 1 in Reading	假定等方差	1	1337.72731[a]	.597838	2237.608	992296	.000
	不假定等方差	1	1337.72731[a]	.555019	2410.239	60133.849	.000

a. 对比系数总和不为零。

图 7-10　SPSS 输出的对比检验结果

图 7-11 所示为 SPSS 输出的多重比较结果，分为方差齐性和方差不齐两个部分，在方差不齐的前提下，根据表中数据可知，学校所在地为农村、乡镇、城镇、城市、大城市的学生的阅读成绩均存在显著差异。

各组样本均值的折线图如图 7-12 所示，它可以更直观地展现各组样本的大小关系及其与相对应的分组变量的关系。

多重比较

因变量: Plausible Value 1 in Reading

(I) Which of the following definitions best describes the community in which your school is located?	(J) Which of the following definitions best describes the community in which your school is located?	平均值差值 (I-J)	标准错误	显著性	95% 置信区间 下限	95% 置信区间 上限
邦弗伦尼						
A village, hamlet or rural area (fewer than 3 000 people)	A small town (3 000 to about 15 000 people)	-26.230905*	.424666	.000	-27.42296	-25.03885
	A town (15 000 to about 100 000 people)	-58.302341*	.420743	.000	-59.48338	-57.12130
	A city (100 000 to about 1 000 000 people)	-49.675286*	.418443	.000	-50.84987	-48.50070
	A large city (with over 1 000 000 people)	-79.017779*	.417792	.000	-80.19054	-77.84502
A small town (3 000 to about 15 000 people)	A village, hamlet or rural area (fewer than 3 000 people)	26.230905*	.424666	.000	25.03885	27.42296
	A town (15 000 to about 100 000 people)	-32.071436*	.254536	.000	-32.78593	-31.35694
	A city (100 000 to about 1 000 000 people)	-23.444381*	.250717	.000	-24.14815	-22.74061
	A large city (with over 1 000 000 people)	-52.786874*	.249628	.000	-53.48759	-52.08616
A town (15 000 to about 100 000 people)	A village, hamlet or rural area (fewer than 3 000 people)	58.302341*	.420743	.000	57.12130	59.48338
	A small town (3 000 to about 15 000 people)	32.071436*	.254536	.000	31.35694	32.78593
	A city (100 000 to about 1 000 000 people)	8.627055*	.244012	.000	7.94210	9.31201
	A large city (with over 1 000 000 people)	-20.715438*	.242893	.000	-21.39725	-20.03363
A city (100 000 to about 1 000 000 people)	A village, hamlet or rural area (fewer than 3 000 people)	49.675286*	.418443	.000	48.50070	50.84987
	A small town (3 000 to about 15 000 people)	23.444381*	.250717	.000	22.74061	24.14815
	A town (15 000 to about 100 000 people)	-8.627055*	.244012	.000	-9.31201	-7.94210
	A large city (with over 1 000 000 people)	-29.342493*	.238888	.000	-30.01306	-28.67193
A large city (with over 1 000 000 people)	A village, hamlet or rural area (fewer than 3 000 people)	79.017779*	.417792	.000	77.84502	80.19054
	A small town (3 000 to about 15 000 people)	52.786874*	.249628	.000	52.08616	53.48759
	A town (15 000 to about 100 000 people)	20.715438*	.242893	.000	20.03363	21.39725
	A city (100 000 to about 1 000 000 people)	29.342493*	.238888	.000	28.67193	30.01306
盖姆斯-豪厄尔						
A village, hamlet or rural area (fewer than 3 000 people)	A small town (3 000 to about 15 000 people)	-26.230905*	.392181	.000	-27.30071	-25.16110
	A town (15 000 to about 100 000 people)	-58.302341*	.389836	.000	-59.36575	-57.23893
	A city (100 000 to about 1 000 000 people)	-49.675286*	.393317	.000	-50.74819	-48.60238
	A large city (with over 1 000 000 people)	-79.017779*	.392392	.000	-80.08816	-77.94740
A small town (3 000 to about 15 000 people)	A village, hamlet or rural area (fewer than 3 000 people)	26.230905*	.392181	.000	25.16110	27.30071
	A town (15 000 to about 100 000 people)	-32.071436*	.243433	.000	-32.73547	-31.40740
	A city (100 000 to about 1 000 000 people)	-23.444381*	.248968	.000	-24.12351	-22.76525
	A large city (with over 1 000 000 people)	-52.786874*	.247505	.000	-53.46201	-52.11173
A town (15 000 to about 100 000 people)	A village, hamlet or rural area (fewer than 3 000 people)	58.302341*	.389836	.000	57.23893	59.36575
	A small town (3 000 to about 15 000 people)	32.071436*	.243433	.000	31.40740	32.73547
	A city (100 000 to about 1 000 000 people)	8.627055*	.245258	.000	7.95804	9.29607
	A large city (with over 1 000 000 people)	-20.715438*	.243773	.000	-21.38040	-20.05048
A city (100 000 to about 1 000 000 people)	A village, hamlet or rural area (fewer than 3 000 people)	49.675286*	.393317	.000	48.60238	50.74819
	A small town (3 000 to about 15 000 people)	23.444381*	.248968	.000	22.76525	24.12351
	A town (15 000 to about 100 000 people)	-8.627055*	.245258	.000	-9.29607	-7.95804
	A large city (with over 1 000 000 people)	-29.342493*	.249300	.000	-30.02253	-28.66246
A large city (with over 1 000 000 people)	A village, hamlet or rural area (fewer than 3 000 people)	79.017779*	.392392	.000	77.94740	80.08816
	A small town (3 000 to about 15 000 people)	52.786874*	.247505	.000	52.11173	53.46201
	A town (15 000 to about 100 000 people)	20.715438*	.243773	.000	20.05048	21.38040
	A city (100 000 to about 1 000 000 people)	29.342493*	.249300	.000	28.66246	30.02253

*. 平均值差值的显著性水平为 0.05。

图 7-11 SPSS 输出的多重比较结果

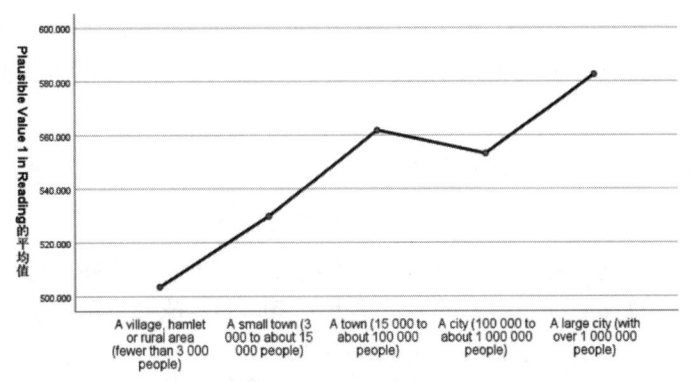

图 7-12　各组样本均值的折线图

7.2　单因素重复测量方差分析

7.2.1　单因素重复测量方差分析的统计假设

重复测量是指对同一批研究对象施加不同的实验处理后进行测量。重复测量方差分析的研究假设与独立测量方差分析的研究假设基本相同（还必须要求协方差阵具有球形对称性质）。原假设陈述了对一般的总体来说，进行比较的处理条件之间没有平均数差异。用符号可以表示为

$$H_0: \mu_1 = \mu_2 = \mu_3 = \mu_4 = \dots$$

依照原假设，从一般意义上来说，所有处理的作用是完全一样的。H_0 的一个结果说明样本平均数之间可能存在的任何差异不是由处理条件引起的，而是由偶然误差引起的。

备择假设陈述了处理条件间存在平均数差异。H_1 的一般形式只是陈述了差异的存在，而并未确切指出哪些处理是不同的。

$$H_1: \mu_1, \mu_2, \mu_3, \mu_4 \dots 不全相等$$

从一般意义上来说，备择假设陈述各个处理的效应是不同的。因此，处理条件可能是引起样本平均数差异的原因。通常情况下，方差分析的目的是用样本数据来确定这两个假设中的哪一个更有可能是正确的。

7.2.2　单因素重复测量方差分析中 F 分数的计算

重复测量方差分析的总目标是，确定在处理条件间发生的差异是否显著大于由偶然误差引起的差异。在 F 分数的分子上，处理间方差测量的是一个研究中的处理条件间真实的平均数差异的大小。在 F 分数的分母上的方差倾向于测量由偶然引起的差异是多大时才是合理的。从逻辑上来说，处理间方差可以由处理效应和偶然误差来解释。与独立测量方差分析不同的是，重复测量方差分析中处理间的差异不包含个体差异，因为重复测量设计在每个处理条件中都是完全相同的个体，因此个体差异不体现在 F 分数的分子上的处理间方差中。而处理内方差则是由偶然误差引起的方差。重复测量 F 分数的结构为

$$F = \frac{处理间方差}{处理内方差} = \frac{处理效应 + 偶然误差}{偶然误差} = \frac{\text{MS}_{间}}{\text{MS}_{内}} \tag{7-2}$$

当处理效应不存在时，F 分数接近于 1.00。因此，当研究结果产生的 F 分数接近 1 时，没有证据证明处理效应存在，不能拒绝原假设；当 F 分数大于该自由度下的临界 F 分数时，处理效应真正存在，拒绝原假设。

7.2.3 单因素重复测量方差分析的假设

单因素重复测量方差分析要求数据满足以下三个假设。
（1）每个样本内的观察对象是来自研究因素的各个水平之下的独立随机抽样。
（2）样本源自的总体必须是正态的，且协方差矩阵满足球形对称性质。
（3）样本源自的总体的方差必须满足方差齐性。

7.2.4 案例分析

1. 数据与问题描述

由于 PISA 2018 数据中没有重复测量实验设计，因此本案例使用自己模拟的数据进行计算。本案例研究一种新的控制课堂混乱的教学方法的有效性。一个样本有 5 名学生，在使用新的教学方法之前，记录每个学生一天内表现出课堂混乱行为的次数，并记录使用新的教学方法之后一周、一个月和六个月内学生表现出课堂混乱行为的次数。案例数据如图 7-13 所示。

	处理前	一周	一个月	六个月
1	8	2	1	1
2	4	1	1	0
3	6	1	2	2
4	8	3	4	1
5	7	2	1	0

图 7-13　案例数据

2. SPSS 单因素重复测量方差分析的参数设置

如图 7-14 所示，在菜单栏中选择"分析"→"一般线性模型"→"重复测量"菜单命令，打开"重复测量定义因子"对话框。

图 7-14　"重复测量定义因子"对话框的打开途径

如图 7-15 所示，在"主体内因子名"文本框中输入"处理时间"，在"级别数"文本框中输入处理时间的类别数"4"，单击下方的"添加"按钮，将"处理时间（4）"加入下方的"因素"列表；在"测量名称"文本框中输入"学生混乱行为发生频次"，单击下方的"添加"按钮，将其加入下方的"因素"列表。随后，单击"定义"按钮，打开"重复测量"对话框。

如图 7-16 所示，将原本在左边列表中的处理时间变量选入"主体内变量"列表中。

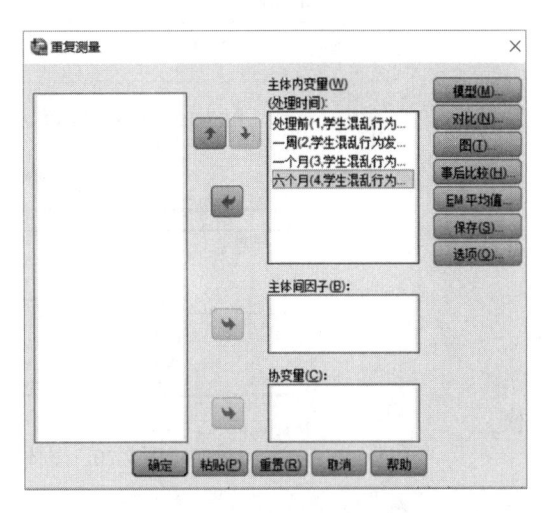

图 7-15 "重复测量定义因子"对话框

图 7-16 "重复测量"对话框

单击"重复测量"对话框的"选项"按钮，打开"重复测量：选项"对话框，如图 7-17 所示，在此处进行选项设置。勾选"描述统计""齐性检验"复选框，完成设置。

如图 7-18 所示，"主体内因子"和"描述统计"表格给出了各水平下样本个数的统计信息和各个分组的观察样本的基本统计特征，如平均值、标准偏差等。

图 7-17 "重复测量：选项"对话框

图 7-18 重复测量方差分析基本统计特征

主体内因子

测量：学生混乱行为发生频次

处理时间	因变量
1	处理前
2	一周
3	一个月
4	六个月

描述统计

	平均值	标准偏差	个案数
处理前	6.60	1.673	5
一周	2.00	.707	5
一个月	1.40	1.517	5
六个月	.80	.837	5

如图 7-19 所示，莫奇来球形度检验的结果为 $p > 0.05$，服从球形假设，可直接看主体内效应检验的结果。

如图 7-20 所示，根据假设球形度一行的值，可知新的控制课堂混乱的教学方法能够显著影响学生课堂混乱行为发生的次数。

莫奇来球形度检验[a]

测量：学生混乱行为发生频次

					Epsilon[b]		
主体内效应	莫奇来 W	近似卡方	自由度	显著性	格林豪斯-盖斯勒	辛-费德特	下限
处理时间	.113	5.948	5	.338	.678	1.000	.333

检验"正交化转换后因变量的误差协方差矩阵与恒等矩阵成比例"这一原假设。

a. 设计：截距
主体内设计：处理时间

b. 可用于调整平均显著性检验的自由度。修正检验将显示在"主体内效应检验"表中。

图 7-19 重复测量方差分析莫奇来球形度检验

主体内效应检验

测量：学生混乱行为发生频次

源		III 类平方和	自由度	均方	F	显著性
处理时间	假设球形度	105.000	3	35.000	35.000	.000
	格林豪斯-盖斯勒	105.000	2.034	51.625	35.000	.000
	辛-费德特	105.000	3.000	35.000	35.000	.000
	下限	105.000	1.000	105.000	35.000	.004
误差 (处理时间)	假设球形度	12.000	12	1.000		
	格林豪斯-盖斯勒	12.000	8.136	1.475		
	辛-费德特	12.000	12.000	1.000		
	下限	12.000	4.000	3.000		

图 7-20 主体内效应检验结果

7.3 双因素方差分析

双因素方差分析用于研究一个因变量是否受两个自变量（也称因素）的影响，它可以检验两个因素取值水平的不同组合之间，因变量的平均值是否存在显著差异。双因素方差分析既可以分析单个因素的作用（主效应），也可以分析因素之间的交互作用（交互效应），还可以进行协方差分析，研究各个因素变量与协变量之间的交互作用。

7.3.1 双因素方差分析的统计假设

双因素方差分析要求因变量是从多元正态总体中随机抽样得到的，同时要求总体中各分组满足方差齐性检验假设。因变量和协变量必须是连续变量，且两者之间存在相关关系；自变量（因素）必须是分类变量，可以是数值型或字符型变量。

7.3.2 主效应

一个因素的不同水平之间的平均数差异被称为这个因素的主效应，当研究的设计表现为一个矩阵时，一个因素决定行，另一个因素决定列，那么行与行之间的平均数差异描述了一个因素的主效应，列与列之间的平均数差异描述了另一个因素的主效应。

7.3.3 交互作用

当两个因素间的交互作用发生在单个处理条件的平均数差异与总的因素的主效应不同时，如果一个因素的效应依赖于另一个因素的不同水平，那么在因素间存在交互作用。

7.3.4 双因素方差分析中 *F* 分数的计算

在双因素方差分析中，总的变异性被分为两个部分：处理间方差与处理内方差。而处理间

方差又分为因素 A 方差、因素 B 方差、交互作用方差和偶然误差。双因素方差分析中 F 分数的结构为

$$F = \frac{处理间方差}{处理内方差} = \frac{处理效应 + 偶然误差}{偶然误差} = \frac{MS_{间}}{MS_{内}} \quad (7\text{-}3)$$

7.3.5 案例分析

1. 数据与问题描述

本案例使用 PISA 2018 数据探究学校所在地与学生阅读成绩的关系是否受学生所在年级的影响。因素 A 为学生所在的年级，有六个水平；因素 B 为学校所在地，有五个水平；因变量为学生的阅读成绩。

2. SPSS 双因素方差分析的参数设计

如图 7-21 所示，在菜单栏中选择"分析"→"一般线性模型"→"单变量"菜单命令，打开"单变量"对话框。

图 7-21 "单变量"对话框的打开途径

如图 7-22 所示，在"因变量"列表中输入"PV1READ"，代表学生的阅读成绩；在"固定因子"列表中输入"GRADE"和"SC001Q01TA"变量，分别代表学生所在的年级和学校所在地。

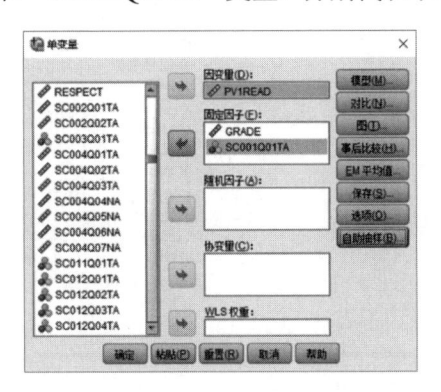

图 7-22 "单变量"对话框

如图 7-23 所示，将变量"SC001Q01TA"选入"水平轴"列表中，将变量"GRADE"选入"单独的线条"列表中，单击"添加"按钮，将该图选入"图"列表中。

如图 7-24 所示，在"单变量：选项"对话框中勾选"描述统计"复选框。

图 7-23　"单变量：轮廓图"对话框　　　　图 7-24　"单变量：选项"对话框

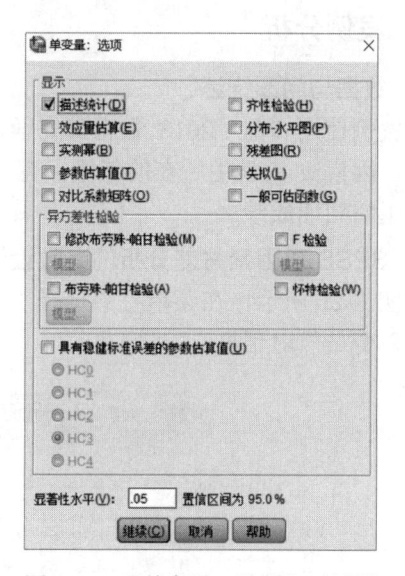

3. 结果分析与展示

如图 7-25 所示，"主体间因子"表格给出了各主效应在不同取值水平下的样本个数统计。

		值标签	个案数
Grade compared to modal grade in country	-3	-3	2515
	-2	-2	15206
	-1	-1	383624
	0	0	577971
	1	1	12601
	2	2	460
Which of the following definitions best describes the community in which your school is located?	1	A village, hamlet or rural area (fewer than 3 000 people)	48852
	2	A small town (3 000 to about 15 000 people)	209741
	3	A town (15 000 to about 100 000 people)	232544
	4	A city (100 000 to about 1 000 000 people)	248163
	5	A large city (with over 1 000 000 people)	253077

图 7-25　主体间因子

如图 7-26 所示,"描述统计"表格给出了观察样本各个分组的基本统计特征,包括平均值、标准偏差等。

因变量: Plausible Value 1 in Reading				
Grade compared to modal grade in country	Which of the following definitions best describes the community in which your school is located?	平均值	标准偏差	个案数
-3	A village, hamlet or rural area (fewer than 3 000 people)	407.90605	39.989750	120
	A small town (3 000 to about 15 000 people)	457.96789	51.926183	1259
	A town (15 000 to about 100 000 people)	482.70312	36.212789	746
	A city (100 000 to about 1 000 000 people)	474.35562	36.228766	260
	A large city (with over 1 000 000 people)	449.90405	89.611504	130
	总计	464.19356	51.520484	2515
-2	A village, hamlet or rural area (fewer than 3 000 people)	465.91804	89.356251	2017
	A small town (3 000 to about 15 000 people)	455.54022	81.848175	5320
	A town (15 000 to about 100 000 people)	497.12698	85.086279	3331
	A city (100 000 to about 1 000 000 people)	501.83690	60.153481	2852
	A large city (with over 1 000 000 people)	462.96363	90.933973	1686
	总计	475.53309	83.570770	15206
-1	A village, hamlet or rural area (fewer than 3 000 people)	496.46954	77.283163	32995
	A small town (3 000 to about 15 000 people)	508.91639	81.556905	107755
	A town (15 000 to about 100 000 people)	542.10849	80.905463	85922
	A city (100 000 to about 1 000 000 people)	538.24028	85.378356	80016
	A large city (with over 1 000 000 people)	582.72094	82.748149	76936
	总计	536.19794	86.771303	383624
0	A village, hamlet or rural area (fewer than 3 000 people)	525.87219	70.362922	13488
	A small town (3 000 to about 15 000 people)	558.44384	66.826240	93089
	A town (15 000 to about 100 000 people)	573.59173	78.055350	137997
	A city (100 000 to about 1 000 000 people)	561.11738	88.883077	161649
	A large city (with over 1 000 000 people)	583.62862	89.270621	171748
	总计	569.53202	83.750750	577971
1	A village, hamlet or rural area (fewer than 3 000 people)	563.14653	65.855796	232
	A small town (3 000 to about 15 000 people)	549.58618	75.687510	2208
	A town (15 000 to about 100 000 people)	632.09700	81.055426	4350
	A city (100 000 to about 1 000 000 people)	574.44302	88.539153	3284
	A large city (with over 1 000 000 people)	585.77846	105.407869	2527
	总计	592.05549	92.705680	12601
2	A small town (3 000 to about 15 000 people)	594.14944	4.226582	110
	A town (15 000 to about 100 000 people)	693.07700	.000000	198
	A city (100 000 to about 1 000 000 people)	611.27529	24.967561	102
	A large city (with over 1 000 000 people)	510.14524	78.460820	50
	总计	631.39788	66.810995	460
总计	A village, hamlet or rural area (fewer than 3 000 people)	503.42528	77.614307	48852
	A small town (3 000 to about 15 000 people)	529.71123	80.068297	209741
	A town (15 000 to about 100 000 people)	561.76836	81.716932	232544
	A city (100 000 to about 1 000 000 people)	553.16582	88.320248	248163
	A large city (with over 1 000 000 people)	582.48707	88.132176	253077
	总计	555.25342	87.281337	992377

图 7-26 描述统计

如图 7-27 所示，误差方差的莱文等同性检验结果即双因素方差分析结果显示方差不齐，但是由于 PISA 数据的特殊性，仍将其视为方差齐性。

误差方差的莱文等同性检验[a,b]

		莱文统计	自由度1	自由度2	显著性
Plausible Value 1 in Reading	基于平均值	545.170	28	992348	.000
	基于中位数	540.047	28	992348	.000
	基于中位数并具有调整后自由度	540.047	28	967463.488	.000
	基于剪除后平均值	542.082	28	992348	.000

检验"各个组中的因变量误差方差相等"这一原假设。
a. 因变量：Plausible Value 1 in Reading
b. 设计：截距 + GRADE + SC001Q01TA + GRADE * SC001Q01TA

图 7-27　误差方差的莱文等同性检验

如图 7-28 所示，学生所在的年级变量对学生的阅读素养有显著影响，学校所在地变量对学生的阅读素养有显著影响，这两个变量的交互作用对学生的阅读素养也有显著影响。

主体间效应检验

因变量：Plausible Value 1 in Reading

源	III 类平方和	自由度	均方	F	显著性
修正模型	802293390[a]	28	28653335.37	4207.682	.000
截距	2638460342	1	2638460342	387452.376	.000
GRADE	174916951.9	5	34983390.39	5137.238	.000
SC001Q01TA	8085357.831	4	2021339.458	296.829	.000
GRADE * SC001Q01TA	81322991.93	19	4280157.470	628.532	.000
误差	6757658508	992348	6809.767		
总计	3.135E+11	992377			
修正后总计	7559951898	992376			

a. R 方 = .106（调整后 R 方 = .106）

图 7-28　主体间效应检验

如图 7-29 所示，本案例中学生所在的年级与学校所在地在对学生阅读成绩的影响存在交互作用。

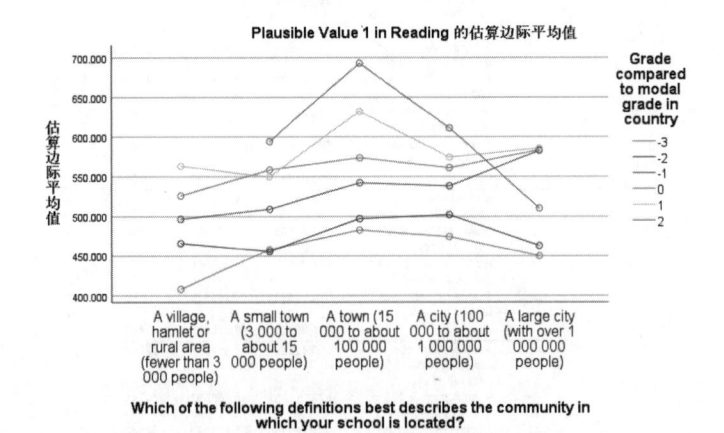

图 7-29　双因素方差分析交互作用示意图

第 8 章 相关分析

8.1 概 述

提到变量之间的关系,人们很容易想到的是变量间的确定性关系。它的特点是在一个变量(自变量)的值确定后,另一个变量(因变量)的值也就完全确定了。变量间的确定性关系往往可以表示成函数的形式,例如圆的半径和面积的关系:$S = \pi r^2$。

与确定性关系不同,变量之间还存在着非确定性关系。它的特点是在给定了一个变量的值以后,另一个变量的值可以在一定的范围内变化。例如家庭经济状况与家庭中学生的学业成绩的关系,在家庭经济状况相同的情况下,家庭中学生的学业成绩可能不同,因为学生的学业成绩不仅受到家庭经济状况的影响,还受到其他因素的影响。另外,学生的学习兴趣与课程时间的关系、学生的阅读素养与学生性别之间的关系、师资水平与学生协作解决问题的能力之间的关系等,都属于非确定性关系。

通常,研究者把非确定性关系称为相关关系。相关关系必须借助统计手段才能加以研究,故又称统计相关。

8.1.1 相关关系的类型

相关关系是普遍存在的,函数关系仅是相关关系的特例,事物之间存在的相关关系不一定是因果关系,也可能是伴随关系;但如果事物之间存在因果关系,那么它们必然是相关的。相关关系多种多样,归纳起来大致有以下 6 种类型。

(1)强正相关关系:其特点是变量 X 增加,导致另一变量 Y 明显增加,说明变量 X 是影响变量 Y 的主要因素。

(2)弱正相关关系:其特点是变量 X 增加,导致另一变量 Y 增加,但增加幅度不明显,说明变量 X 是影响变量 Y 的因素,但不是唯一因素。

(3)强负相关关系:其特点是变量 X 增加,导致另一变量 Y 明显减少,说明变量 X 是影响变量 Y 的主要因素。

(4)弱负相关关系:其特点是变量 X 增加,导致另一变量 Y 减少,但减少幅度不明显,说明变量 X 是影响变量 Y 的因素,但不是唯一因素。

(5)非线性相关关系:其特点是变量 X、Y 之间没有明显的线性关系,却存在着某种非线性关系,说明变量 X 仍是影响变量 Y 的因素。

(6)不相关:其特点是变量 X、Y 之间不存在相关关系,说明变量 X 不是影响变量 Y 的因素。

8.1.2 相关分析的应用

相关分析是研究变量之间相关关系的数理统计方法,可以从影响某个变量的诸多变量中判断哪些变量的影响是显著的,哪些是不显著的。在得到相关分析的结果后,还可以采用其他统计分析方法对其进行进一步的分析、预测或控制，如回归分析、因子分析等。

相关分析方法已广泛应用于生物学、心理学、教育学、经济学和医学等各个领域。对于试验数据的处理、经验公式的建立、管理标准的测定、自然现象和经济现象的统计预报、自动控制中数学模型的确定等，相关分析是一种方便而有效的统计工具。

以 PISA 数据为例，在一般情况下，学生家庭的经济社会文化地位提高，学生的学业表现就会得到提升；教师的导向型教学行为越多，学生的阅读成绩反而会下降；学生不同的学习动机会影响学生的学习兴趣等。这些例子中起影响作用的因素（自变量）和被影响因素（因变量）之间都存在着一定的相关关系。

8.1.3 相关系数的计算

数据的特点不同，所采用的度量变量间相关程度的统计量也不同，相应地，相关系数也就有了不同的表现形式。下面介绍最常见的几个相关系数，其中线性相关系数属于参数统计方法，而斯皮尔曼（Spearman）和肯德尔（Kendall）等级相关系数属于非参数统计方法。

1．线性相关系数

线性相关（Linear Correlation）又称简单相关（Simple Correlation），用来度量具有线性关系的两个变量之间相关关系的密切程度及其相关方向，适用于双变量正态分布数据。线性相关系数又称简单相关系数、皮尔逊（Pearson）相关系数（见图 8-1），有时也称积差相关系数（Coefficient of Product-Moment Correlation）。

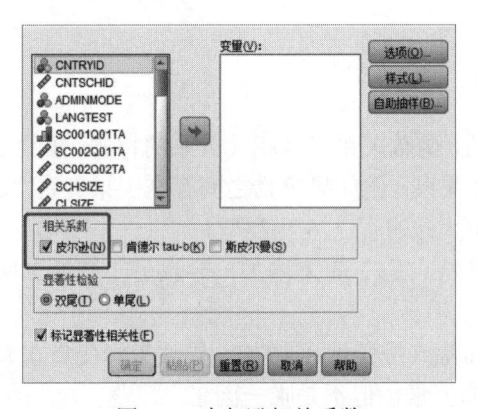

图 8-1　皮尔逊相关系数

常用符号 r 表示样本相关系数，用符号 ρ 表示总体相关系数。

总体相关系数的定义为

$$\rho_{XY} = \mathrm{Corr}(X,Y) = \frac{\mathrm{Cov}(X,Y)}{\sqrt{\mathrm{Var}(X)}\sqrt{\mathrm{Var}(Y)}} \tag{8-1}$$

式中，$\mathrm{Cov}(X,Y)$ 是随机变量 X、Y 的协方差；$\mathrm{Var}(X)$ 和 $\mathrm{Var}(Y)$ 分别表示 X 和 Y 的方差。总体相关系数是反映两个变量之间线性相关程度的一种特征值，为一个常数。

样本相关系数的定义为

$$r_{XY} = \frac{\sigma_{XY}}{\sqrt{\sigma_{XX}}\sqrt{\sigma_{YY}}} = \frac{\sum_{i=1}^{n}(X_i - \bar{X})(Y_i - \bar{Y})}{\sqrt{\sum_{i=1}^{n}(X_i - \bar{X})^2}\sqrt{\sum_{i=1}^{n}(Y_i - \bar{Y})^2}} \tag{8-2}$$

样本相关系数是根据样本观测值计算的，抽取的样本不同，其具体的数值也会有所差异。可以证明，样本相关系数是总体相关系数的一致估计量。

判断样本相关系数 r 是否来自 $\rho \neq 0$ 的总体，需要对其进行显著性检验。此处可以采用 t 检验或 F 检验，此时的原假设和备择假设分别为 H_0：$\rho = 0, H_1$：$\rho \neq 0$。

t 检验统计量 $t = \dfrac{r}{S_r}$，$df = n - 2$；$S_r = \sqrt{(1-r^2)/(n-2)}$ 称为相关系数的标准误差。

F 检验统计量 $F = \dfrac{r^2}{(1-r^2)/(n-2)}$，$df_1 = 1$，$df_2 = n - 2$。

2. 斯皮尔曼等级相关系数

斯皮尔曼等级相关系数相当于皮尔逊相关系数的非参数形式，它根据数据的秩（将数据按大小排序而得到的位序值）而不是数据的实际值计算得出，适用于有序数据和不满足正态分布假设的等间隔数据。斯皮尔曼等级相关系数的取值范围在-1 到 1 之间，其绝对值越大，相关性越强，其取值的符号表示相关方向。

随机变量 X、Y 之间的斯皮尔曼等级相关系数记为 r_s，其计算公式为

$$r_s = 1 - \frac{6\sum d^2}{n(n^2-1)} \tag{8-3}$$

式中，d 为分别对随机变量 X 和 Y 取秩之后每对观察值 (x, y) 的秩之差；n 为所有观测对的个数。

下面介绍对斯皮尔曼等级相关系数 r_s 的假设检验，原假设为 r_s 来自 $\rho_s = 0$ 的总体（X 与 Y 相互独立）。以显著性水平 $\alpha = 0.05$ 为例，当 $n \leq 30$ 或 50 时，可以查斯皮尔曼等级相关系数表来确定 p 值。此时有：当 $p \leq 0.05$ 时，拒绝原假设，说明随机变量 X 与 Y 之间存在着较为显著的相关关系；当 $p > 0.05$ 时，接受原假设。

3. 肯德尔等级相关系数

肯德尔等级相关系数是度量两个有序变量或两个秩变量之间相关程度的统计量，因此也属于非参数统计范畴。肯德尔等级相关系数在计算时考虑了结点（秩相同的点）的影响。

下面介绍 SPSS 中的肯德尔 tau 非参数相关性算法（Nonparametric Correlations Algorithm）。两个随机变量 X、Y 共有 t 组观测对 (x, y)，对任意第 (i, j) 个观测数据，若满足 $i < j$，则计算 $d_{ij} = [R(X_j) - R(X_i)][R(Y_j) - R(Y_i)]$，令

$$S = \sum_{i=1}^{N-1} \sum_{j=i+1}^{N} \text{sign}(d_{ij}) \tag{8-4}$$

则肯德尔 tau(τ) 按如下公式计算：$\tau = \dfrac{S}{\sqrt{\dfrac{N^2-N-\tau_X}{2}} \sqrt{\dfrac{N^2-N-\tau_Y}{2}}}$。当分母为 0 时此式无意义，需要按照另外的公式计算。

肯德尔 tau 相关系数通过统计量 $Z = \dfrac{S}{\sqrt{d}}$ 进行显著性检验。在原假设（X、Y 不相关）成立的条件下，它近似服从正态分布。

8.1.4　SPSS 提供的相关分析功能

SPSS 的相关分析功能集中在"分析"菜单下的"相关"子菜单中，如图 8-2 所示，包括以下 4 个功能。

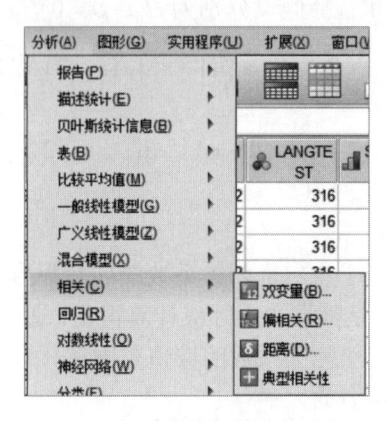

图 8-2　SPSS 的相关分析功能

（1）"双变量"功能。该功能用于两个或多个变量之间的参数与非参数相关分析。若是对多个变量进行分析，则该功能将给出变量之间两两相关分析的结果。这是"相关"子菜单中最为常用的一个功能。

（2）"偏相关"功能。若进行相关分析的两个变量的取值均受到其他变量的影响，则可以利用偏相关分析对其他变量进行控制。这一功能和协方差分析比较类似。

（3）"距离"功能。该功能用于在观测记录之间或不同变量之间进行相似性和非相似性分析。相似性分析常用于检测观测值的接近程度；非相似性分析常用于考察各变量的内在联系和结构。该功能一般不单独使用，而是作为因子分析、聚类分析和多维尺度分析等的预分析过程，以帮助用户了解复杂数据集的内在结构，为进一步的分析做准备。

（4）"典型相关性"功能。该功能并非 SPSS 原有的功能，需要用户在安装过程中加载 Python 程序进行添加，若 SPSS 软件没有显示该功能，则表示用户在安装时未加载 Python 程序。该功能用于研究两组变量之间的关系，在研究两组变量之间的线性相关关系时，将每一组变量作为一个整体进行分析。它采用类似于主成分分析（PCA）的方法，在每一组变量中选择若干个有代表性的综合指标，这些综合指标是原始变量的线性组合，代表了原始变量的大部分信息，且两组综合指标的相关程度最大。

8.2　双变量相关分析

双变量相关分析方法用于两个变量之间的相关分析。对于双变量正态分布数据，可以选择皮尔逊相关系数；对于其他数据，可以选择肯德尔等级相关系数和斯皮尔曼等级相关系数。

8.2.1　问题描述和数据准备

本节对 PISA 2018 年中国四省市数据中的一些学生数据进行相关性分析，数据格式如图 8-3 所示，所用数据来自 OECD 的官方网站，有研究表明，学生家庭的经济社会文化地位（ESCS）与学生的阅读成绩之间有明显的相关性。下面对家庭经济社会文化地位变量（ESCS）

与学生的阅读成绩变量（PV1READ）进行双变量相关分析。

图 8-3　PISA 2018 学生数据格式

在 PISA 数据中，学生的阅读、数学和科学成绩分别由 10 个拟真值（PV 值）组成，SPSS 暂时不能同时把 10 个拟真值整合成一个变量来处理，故此处可选择一个拟真值，如阅读成绩取 PV1READ。

8.2.2　相关分析的相关设置

在菜单栏中选择"分析"→"相关"→"双变量"菜单命令，打开"双变量相关性"对话框，如图 8-4 所示。

图 8-4　"双变量相关性"对话框

1. 参数设置

在"双变量相关性"对话框的变量列表中选择变量"ESCS"（学生家庭的经济社会文化地位）和"PV1READ"（阅读成绩拟真值之一），单击向右的箭头按钮，将其选入右侧的"变量"列表中，作为待分析的变量。勾选"相关系数"区域中的三个复选框。

（1）"变量"列表：用于从变量列表选入要进行相关分析的变量，至少要选入两个；若选入了多于两个的变量，则 SPSS 会以相关矩阵的形式给出两两相关分析的结果。

（2）"相关系数"区域：用于选择要计算的相关系数类型，有"皮尔逊"（默认选项）、"肯德尔 tau-b"和"斯皮尔曼"三个可选项。

（3）"显著性检验"区域：用于设置显著性检验的方式，有两种选择。选中"双尾"单选按钮表示进行双边检验（默认选项），当事先不知道相关方向（正相关还是负相关）时选中此项；选中"单尾"单选按钮表示进行单边检验，当事先已经知道相关方向时选中此项。无论选择哪一项，显著性检验的原假设都是总体中两个变量是不相关的。

（4）"标记显著性相关性"复选框：勾选该复选框后，在输出结果中，当相关系数在 0.05 的显著性水平上不为零时，右上角用"*"标识其比较显著；当相关系数在 0.01 的显著性水平上不为零时，右上角用"**"标识其非常显著。

2. 选项设置

在图 8-4 所示的"双变量相关性"对话框中单击"选项"按钮，打开如图 8-5 所示的"双变量相关性：选项"对话框，在该对话框中设置输出选项和缺失值的处理方式。勾选"平均值和标准差"复选框，单击"继续"按钮返回"双变量相关"对话框。

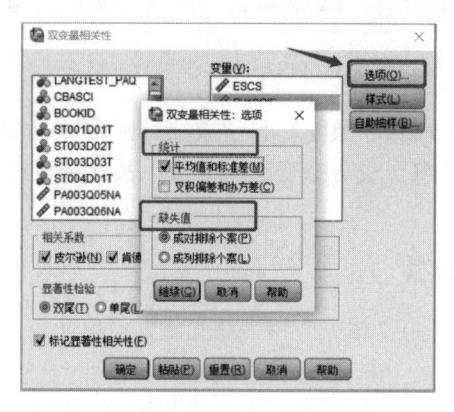

图 8-5 "双变量相关性：选项"对话框

（1）"统计"区域：用于选择输出哪些统计量，有如下两个可选项。

① "平均值和标准差"复选框：用于输出每个变量的平均值和标准差等描述统计量。

② "叉积偏差和协方差"复选框：用于输出所有变量的叉积偏差矩阵和协方差矩阵。叉积偏差等于平均值修正变量的乘积之和，即皮尔逊相关系数数学表达式中的分子；协方差是关于两个变量相关性的非标准化度量，其值等于叉积偏差除以 N−1。

（2）"缺失值"区域：用于设置缺失值的处理方式，有以下两个可选项。

① "成对排除个案"单选按钮：用于成对剔除含缺失值的观测记录。若观测记录里待分析的两个变量中有一个或两个为缺失值，则剔除这个观测记录。此方法可以最大限度地利用样本信息，但是，若变量多于两个，则当计算任意两个变量之间的相关系数时，观测个数有可能不同。

② "成列排除个案"单选按钮：用于直接剔除含缺失值的观测记录。若某个观测记录的其中一个变量含缺失值，就在所有的分析过程中剔除这个观测记录。

8.2.3 结果分析

单击"双变量相关性"对话框中的"确定"按钮，执行双变量相关分析命令，SPSS 结果输出窗口中显示的双变量相关分析的结果如图 8-6 所示。

描述统计

	平均值	标准 偏差	个案数
Index of economic, social and cultural status	−.362260	1.0870843	11990
Plausible Value 1 in Reading	561.02948	90.338760	12058

相关性

		Index of economic, social and cultural status	Plausible Value 1 in Reading
Index of economic, social and cultural status	皮尔逊相关性	1	.385**
	Sig.（双尾）		.000
	个案数	11990	11990
Plausible Value 1 in Reading	皮尔逊相关性	.385**	1
	Sig.（双尾）	.000	
	个案数	11990	12058

**. 在 0.01 级别（双尾），相关性显著。

图 8-6 双变量相关分析的结果

非参数相关性				
			Index of economic, social and cultural status	Plausible Value 1 in Reading
肯德尔 tau_b	Index of economic, social and cultural status	相关系数	1.000	.263**
		Sig.（双尾）	.	.000
		N	11990	11990
	Plausible Value 1 in Reading	相关系数	.263**	1.000
		Sig.（双尾）	.000	.
		N	11990	12058
斯皮尔曼 Rho	Index of economic, social and cultural status	相关系数	1.000	.387**
		Sig.（双尾）	.	.000
		N	11990	11990
	Plausible Value 1 in Reading	相关系数	.387**	1.000
		Sig.（双尾）	.000	.
		N	11990	12058

**. 在 0.01 级别（双尾），相关性显著。

图 8-6 双变量相关分析的结果（续）

1. 描述性输出

"描述统计"表格给出了两个变量的基本统计信息，包括平均值、标准偏差和个案数（频率）。

2. 相关性输出

"相关性"表格给出的是皮尔逊相关系数及其检验结果；"非参数相关性"表格给出的是两个非参数相关系数及其检验结果。由结果可知，三个相关系数在 0.01 的显著性水平（双边检验）上都非常显著，从而推断学生家庭的经济社会文化地位和学生的阅读成绩之间存在着明显的正相关关系。

8.3 偏相关分析

有时影响一个问题的因素有很多，研究者通常先假设其中的某些因素不变，即在控制某些变量的基础上，再去考察其他因素对该问题的影响，从而达到简化分析的目的。

8.3.1 偏相关系数的定义

线性相关分析计算的是两个变量之间的相关系数，用于分析两个变量之间线性相关的程度。但在实际应用中，往往因为第三个变量的作用，使得线性相关系数不能真正反映两个指定变量之间的线性相关程度。例如在 PISA 2018 年中国四省市的数据中，学生家庭的经济社会文化地位（ESCS）、家庭信息通信技术资源（ICTRES）与阅读成绩（PV1READ）之间的关系，如果使用皮尔逊相关系数进行分析，那么可以得出学生家庭的经济社会文化地位、家庭信息通信技术资源和阅读成绩之间分别存在着较强的线性关系。但是，是否家庭信息通信技术资源越多，学生的阅读成绩就越高呢？实际上，因为家庭信息通信技术资源与家庭经济社会文化地位有线性关系，家庭经济社会文化地位又与阅读成绩有线性关系，所以在探讨家庭信息通信技术资源与阅读成绩的线性相关关系时，应当控制对其产生影响的其他变量。

在多变量的情况下，变量之间的相关关系是很复杂的，直接研究两个变量之间的简单相关系数往往不能准确说明它们之间的真实关系，只有在除去其他变量的影响后计算得出的相关系数，才能真正反映它们之间的相关关系。在其他变量固定不变的情况下，计算两个指定变量之间的相关系数，这样的相关分析就是偏相关分析，由此得出的相关系数叫作偏相关系数。

8.3.2 偏相关系数的计算

根据固定变量个数的多少，偏相关系数可分为零阶偏相关系数、一阶偏相关系数和 (p-1) 阶偏相关系数，其中零阶偏相关系数就是简单相关系数。

设随机变量 X、Y、Z 彼此之间存在着相关关系，为了研究 X 和 Y 之间的关系，就必须在假定 Z 不变的条件下，计算 X 和 Y 的偏相关系数，记为 $r_{XY(Z)}$。由此可见，偏相关系数是由简单相关系数决定的，但是在计算偏相关系数时要考虑其他变量对指定变量的影响，事实上就是把其他变量当作常数处理。

用下标 0 代表 X，下标 1 代表 Y，下标 2 代表 Z，则 X 与 Y 之间的一阶偏相关系数定义为

$$r_{01(2)} = \frac{r_{01} - r_{02}r_{12}}{\sqrt{1-r_{02}^2}\sqrt{1-r_{12}^2}} \tag{8-5}$$

式中，$r_{01(2)}$ 是剔除 Z 的影响之后 X 与 Y 的偏相关系数；r_{01}, r_{02}, r_{12} 分别是 X,Y,Z 两两之间的简单相关系数。偏相关系数的显著性检验与简单相关系数的显著性检验相似，不需要记住烦琐的公式，理解其基本思想即可。SPSS 能够直接计算出偏相关系数的大小及推断其显著性的 p 值。

8.3.3 偏相关分析的应用

SPSS 的"偏相关"功能用于对变量进行偏相关分析，可以按用户的要求对指定变量之外的其他变量进行控制，输出消除其他变量影响之后的偏相关系数。

偏相关分析的一个主要应用是根据观测资料计算样本的偏相关系数，由此判断哪些自变量对因变量的影响较大，并将其作为必须考虑的因素；至于那些对因变量影响较小的自变量，则可以舍去。经过这样的选择，在进行多元回归等分析时，就可以只考虑那些起主要作用的因素，从而用较少的自变量来描述因变量的变化规律。

本节将继续使用 PISA 2018 年中国四省市的数据，利用偏相关分析来研究家庭经济社会文化地位（ESCS）、家庭信息通信技术资源（ICTRES）、阅读成绩（PV1READ）这三个变量之间的相关关系，重点分析在排除家庭经济社会文化地位因素影响后家庭信息通信技术资源与阅读成绩的相关关系。

1. 参数设置

在菜单栏中选择"分析"→"相关"→"偏相关"菜单命令，打开"偏相关性"对话框，如图 8-7 所示。在左侧变量列表中选中"ICTRES"和"PV1READ"变量，单击上方的 ⬇ 按钮，将其作为分析变量选入"变量"列表。在左侧变量列表中选中"ESCS"变量，单击下方的 ⬇ 按钮，将其作为控制变量选入"控制"列表。单击"选项"按钮，打开图 8-8 所示的"偏相关性：选项"对话框，勾选"平均值和标准差"复选框和"零阶相关性"复选框。单击"继续"按钮返回"偏相关性"对话框。

在图 8-7 所示的对话框中，"变量"列表用于选入要进行相关分析的变量，至少需要选入两个；"控制"列表用于选入控制变量。

在图 8-8 所示的对话框中，零阶相关系数相当于两个变量（包括控制变量）间的简单相关系数。

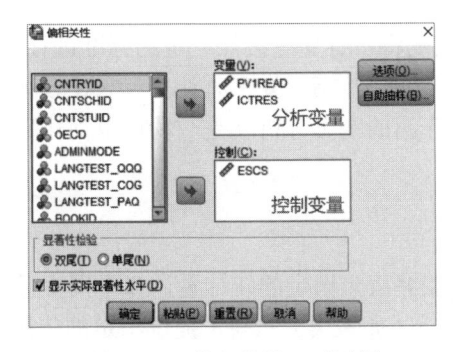

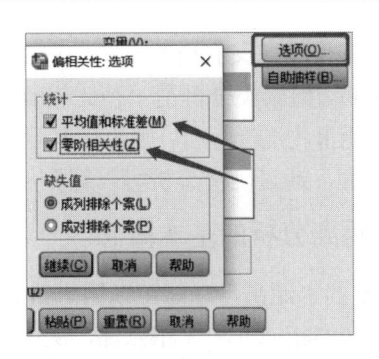

图 8-7 "偏相关性"对话框　　　　　图 8-8 "偏相关性：选项"对话框

2. 结果分析

在图 8-7 所示的对话框中单击"确定"按钮，执行偏相关分析命令，SPSS 结果输出窗口中显示的结果如图 8-9 所示。

（a）描述统计　　　　　　　　　　　（b）相关性

图 8-9 偏相关分析的结果

1）描述统计

"描述统计"表格给出了关于三个变量的描述性统计量，包括平均值、标准偏差和个案数（样本量 N）。

2）相关性

"相关性"表格给出了所有变量的零阶偏相关（简单相关）系数和一阶偏相关系数的计算结果，以及它们各自的显著性检验 p 值。如图 8-9 所示，当不控制 ESCS 变量时，学生的家庭信息通信技术资源和阅读成绩呈显著正相关，但是在控制 ESCS 变量后，学生的家庭信息通信技术资源和阅读成绩的相关性不显著。所以不能简单地判断家庭信息通信技术资源与阅读成绩之间存在相关关系，准确的结论应该在控制学生的家庭背景等因素的情况下探讨。

8.4 距离分析

在偏相关分析中，我们关心的是某两个变量的相关性，因此需要控制其他被认为是"次要"的变量。实际上，事情往往比这更复杂，有时变量多到了无法直接分析的地步，它们都携带一定的信息，但彼此又有所重叠，此时最直接的办法就是将所有变量按照一定的标准进行分类，即聚类分析。但聚类分析是一种比较复杂的多元统计方法，当指标太多时计算起来比较烦琐和费时，若能事先进行分析，则会使其更加简便。本节介绍的距离分析就是一种可以简化数据的预分析过程，通过距离分析可以得到初步的分析线索。

8.4.1 距离分析的基本概念

SPSS 的"距离"功能可以用来进行距离分析，能够按照指定的统计量计算不同变量（或个案）之间的相似性和非相似性，从而为更深入的分析（如聚类分析等）提供一定的信息。正是因为这个特点，距离分析不会给出常用的显著性检验 p 值，而只给出各个变量（或个案）之间的距离大小，由用户自行判断其相似程度。

距离是对观测量之间或变量之间的相似或非相似程度的一种测度，其表示的是一对变量或一对观测量之间的广义距离。距离分析可以应用于其他分析过程，如因子分析、聚类分析或多维尺度分析等，这样做有助于对复杂数据集进行深入分析。

与距离分析有关的统计量分为非相似测度和相似测度两大类。其中，非相似性测度包括对等间隔（定距）数据的欧氏距离、平方欧氏距离、切比雪夫距离和区组距离等，对计数数据使用的卡方距离或 φ^2 距离，对二元（只有两种取值）数据使用的欧氏距离、平方欧氏距离、尺寸差异、模式差异和方差等；相似性测度包括对连续变量使用的皮尔逊相关统计量或余弦统计量，对二元数据可使用的统计量有 20 余种。

8.4.2 距离分析的参数设置

在菜单栏中选择"分析"→"相关"→"距离"菜单命令，打开"距离"对话框，如图 8-10 所示，在这里设置分析变量和方法参数。在"计算距离"区域中有两个可选项，在"测量"区域中也有两个可选项，分别表示两种测距方式，这两个区域的可选项组合起来共有四种处理方式。

图 8-10 "距离"对话框

1. 变量和方法设置

（1）选择分析变量。"变量"列表用于从左侧变量列表中选入要进行距离分析的变量，至少需要选入两个，可以为连续变量或分类变量。"个案标注依据"列表用于选入标识观测量的标签变量，只有在选中"计算距离"区域中的"个案间"单选按钮后，此列表才可用。

（2）"计算距离"区域：在此选择计算何种对象的距离，有两个可选项。"个案间"单选按钮用于计算观测量之间的距离，"变量间"单选按钮用于计算变量之间的距离。

（3）"测量"区域：在此选择距离测度的类型，有两个可选项。"非相似性"单选按钮用于计算非相似性矩阵，并且默认使用欧氏距离作为非相似性测度；"相似性"单选按钮用于计算相似性矩阵，并且默认使用皮尔逊相关系数作为相似性测度。当前设定的测度类型会自动显示在"测量"按钮的右侧。

2. 非相似性测度的详细设置

在图 8-10 所示的对话框中，先单击"测量"区域中的"非相似性"单选按钮，再单击"测量"按钮，打开如图 8-11 所示的"距离：非相似性测量"对话框。

图 8-11 "距离：非相似性测量"对话框

（1）"测量"区域：在此选择测度类型，根据数据类型可分为区间变量、计数变量和二元变量三类。

① 区间变量（连续变量）：其"测量"下拉列表中可选的非相似性测度的计算方法如下。

- 欧氏距离：两个变量（或观测量）取值之差的平方和的平方根。
- 平方欧式距离：两个变量（或观测量）取值之差的平方和。
- 块距离：两个变量（或观测量）取值之差的绝对值之和。
- 闵可夫斯基距离：两个变量（或观测量）取值之差的 n 次幂的绝对值之和再开 n 次方。选择此项后，还需要在"幂"下拉列表中指定 p 值，其范围为 1~4。
- 定制距离：两个变量（或观测量）取值之差的 n 次幂的绝对值之和再开 t 次方。选择此项后，还需要在"幂"下拉列表中指定 n 的值，在"根"下拉列表中指定 t 的值，其取值范围均为 1~4。

② 计数变量：其"测量"下拉列表中可选的非相似性测度的计算方法如下。

- 卡方统计量：该非相似性测度基于对两组频数相等性的卡方检验，是计数数据类型的默认方法。
- Phi 平方统计量：该非相似性测度包含样本的大小，以减少观测频数对测度值的影响，可通过前面的卡方测度除以联合频数的平方根得到。

③ 二元变量：需要先指定表征特性存在与否的取值，再指定非相似性测度的计算方法。"存在"数值框用于指定表征特性存在的变量值，其默认值为 1；"不存在"数值框用于指定表征特性不存在的变量值，其默认值为 0。其"测量"下拉列表中可选的非相似性测度的计

算方法如下。
- 欧式距离：二元欧氏距离，其最小值为 0，无上限，根据四格表计算 b 和 c，其中 b 和 c 是在一项中出现而在另一项中不出现的对角线上的元素。
- 平方欧式距离：二元平方欧氏距离，其最小值为 0，无上限，用于计算不一致的观测量的个数。
- 大小差：这是一个反映不对称性的指标，其取值范围为 0~1。
- 模式差：其取值范围为 0~1，根据四格表计算 bc/n^2，其中 b 和 c 是在一项中出现而在另一项中不出现的对角线上的元素，n 是观测量的总数。
- 方差：变异指标，其取值范围为 0~1，根据四格表计算 $(b+c)/4n$，其中 b 和 c 是在一项中出现而在另一项中不出现的对角线上的元素，n 是观测量的总数。
- 形状：其取值范围是 0~1，用于对配合不当形成的不对称进行惩罚。
- 兰斯-威廉姆斯（Lance-Williams）：其取值范围为 0~1，根据四格表计算 $(b+c)/(2a+b+c)$，其中，a 表示两项中都出现的观测量对应的单元格，b 和 c 表示在一项中出现而在另一项中不出现的对角线上的元素。

（2）"转换值"区域：在此设置计算距离之前对观测量或变量进行标准化的方法，但是不能对二元变量进行标准化。其"标准化"下拉列表中可选的标准化方法如下。
- 无：不进行标准化，是默认选项。
- Z 得分：标准化 Z 分数，标准化后的平均值为 0，标准差为 1。
- 范围-1 到 1：标准化后的取值范围为-1~1，由原始取值除以其范围（最大值与最小值的差）得到，若范围为 0，则所有的取值保持不变。
- 范围 0 到 1：标准化后的取值范围为 0~1。由被标准化的项目的每一个取值减去其最小值，然后除以其范围（最大值与最小值的差）得到。
- 最大量级为 1：标准化后的最大值为 1，由原始取值除以原始的最大值得到，若原始的最大值为 0，则用最小值的绝对值加 1 作除数。
- 平均值为 1：标准化后的平均值为 1，由原始取值除以平均值得到，若平均值为 0，则直接将所有的原始值加 1，使得平均值为 1。
- 标准差为 1：标准化后的标准差为 1，由原始取值除以标准差得到，若标准差为 0，则原始值保持不变。

在以上选项中，除"无"选项外，都需要指定标准化的对象，在"标准化"下拉列表的下方给出了如下两个选项："按变量"表示对变量进行标准化，"按个案"表示对观测量进行标准化。

（3）"转换测量"区域：在此设置对距离测度的计算结果进行转换的方法，有如下三个复选框。
- 绝对值：表示对距离取绝对值，有的符号可以表明相关性的方向，当仅对相关性的大小感兴趣时使用这种转换方法。
- 变化量符号：表示改变距离的符号，如此可把相似性测度转换成非相似性测度，反之亦然。
- 重新标度到 0-1 范围：表示转换后的取值范围为 0~1。对已经在"转换值"区域按相似方法进行标准化后的测度一般不再使用此方法。

3. 相似性测度的详细设置

在图 8-10 所示的对话框中，先单击"测量"区域中的"相似性"单选按钮，再单击"测量"按钮，打开如图 8-12 所示的"距离：相似性测量"对话框。

图 8-12 "距离：相似性测量"对话框

（1）"测量"区域：在此选择测度类型，根据数据类型可分为区间变量和二元变量两类。

① 区间变量（连续变量）：其"测量"下拉列表中可选的相似性测度的计算方法有以下两种。

- 皮尔逊相关性：即皮尔逊相关系数，其取值范围为-1～1，取 0 表示无线性相关性，该项是默认选项。
- 余弦：用两个向量之间的余弦度量其相似性，其取值范围为-1～1，取 0 表示两个向量正交（相互垂直），即不相关。

② 二元变量：SPSS 为每对要计算的项目构造了一个 2×2 的交叉表，其可选的相似性测度的计算方法有 20 种之多，可分为匹配系数、条件概率、可预测性测度和其他测度四类。

关于匹配系数，有以下 9 种测度方法。

- 拉塞尔-拉奥（Russell-Rao）：二项内积法，它为匹配对与不匹配对赋予相等的权重，该项是默认选项。
- 简单匹配：匹配数与总数的比值，它为匹配对与不匹配对赋予相等的权重。
- 杰卡德（Jaccard）：不考虑联合缺失项，它为匹配对与不匹配对赋予相等的权重。
- 掷骰：不考虑联合缺失项，它为匹配对赋予双倍权重。
- 罗杰斯-塔尼莫特（Regers-Tanimoto）：所有匹配对均被包括在分母中，不匹配对（包括不成对的）被包括在分子中，它为不匹配对赋予双倍权重。
- 索卡尔-施尼斯（Sokal-Sneath）1：为匹配对赋予双倍权重。
- 索卡尔-施尼斯（Sokal-Sneath）2：不考虑联合缺失项，它为不匹配对赋予双倍权重。
- 索卡尔-施尼斯（Sokal-Sneath）3：表示匹配数与不匹配数的比值，其下限为 0，无上限。当其取值无定义或大于 9999.999 时，将其设为 9999.999。
- 切卡诺夫斯基（Kulczynski）1：表示联合出现项与所有不匹配数的比值，其下限为 0，无上限。

关于条件概率，有以下 3 种测度方法。

- 切卡诺夫斯基（Kulczynski）2：在某个特性在一项中发生的条件下，该特性在另一项中出现的条件概率。
- 索卡尔-施尼斯（Sokal-Sneath）4：基于某一项中的特性与其他项中的值相匹配的条件概率。

- 哈曼（Hamann）：匹配数（在两项中均出现或均不出现的特性状态）减去不匹配数之差，再除以项目总数的值，其取值范围为-1～1。

关于可预测性测度，有以下 4 种测度方法。

- Lambda：表示分别在两个方向上进行预测时，用一项预测另一项的误差降低的比例，其取值范围为 0～1。
- 安德伯格（Anderberg）D：与 Lambda 方法类似，表示分别在两个方向上进行预测时，用一项预测另一项的误差降低的值，其取值范围为 0～1。
- 尤尔（Yule）Y：它是 2×2 表格的交叉率的函数，与表格的边际总数无关，其取值范围为-1～1。
- 尤尔（Yule）Q：它是 Goodman and Kruskal's gamma 的特殊情况，其取值范围为-1～1。

其他测度有以下 4 种。

- 落合（Ochiai）：它是余弦测度的二元形式，其取值范围为 0～1。
- 索卡尔-施尼斯（Sokal-Sneath）5：表示正、负匹配的条件概率的几何平均值的平方，它不依赖于项目编码，其取值范围为 0～1。
- Phi 4 点相关性：它是皮尔逊相关系数的二元形式，其取值范围为-1～1。
- 离散：其取值范围为-1～1。

（2）"转换值"和"转换测量"这两个区域的设置方法，与"距离：非相似性测量"对话框（见图 8-11）中对应区域的设置方法相同。

8.4.3 距离分析的应用

1. 问题描述和数据准备

在 PISA 2018 年中国四省市的数据中，由于衡量学生家庭经济社会文化地位的指标有很多，因此在进行深入分析之前，有必要先了解一下这些指标之间的相似性，本节采用距离分析对这个问题加以研究。学生家庭经济社会文化地位数据的格式如图 8-13 所示。

图 8-13 学生家庭经济社会文化地位数据的格式

2. 参数设置

在菜单栏中选择"分析"→"相关"→"距离"菜单命令，打开"距离"对话框，如图 8-14 所示。在左侧变量列表中选中除"CNTSTUID"外的所有变量，单击上方的 按钮，将其作为分析变量选入"变量"列表。依次单击"变量间"单选按钮、"相似性"单选按钮和"测量"按钮，打开"距离：相似性测量"对话框，如图 8-15 所示。在"转换值"区域的"标准化"下拉列表中选择"Z 得分"选项，单击"继续"按钮返回"距离"对话框。

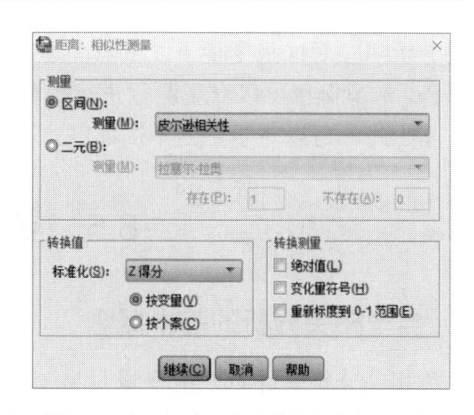

图 8-14　"距离"对话框　　　　　　　图 8-15　"距离：相似性测量"对话框

3. 结果分析

在图 8-14 所示的对话框中单击"确定"按钮，执行距离分析命令，SPSS 结果输出窗口中显示的结果如图 8-16 所示。

个案处理摘要

个案					
有效		缺失		总计	
个案数	百分比	个案数	百分比	个案数	百分比
10246	85.0%	1812	15.0%	12058	100.0%

（a）个案处理摘要

近似值矩阵

值 的向量之间的相关性

	Mother's Education (ISCED)	Father's Education (ISCED)	Highest Education of parents (ISCED)	Index highest parental education in years of schooling	ISEI of mother	ISEI of father	Index highest parental occupational status	Home possessions (WLE)	Cultural possessions at home (WLE)	Home educational resources (WLE)	Family wealth (WLE)	ICT resources (WLE)
Mother's Education (ISCED)	1.000	.733	.870	.865	.609	.470	.586	.488	.380	.289	.420	.430
Father's Education (ISCED)	.733	1.000	.900	.892	.527	.555	.592	.491	.387	.296	.417	.430
Highest Education of parents (ISCED)	.870	.900	1.000	.989	.573	.525	.613	.492	.390	.299	.420	.430
Index highest parental education in years of schooling	.865	.892	.989	1.000	.571	.521	.612	.490	.386	.299	.419	.428
ISEI of mother	.609	.527	.573	.571	1.000	.486	.784	.446	.346	.240	.394	.391
ISEI of father	.470	.555	.525	.521	.486	1.000	.820	.454	.338	.235	.411	.398
Index highest parental occupational status	.586	.592	.613	.612	.784	.820	1.000	.487	.371	.266	.438	.421
Home possessions (WLE)	.488	.491	.492	.490	.446	.454	.487	1.000	.693	.608	.925	.833
Cultural possessions at home (WLE)	.380	.387	.390	.386	.346	.338	.371	.693	1.000	.458	.471	.446
Home educational resources (WLE)	.289	.296	.299	.299	.240	.235	.266	.608	.458	1.000	.412	.455
Family wealth (WLE)	.420	.417	.420	.419	.394	.411	.438	.925	.471	.412	1.000	.811
ICT resources (WLE)	.430	.430	.430	.428	.391	.398	.421	.833	.446	.455	.811	1.000

这是相似性矩阵

（b）近似值矩阵

图 8-16　距离分析的结果

1）个案处理摘要

"个案处理摘要"表格给出了数据使用的基本情况，主要是有关缺失值的统计信息，可见本案例中的数据存在 15% 的缺失值，需要对缺失值进行处理。

2）近似值矩阵

"近似值矩阵"表格给出的是各变量之间的相似矩阵。图中用线框标注了相关系数较大的几对变量，包括父亲的受教育程度与父母的最高受教育程度、父母的最高受教育程度与父母的最高受教育年限、父亲的最高受教育程度与父母的最高职业地位、家庭财产与家庭财富，在进一步的分析中应对这些变量予以重点关注，或者直接对其进行适当的预处理（如变量约减）。

另外，本案例也可以对观测行进行距离的非相似性分析，其输出结果为所有学生的非相似矩阵。基于此，可以对学生的不同家庭水平进行简单的分类。

8.5 典型相关分析

8.5.1 典型相关分析的基本概念

典型相关分析是计算一组变量与另一组变量之间相关性的方法，典型相关分析的思想类似于主成分分析，典型相关分析就是为两组变量分别构筑两个综合变量（通常是变量的线性组合），称为 A_1 和 B_1，然后研究综合变量 A_1 和 B_1 之间的相关性。但是大多数虚构出的变量不能代表本组所有变量的信息或特征，于是进一步虚构出 A_2 和 B_2、A_3 和 B_3 等，当本组的绝大部分信息能够由虚构出的几个变量解释时，便不再虚构变量。

8.5.2 典型相关分析的应用

本案例研究 PISA 2018 年中国四省市学生的家庭背景与学业成绩这两组因素之间的相关性，家庭背景因素包括父母最高职业地位指数（HISEI）、父母最高受教育水平指数（PAREDINT）、家庭教育资源（HEDRES）、家庭文化资产（CULTPOSS）、家庭财产（HOMEPOS）这 5 个变量，学业成绩因素包括阅读素养成绩（PV1READ）、科学素养成绩（PV1SCIE）、数学素养成绩（PV1MATH）这 3 个变量。

1. 数据的准备与操作

（1）打开数据，在菜单栏中选择"分析"→"相关"→"典型相关性"菜单命令，打开"典型相关性"对话框，如图 8-17 所示。

（2）典型相关性设置，将家庭背景因素放入集合 1，将学业成绩因素放入集合 2。

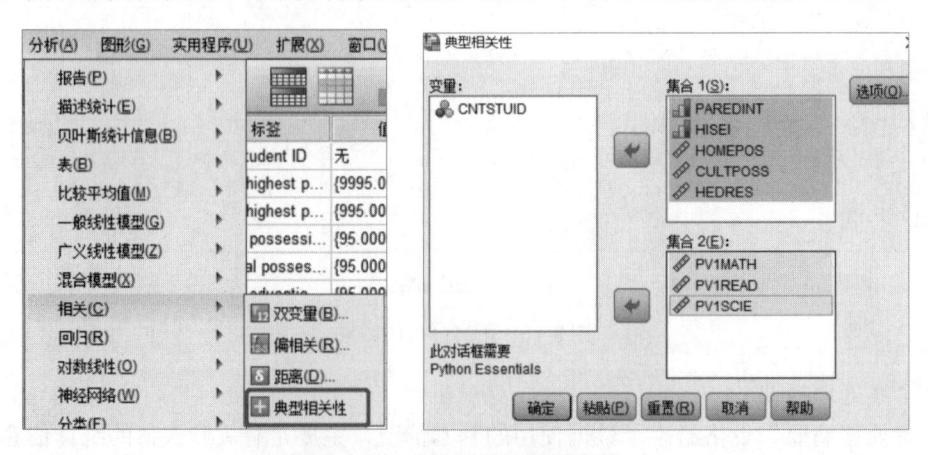

图 8-17　典型相关性设置页面

2. 结果分析

典型相关性及其检验结果如图 8-18 所示，提取出的 3 对典型变量的典型相关系数分别为 0.392、0.082 和 0.019，经检验，只有第一和第二相关系数是有意义的，p 值均小于 0.001。

典型相关性

	相关性	特征值	威尔克统计	F	分子自由度	分母自由度	显著性
1	.392	.181	.841	137.093	15.000	31705.429	.000
2	.082	.007	.993	10.125	8.000	22972.000	.000
3	.019	.000	1.000	1.411	3.000	11487.000	.237

H0 for Wilks 检验是指当前行和后续行中的相关性均为零

图 8-18　典型相关性及其检验结果

5 个家庭背景因素与提取出的 3 个典型变量的非标准化典型相关系数矩阵如图 8-19 所示。3 个学业成绩因素与 3 个典型变量的非标准化典型相关系数矩阵如图 8-20 所示。若研究的变量单位相同，则看非标准化相关系数；若研究的变量单位不同，则看标准化相关系数。本案例中的变量单位不同，因此需要看标准化相关系数。

集合 1 非标准化典型相关系数

变量	1	2	3
PAREDINT	-.121	-.312	.065
HISEI	-.020	.009	-.040
HOMEPOS	-.091	1.002	.745
CULTPOSS	-.159	-.324	.546
HEDRES	-.242	.326	-.644

集合 2 非标准化典型相关系数

变量	1	2	3
PV1MATH	-.002	-.008	-.021
PV1READ	-.009	-.017	.016
PV1SCIE	.000	.027	.002

图 8-19　集合 1 非标准化典型相关系数　　　图 8-20　集合 2 非标准化典型相关系数

5 个家庭背景因素与提取出的 3 个典型变量的标准化典型相关系数矩阵如图 8-21 所示。3 个学业成绩因素与 3 个典型变量的标准化典型相关系数矩阵如图 8-22 所示。可以得出，集合 1 第一典型变量 V_1=-0.383×(PAREDINT)-0.43×(HISEI)-0.084×(HOMEPOS)-0.182×(CULTPOSS)-0.239×(HEDRES)，其中，父母最高受教育水平指数（PAREDINT）和父母最高职业地位指数（HISEI）系数的绝对值较大，这反映了学生家庭背景因素第一典型变量主要由这两个因素构成；集合 2 第一典型变量 W_1=-0.203×(PV1MATH)-0.802×(PV1READ)-0.029×(PV1SCIE)，其中，阅读素养成绩（PV1READ）系数的绝对值最大，因此集合 2 的第一典型变量主要由阅读素养成绩构成。

集合 1 标准化典型相关系数

变量	1	2	3
PAREDINT	-.383	-.983	.204
HISEI	-.430	.199	-.856
HOMEPOS	-.084	.920	.684
CULTPOSS	-.182	-.372	.626
HEDRES	-.239	.321	-.634

集合 2 标准化典型相关系数

变量	1	2	3
PV1MATH	-.203	-.671	-1.754
PV1READ	-.802	-1.467	1.439
PV1SCIE	-.029	2.273	.129

图 8-21　集合 1 标准化典型相关系数　　　图 8-22　集合 2 标准化典型相关系数

因为第一典型变量之间的相关性为 0.392，较为相关，所以结合上述分析结果，我们可以得出结论：父母的受教育水平和职业地位越高，学生的阅读素养成绩越好。

图 8-23 和图 8-24 所示分别为典型变量与两组变量的相关系数；图 8-25 所示为学生家庭背景因素与学业成绩因素的典型变量的相关系数。图 8-26 所示为学生学业成绩因素与学生家庭背景因素典型变量的相关系数。

集合 1 典型载荷			
变量	1	2	3
PAREDINT	-.822	-.461	.077
HISEI	-.830	.006	-.341
HOMEPOS	-.753	.476	.414
CULTPOSS	-.658	.117	.566
HEDRES	-.606	.473	-.086

图 8-23　集合 1 典型载荷

集合 2 典型载荷			
变量	1	2	3
PV1MATH	-.880	.016	-.474
PV1READ	-.992	-.019	.122
PV1SCIE	-.900	.432	-.061

图 8-24　集合 2 典型载荷

集合 1 交叉载荷			
变量	1	2	3
PAREDINT	-.322	-.038	.001
HISEI	-.325	.000	-.007
HOMEPOS	-.295	.039	.008
CULTPOSS	-.258	.010	.011
HEDRES	-.237	.039	-.002

图 8-25　集合 1 交叉载荷

集合 2 交叉载荷			
变量	1	2	3
PV1MATH	-.345	.001	-.009
PV1READ	-.389	-.002	.002
PV1SCIE	-.352	.035	-.001

图 8-26　集合 2 交叉载荷

图 8-27 所示为冗余分析结果，其以原变量与典型变量之间的相关性为基础。通过计算两个变量组由自己的典型变量解释的与由对方的典型变量解释的方差百分比与累计百分比，反映典型变量预测原变量的程度。"集合 1*自身"表示第一组原始变量总方差中由本组变式代表的比例，"集合 1*集合 2"表示第一组原始变量总方差中由第二组的变式所解释的比例，"集合 2*自身"表示第二组原始变量总方差中由本组变式代表的比例，"集合 2*集合 1"表示第二组原始变量总方差中由第一组的变式所解释的比例。

已解释的方差比例				
典型变量	集合 1*自身	集合 1*集合 2	集合 2*自身	集合 2*集合 1
1	.547	.084	.856	.131
2	.135	.001	.062	.000
3	.124	.000	.081	.000

图 8-27　已解释的方差比例

第 9 章 信度和效度分析

9.1 信度分析概述

教育测量中的信度分析是评估测量工具的稳定性和一致性的过程。在教育研究过程中经常需要借助考试、问卷调查、观察量表等测量工具对研究对象进行评定，信度分析旨在确定测量工具的测量结果是否可靠，即在不同时间或不同情境下，测量工具是否能够产生一致的结果，以确保其具有较高的稳定性，从而增加测量结果的可靠性。同时通过评估测量工具各项的相关程度，可以确定测量工具是否测量了相同的概念或特质，从而确保其具有较高的一致性。

9.1.1 信度分析方法及其评价标准

1. 信度分析方法的分类

（1）重测信度法：研究者使用相同的测量工具对同一群体先后进行两次测量，然后计算两次测量结果的相关系数。

（2）复本信度法：研究者使用两个等价但不同形式的测量工具对同一群体进行测量，以计算这两个测量工具之间的相关系数。

（3）分半信度法：研究者将测量工具的各选项分成两个部分，然后比较这两个部分在测量研究对象时的一致性。分半信度属于内部一致性信度，分半信度法包括奇偶分半、难度分半等。

（4）克隆巴赫 α 系数（Alpha 系数）：克隆巴赫 α 系数（Cronbach's alpha Coefficient）是评估量表或测验信度常用的统计指标。

（5）评分者信度：用于评估不同评分者之间评分的一致性。使用肯德尔和谐系数来比较多个评分者对同一组项目的评分结果。

2. 重测信度、复本信度的评价标准

在对测量工具的重测信度和复本信度的评估中，采用信度系数作为指标。学者 DeVellis（1991）认为，信度系数为 0.65~0.75 是最低可接受标准，信度系数为 0.70~0.80 表示信度水平相当高，信度系数在 0.80 以上则表示信度水平非常高。

在实践应用中，若测验的信度系数达到以下标准，则该测验可视为优秀。

（1）标准化能力与学绩测验的信度系数在 0.9 以上。

（2）性格、态度等人格测验的信度系数在 0.8 以上。

（3）教师自编学绩测验的信度系数在 0.7 以上。

克隆巴赫 α 系数的评价标准如表 9-1 所示。

表 9-1 克隆巴赫 α 系数的评价标准

克隆巴赫 α 系数	层面（信度）
克隆巴赫 α 系数<0.5	不理想，舍弃不用
0.5≤克隆巴赫 α 系数<0.6	可以接受，增列题项或修改语句
0.6≤克隆巴赫 α 系数<0.7	尚佳

续表

克隆巴赫 α 系数	层面（信度）
0.7≤克隆巴赫 α 系数<0.8	佳（信度高）
0.8≤克隆巴赫 α 系数<0.9	理想（甚佳，信度很高）
0.9≤克隆巴赫 α 系数	非常理想（信度非常高）

9.1.2 在 SPSS 中计算信度

1. 克隆巴赫 α 系数

【例 9-1】使用国际大规模测评 PISA 2018 年对全球国际学生幸福感测量的数据进行分析，所用数据来自 OECD 的官方网站。由于 PISA 2018 幸福感（Well-being）问卷调查所测的题目较多，变量的数据格式不统一，因此本例选用"WB155"主题中的 10 小题代表的"学生生活满意度"调查问卷来进行信度分析。

第一步：在菜单栏中选择"文件"→"打开"→"数据"菜单命令，打开"CY07_MSU_STU_QQQ.sav"文件。

第二步：在菜单栏中选择"分析"→"标度"→"可靠性分析"菜单命令，打开"可靠性分析"对话框，如图 9-1 所示。

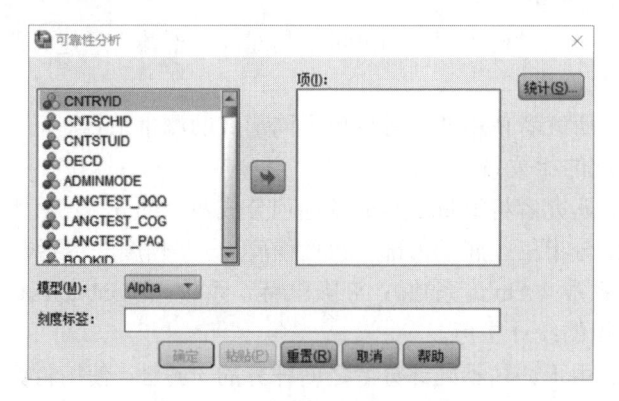

图 9-1 "可靠性分析"对话框

第三步：从左边列表中把要分析的变量放入右边的"项"列表中，如图 9-2 所示。本例选择 WB155Q01HA，WB155Q02HA，…，WB155Q10HA 共 10 个变量。

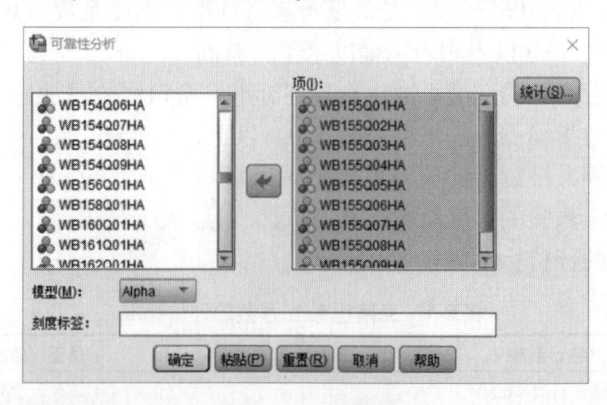

图 9-2 变量设置

第四步：选择分析模型，"模型"下拉列表中的选项共有以下五个。

(1)"Alpha",计算克隆巴赫 α 系数。
(2)"折半",计算分半信度。
(3)"格特曼",用于评估测量工具内部各项之间的相关性。
(4)"平行",通过比较两个或多个并行测量工具的得分来评估它们的信度。
(5)"严格平行",对平行模型有更严格的要求。除了要求测量工具有相同的结构和内容,还要求它们的测量误差完全相同。

本例选择"Alpha"模型进行分析。

第五步:单击"统计"按钮,打开"可靠性分析:统计"对话框,在"描述"区域中勾选"项""标度""删除项后的标度"复选框,如图 9-3 所示。随后单击"继续"按钮,返回"可靠性分析"对话框。

第六步:在"可靠性分析"对话框中单击"确定"按钮,在 SPSS 的结果输出窗口中查看分析结果。

第七步:信度分析。在结果输出窗口的多个结果表格中,我们主要关注可靠性统计结果,如图 9-4 所示。

图 9-3 "可靠性分析:统计"对话框

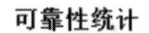

图 9-4 可靠性统计

由图 9-4 所示的结果可知,"学生生活满意度"调查问卷的克隆巴赫 α 系数为 0.893。根据克隆巴赫 α 系数的评价标准,该调查问卷的克隆巴赫 α 系数理想,表明其信度很高,且不低于 0.893。

图 9-5 所示的项总计统计结果反映了各个项目与整个量表得分之间的关系。

"删除项后的标度平均值":在删除某一项目后,得出该量表的平均得分。在把第一个项目删除后,该量表的平均得分为 27.86。

"删除项后的标度方差":在删除某一项目后,得出该量表的变异程度。

"修改后的项与总计相关性":该项目的得分与其他剩余项目得分之间的相关系数。

"删除项后的克隆巴赫 Alpha":将该项目删除后,重新计算量表的克隆巴赫 α 系数。

在本例中,没有项目的"修改后的项与总计相关性"数值为负数,说明没有一个项目与其他项目之间呈反向相关的关系,不需要考虑删减题目。假如出现这种情况,在删除项目时需要以实际情况为准,在尝试删除"修改后的项与总计相关性"数值为负数的项目后,需要重新对量表进行信度分析。

项总计统计

	删除项后的标度平均值	删除项后的标度方差	修正后的项与总计相关性	删除项后的克隆巴赫 Alpha
WB155Q01HA	27.86	24.269	.611	.884
WB155Q02HA	28.04	23.899	.614	.884
WB155Q03HA	28.09	24.154	.610	.884
WB155Q04HA	27.70	24.531	.615	.884
WB155Q05HA	27.88	24.088	.614	.884
WB155Q06HA	27.70	24.272	.680	.880
WB155Q07HA	28.09	23.697	.631	.883
WB155Q08HA	27.76	23.819	.654	.881
WB155Q09HA	28.01	24.017	.642	.882
WB155Q10HA	27.99	23.650	.676	.879

图 9-5　项总计统计

2．分半信度

在 SPSS 中，分半信度被称为折半信度。

【例 9-2】 本例中使用的数据与【例 9-1】中使用的数据相同，求"学生生活满意度"调查问卷的分半信度。

第一步：在菜单栏中选择"文件"→"打开"→"数据"菜单命令，打开"CY07_MSU_STU_QQQ.sav"文件。

第二步：在菜单栏中选择"分析"→"标度"→"可靠性分析"菜单命令，打开"可靠性分析"对话框。

第三步：从左边列表中把要分析的变量放入右边的"项"列表中。本例选择 WB155Q01HA，WB155Q02HA，…，WB155Q10HA 共 10 个变量。

第四步：选择分析模型，在"模型"下拉列表中共有五个选项，本例选择"折半"模型进行分析，如图 9-6 所示。

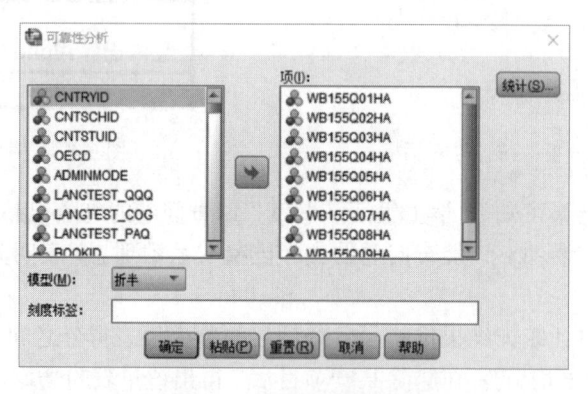

图 9-6　可靠性分析设置

第五步：单击"统计"按钮，打开"可靠性分析：统计"对话框，在"描述"区域中勾选"项""标度""删除项后的标度"复选框。随后单击"继续"按钮，返回"可靠性分析"对话框。

第六步：在"可靠性分析"对话框中单击"确定"按钮，在 SPSS 的结果输出窗口中查看分析结果。

第七步：信度分析。在结果输出窗口的多个结果表格中，我们主要关注可靠性统计结果，如图 9-7 所示。

可靠性统计			
克隆巴赫 Alpha	第一部分	值	.790
		项数	5ª
	第二部分	值	.829
		项数	5ᵇ
	总项数		10
形态之间的相关性			.791
斯皮尔曼-布朗系数	等长		.884
	不等长		.884
格特曼折半系数			.883

a. 项为: WB155Q01HA, WB155Q02HA, WB155Q03HA, WB155Q04HA, WB155Q05HA.
b. 项为: WB155Q06HA, WB155Q07HA, WB155Q08HA, WB155Q09HA, WB155Q10HA.

图 9-7　可靠性统计

由图 9-7 所示的可靠性统计结果可以得出，第一部分也就是前 5 题的克隆巴赫 α 系数为 0.790；第二部分也就是后 5 题的克隆巴赫 α 系数为 0.829。而斯皮尔曼-布朗系数分为以下两种情况：等长和不等长。在本例中，分半的项目长度为等长，因此分半信度为 0.884。

【例 9-3】在【例 9-2】中，项目是按照前一半和后一半来设置的，而根据奇偶分半法将项目分成两半更符合实际情况，因此在本例中我们求奇偶分半信度。

按照前面例子中的步骤打开"可靠性分析"对话框，在放入变量时，先放入奇数项目，再放入偶数项目，如图 9-8 所示。

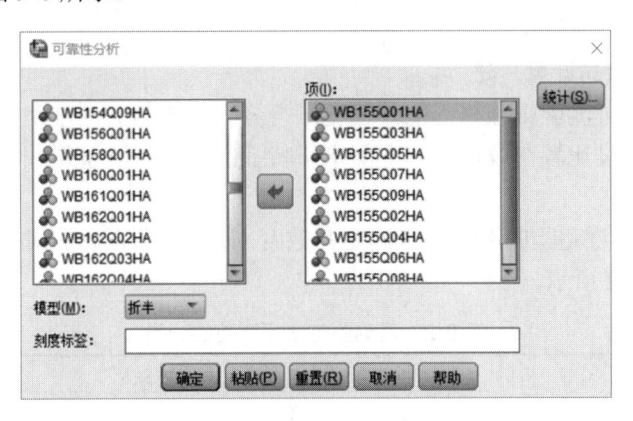

图 9-8　"可靠性分析"对话框

依旧选择"折半"模型进行分析，可靠性分析结果如图 9-9 所示。

可靠性统计			
克隆巴赫 Alpha	第一部分	值	.791
		项数	5ª
	第二部分	值	.813
		项数	5ᵇ
	总项数		10
形态之间的相关性			.826
斯皮尔曼-布朗系数	等长		.905
	不等长		.905
格特曼折半系数			.905

a. 项为: WB155Q01HA, WB155Q03HA, WB155Q05HA, WB155Q07HA, WB155Q09HA.
b. 项为: WB155Q02HA, WB155Q04HA, WB155Q06HA, WB155Q08HA, WB155Q10HA.

图 9-9　可靠性统计

在使用了奇偶分半法后，在等长的斯皮尔曼-布朗系数下，分半信度为 0.905。

9.2　效度分析概述

在教育测量中除了要评估测量工具的信度，还需要评估测量工具的效度。测验效度是指测验所测量的内容与目标之间的关联程度。具体来说，教育测量中的效度用于衡量测验评估学生在某一领域的知识或技能的准确程度。一个高效度的测验能够准确地测量出研究者想要测量的内容。效度代表着测验的准确性和有效性。

9.2.1　效度的类型及其计算方法

1. 效度的类型

（1）内容效度：指测量工具的内容是否充分、恰当地反映了要测量的概念。内容效度通过专家评审、内容分析等方式进行评估。

（2）结构效度：指测量工具所反映的结构是否与理论假设一致。结构效度通常采用验证性因素分析、相关性分析等统计方法来验证。

（3）效标关联效度：指测验结果与外部某个标准（效标）之间的关系。

（4）外部效度：指测验结果在不同情境下的适用程度。外部效度考察测验结果是否可以推广到其他样本、环境或条件中。

2. 效标关联效度的计算方法

（1）相关法：通过测验得分与其他效标变量得分之间的相关性来确定测验的效度。

（2）区分法：通过比较在效标上有不同水平特征的组别在测验得分上的差异来确定测验的效度。

（3）命中率法：通过测验的准确性来确定其效度，计算命中正确的情况与总体情况的比率。具体分类方法如表 9-2 所示。

表 9-2　预测源与效标测验的分类

预测源	效标	
	不合格	合格
合格	失误（A）	命中（B）
不合格	命中（C）	失误（D）

总命中率公式：总命中率=命中/（命中+失误）=（B+C）/（A+B+C+D）。

正命中率公式：正命中率=B/（A+B）。

9.2.2　在 SPSS 中计算效度

1. 相关法

【例 9-4】使用国际大规模测评 PISA 2018 年对全球国际学生幸福感测量的数据进行分析，所用数据来自 OECD 的官方网站。在 PISA 测试中，学生的数学成绩和科学成绩分别由 10 个拟真值组成，SPSS 暂不能同时把 10 个拟真值（PV 值）整合成一个变量来处理，故此处只选择一个拟真值，数学成绩取 PV1MATH，科学成绩取 PV1SCIE。本例选用数学成绩作为效标来分析科学成绩测验的效度。采用的数据文件为"CY07_MSU_STU_QQQ.sav"。

在菜单栏中选择"分析"→"相关"→"双变量"菜单命令,打开"双变量相关性"对话框,将左边列表中的 PV1MATH 和 PV1SCIE 变量放入右边的"变量"列表中。其他选项默认勾选,单击"确定"按钮,在 SPSS 的结果输出窗口中查看分析结果,如图 9-10 所示。效度系数等于相关系数,即 0.845,效度为效度系数的平方,即 0.714。

相关性

		数学成绩	科学成绩
数学成绩	皮尔逊相关性	1	.845**
	显著性(双尾)		.000
	个案数	606627	606627
科学成绩	皮尔逊相关性	.845**	1
	显著性(双尾)	.000	
	个案数	606627	606627

**. 在 0.01 级别(双尾),相关性显著。

图 9-10　相关性

2. 区分法和命中率法

【例 9-5】在 PISA 测试中,学生的数学成绩和科学成绩分别由 10 个拟真值组成,此处数学成绩取 PV1MATH,科学成绩取 PV1SCIE。由于数学成绩和科学成绩的分数均是通过 IRT(项目反映理论)方法得出的,并不代表学生的原始分数,因此以百分位数 40 为标准,假设低于这个数值的分数为"不合格",反之则为"合格"。同时数据评定为"1"代表合格,评定为"0"则代表不合格,重新编码的新变量称为"数学成绩"和"科学成绩"。采用的数据文件为"CY07_MSU_STU_QQQ.sav",使用区分法和命中率法计算数学成绩测验和科学成绩测验之间的一致性。

(1)区分法:在菜单栏中选择"分析"→"比较平均值"→"独立样本 T 检验"菜单命令,打开"独立样本 T 检验"对话框。将左边列表中的"PV1SCIE"变量放入右边的"检验变量"列表中,将"PV1MATH"放入"分组变量"列表中,然后定义分组变量的值,在"独立样本 T 检验"对话框中单击"定义组"按钮,打开"定义组"对话框。在"使用指定的值"文本框内分别输入 0、1,如图 9-11 所示。单击"继续"按钮,返回上一级对话框单击"确定"按钮,在 SPSS 的结果输出窗口中查看分析结果。

图 9-11　定义组设置

如图 9-12 所示,莱文方差等同性检验的 F 值显著性水平低于 0.05,因此拒绝原假设,即两个组的方差不齐,选择不假定等方差那一行的结果进行分析。

t 值为-669.218,显著性水平低于 0.001,拒绝原假设。得出结论:数学成绩合格与否的两个组的科学成绩之间有显著差异,说明科学成绩效标的效度显著。进一步计算 Cohen's d 效应量的大小,本例计算得出的值为 1.255,大于 0.8,属于大效应量。

独立样本检验

		莱文方差等同性检验		平均值等同性t检验					差值95% 置信区间	
		F	显著性	t	自由度	显著性（双尾）	平均值差值	标准误差差值	下限	上限
科学成绩	假定等方差	10234.790	.000	-685.103	606625	.000	-.66284	.00097	-.66473	-.66094
	不假定等方差			-669.218	477303.459	.000	-.66284	.00099	-.66478	-.66089

图 9-12　独立样本检验

（2）命中率法：在菜单栏中选择"分析"→"描述统计"→"交叉表"菜单命令，打开"交叉表"对话框，将"科学成绩"变量放入"行"列表内，"数学成绩"变量放入"列"列表内，如图 9-13 所示。单击"确定"按钮，在 SPSS 的结果输出窗口中查看分析结果，如图 9-14 所示。

图 9-13　"交叉表"对话框

科学成绩 * 数学成绩 交叉表

计数

		数学成绩		总计
		.00	1.00	
科学成绩	.00	195753	52373	248126
	1.00	46898	311603	358501
总计		242651	363976	606627

图 9-14　科学成绩*数学成绩交叉表

根据命中率公式可得，总命中率为（195753+311603）/606627=84%，正命中率为 311603/（46898+311603）=87%。

3．因子分析法

【例 9-6】在 PISA 测试中，学生的数学成绩由 10 个拟真值组成，它们分别测得学生不同方面的关于数学能力的成绩，因此可以使用因子分析法来测量其结构效度。本例使用的变量为 PV1MATH, PV2MATH, …, PV10MATH，数据文件为"CY07_MSU_STU_QQQ.sav"。详细操作过程见第 15 章因子分析。

如图 9-15 所示，根据效度检验结果，KMO 值为 0.985，超过了通常用于效度检验的标准 0.7，表明样本数据非常适合进行因子分析。此外，巴特利特检验的卡方统计量显著性水平低于 0.001，这进一步证明了因子分析的适用性。基于这些结果，我们可以合理推断数学成绩的评定具有很好的结构效度。

有关探索性因子分析和验证性因子分析的详细过程和结果解读，将会在第 15 章进一步介绍。

KMO 和巴特利特检验

KMO 取样适切性量数。		.985
巴特利特球形度检验	近似卡方	10025104.82
	自由度	45
	显著性	.000

图 9-15　KMO 和巴特利特检验

第 10 章 回归分析

回归分析（Regression Analysis）用于分析两种或两种以上变量之间的依赖关系，通常至少包含一个自变量和一个因变量。根据自变量的个数，回归分析可以分为一元回归分析和多元回归分析。依据自变量和因变量之间的关系类型，回归分析可以分为线性回归分析和非线性回归分析。

如果变量 x 和变量 y 分别表示两个事物的取值，那么可以用回归方程 $y=a+bx$ 来描述两者的关系。其中，x 是自变量，y 是因变量，一般认为 y 的变化是由 x 引起的，并且 y 不是一个固定的数值，它是通过对应的 x 求出的平均值的估计。想要理解该方程，需要理解以下两个概念。

常量（Constant）：当 x 等于零时，回归直线在 Y 轴上的截距（Intercept），即 x 取零时，y 的平均估计量。

回归部分：指由因变量 y 与自变量 x 的线性关系所决定的部分，即可以由 x 直接估计的部分。b 称为回归系数（Coefficient of Regression），又称回归线的斜率（Slope）。

回归分析一般包括以下几个步骤。

（1）确定回归方程中的自变量和因变量。

（2）确定回归模型的类型，根据数据样本或散点图，确定自变量和因变量之间存在线性关系还是非线性关系。

（3）建立回归方程。在一定的统计拟合准则下估计出模型中的各个参数，得到确定的回归方程。

（4）对回归方程进行检验。

（5）利用回归方程进行预测。

10.1 一元回归分析

当自变量和因变量的关系为线性关系时，应采用线性回归的方法，建立因变量关于自变量的线性回归模型。当需要分析某一个自变量对因变量的影响时，在不考虑其他因素对因变量影响的条件下，构建以下一元线性回归模型方程：

$$\hat{Y} = \hat{\beta}_0 + \hat{\beta}_1 x \tag{10-1}$$

式中，$\hat{\beta}_0$ 表示回归直线在纵轴上的截距；$\hat{\beta}_1$ 是回归系数，表示当自变量 x 变动一个单位所引起的因变量 y 的平均变动值。

通常利用最小二乘法计算线性回归模型中的参数值，但不能立即将结果运用于实际问题分析，必须对回归方程的线性关系进行统计检验，包括回归方程的显著性检验、回归系数的显著性检验、残差分析等。

10.2 多元回归分析

10.2.1 多元回归分析概述

在现实生活中，某种现象通常是由多个因素引起的，因此由多个自变量来共同预测或估计因变量，比只用一个自变量进行估计更加符合实际。分析两个或两个以上的自变量对因变量的影响情况的过程，称为多元回归分析。

多元回归方程：

$$y'_i = b_0 + b_1 x_{1i} + b_2 x_{2i} + L + b_k x_{ki} \tag{10-2}$$

式中，该线性方程有 k 个自变量 $x_1, x_2, \ldots, x_k$；$b_i(i=1,2,\ldots,k)$ 是回归方程的偏回归系数。b_i 表示在其他自变量不变的情况下，自变量 x_i 变动一个单位所引起的因变量 $\hat{y}$ 的平均变动值。

多元回归方程的参数估计采用最小二乘法，根据最佳拟合原则，最小二乘法要求估计得到的参数满足残差平方和最小的条件，通过求解参数 b_0，b_1，$b_2,\ldots,b_k$ 使残差平方和 $\sum(Y-\hat{Y})^2 = \sum(Y - b_0 - b_1 x_1 - b_2 x_2 - \ldots - b_k x_k)^2$ 取得最小值。

10.2.2 多元回归分析主要回答的四大类问题

（1）验证自变量对因变量的影响。
（2）检验单个或一组自变量的重要性。
（3）建立预测模型。
（4）分析自变量之间的相互作用。
上述四类问题可细化为以下十个方面。
第一，考察因变量和多个自变量之间关系的强度。
第二，考察已有自变量的重要性。
第三，考察增加自变量的必要性。
第四，在统计上预先控制协变量的影响。
第五，基于假设的需要定义变量影响的顺序。
第六，比较多组自变量的重要性。
第七，寻找最佳的预测模型。
第八，在新样本上预测因变量分数。
第九，重新定义自变量以解释非线性关系。
第十，同时处理分类自变量和连续自变量对因变量的影响。

10.2.3 多元回归分析的类型

1. 标准多元回归

标准多元回归（Standard Multiple Regression）又称同时回归（Simultaneous Regression），指所有自变量同时进入回归方程。标准多元回归仅度量每个自变量进入方程后在预测因变量时增加的贡献，在采用标准多元回归计算单个自变量的贡献时，该自变量与其他所有自变量共同解释的部分都被排除，仅计算剩余的可解释的部分，并且所有重叠的部分不计入任何自变量的贡献。

2. 序列回归

序列回归（Sequential Regression）又称分层回归（Hierarchical Regression），指自变量将根据研究者指定的顺序进入回归方程，由于存在前后顺序，在衡量一个（或一组）自变量的贡献时，与其他变量共同解释的部分会归入先进入的自变量的贡献。

3. 统计回归

统计回归（Statistical Regression）完全由统计标准决定自变量进入回归方程的顺序，不考虑变量的意义和理论解释的问题，是一种存在争议的回归类型。一个变量进入或被排除出方程完全根据在该样本下计算出的统计指标，一些细微的差异将对所衡量变量的重要性造成较大的影响。

4. 三种回归的比较

（1）标准多元回归会剔除所有自变量的重叠部分，可以体现出每个自变量的单独贡献。
（2）序列回归可以在某些变量进入方程的前提下探讨另一些变量的贡献。
（3）统计回归可以辨别具有多重共线性的变量，为未来的研究剔除某些明显冗余的变量。

10.2.4 使用多元回归分析的前提假设

（1）存在两个或两个以上的自变量及一个因变量。
（2）因变量服从正态分布。
（3）自变量与因变量之间呈线性关系。
（4）所有变量的观测必须是彼此独立的。

10.2.5 多元回归分析中一些值得注意的问题

1. 样本量

样本量与一系列问题有关，包括要求的检验力、显著性水平、自变量个数、预期的效应量及结果的泛化性等。当样本量非常大时，几乎所有的回归系数都将显著地不等于 0，即使不能很好地预测因变量的自变量也是如此。如果不具备足够的样本量，那么可以考虑删去一定数量的自变量，或者先合并自变量再进行回归分析。

2. 异常值

模式异常的个案可以对回归系数的估计精度产生巨大影响。
（1）单变量检测的常用方式有 Z 分数和箱图等。
（2）双变量下的散点图。
（3）多变量下的马氏距离等。
（4）在回归的过程中可以同时检测异常值。
（5）最为常用的方法是残差分析。

3. 多重共线性

如果两个自变量之间的相关系数很大，或者一个自变量可以由其他自变量线性表示，那么认为自变量之间存在多重共线性。

多重共线性现象的不良影响如下。
（1）回归系数的置信区间变宽，系数变得不稳定，由样本推广到总体的泛化性变差。
（2）回归系数不能很好地反映单个自变量对因变量的独立影响。
（3）变量的偏测定系数变小。

（4）当方程用于预测时，回归结果将变得不可靠。

常用的指标及其标准如下。

（1）容忍度（Tolerance）。

（2）方差膨胀因子（Variance Inflate Factor，VIF）。

（3）条件指数（Condition Index，CI）。

消除多重共线性影响的办法：去掉与因变量相关程度低，而与其他自变量高度相关的自变量；根据容忍度或方差膨胀因子删除变量，去掉可以被其余自变量线性表示的变量；增加样本量；采用新的样本数据；合并变量；换用其他形式的回归模型；变量转换。

4．残差分析

多元回归分析假设残差具有正态性、线性和方差同质性，同时假设误差具有独立性。

（1）残差的正态性假设指的是残差在每个因变量的预测分数下都呈正态分布。

（2）线性假设指的是残差与预测分数呈直线关系。

（3）方差同质性假设在所有预测分数下残差的方差相同。

（4）误差的独立性假设每次观测的结果都不受其他观测的影响。

（5）通常的验证方法是画出残差的散点图进行残差分析，其中，散点图的横轴表示因变量的预测值，纵轴表示残差。

5．分类自变量的虚拟编码

影响因变量变动的因素，除了这些可以直接获得实际观测数据的定量变量，还包括一些本质上属于定性因素（或称属性因素）的变量，如性别、民族、城乡、职业、季节、文化程度等变量，以及是否拥有计算机、是否是师范生、是否是学生干部等二元变量。

为了在模型中反映定性因素，可以将定性因素转化为虚拟变量。虚拟变量（或称属性变量、类型变量、定性变量、二元变量等），是人工构造的取值为 0 和 1 的作为属性变量代表的变量，一般用字母 D（或 DUM，英文单词 dummy 的缩写）表示。虚拟变量使研究者可以将那些无法量化的变量引入回归模型中。当虚拟变量应用于回归模型时，其回归系数的估计与检验方法和定量变量相同。

下面给出两个可以引入虚拟变量的案例。

（1）研究父母的受教育程度和学生成绩之间的关系，当样本中既有女性又有男性时，考虑性别是否会导致差异。

（2）研究家庭藏书量和学生学习兴趣的关系，当样本中既包括农村家庭，又包括城镇家庭时，考虑家庭居住地区是否会导致差异。

以上案例可以通过以下两种方法解决。

（1）当只有一个分类变量，且该变量只有两个水平时，可以按分类变量进行分类回归分析，然后看各个回归方程的参数是否不同。

（2）当有多个分类变量，且每个变量有多个水平时，可以使用全部观测值进行回归分析，将定性因素的影响用虚拟变量引入模型。

虚拟变量的设置规则如下。

（1）"0"和"1"选取的原则。虚拟变量取"1"或"0"的原则应根据分析问题的目的予以界定。从理论上讲，虚拟变量取"0"通常代表比较的基础类型；而虚拟变量取"1"通常代表被比较的类型。"0"代表基期（比较的基础，参照物）；"1"代表报告期（被比较的效应）。

例如，在比较收入时考察性别的作用，当研究男性收入是否高于女性时，将女性作为比较的基础（参照物），故男性为"1"，女性为"0"。

（2）属性（状态、水平）因素与设置的虚拟变量数量的关系。定性因素的属性既可能为两种状态，又可能为多种状态。例如，性别有男、女两种，季节有春、夏、秋、冬四种，地理位置有东部、中部、西部等。

虚拟变量数量的设置规则：若定性因素具有 $m(m \geq 2)$ 个相互排斥的属性（或几个水平），当回归模型有截距项时，则只能引入 $m-1$ 个虚拟变量；当回归模型没有截距项时，则可引入 m 个虚拟变量，否则就会陷入"虚拟变量陷阱"。

6. 回归分析的局限性

（1）回归分析旨在揭示变量之间的关系，但不能做出因果推断。
（2）研究变量的选取应该借助理论方法而不能仅靠统计方法。
（3）回归分析假设自变量的测量没有残差，然而在绝大部分研究中几乎不存在如此理想的情况。

10.2.6 多元回归分析的案例

在 SPSS 软件中，一元线性回归和多元线性回归分析的功能是集中在一起的，都是通过"回归"子菜单中的"线性"命令来实现的。

根据 PISA 2018 年的数据进行案例分析。

分析中国学生能力的自我概念（对能力的感知）（SCREADCOMP）和课堂氛围（DISCLIMA）对学生阅读乐趣（JOYREAD）的影响，可以建立多元回归模型来探讨它们之间的关系，即

$$阅读乐趣 = f(能力的自我概念，课堂氛围)$$

可以通过比较能力的自我概念变量和课堂氛围变量的系数大小来研究这两个变量对阅读乐趣变量影响的大小。但是，这三者之间是否存在线性关系，需要通过绘制三维散点图来判断。

从图 10-1 所示的三维散点图中可以看到，这三个变量之间存在线性关系，因此建立多元线性回归模型。

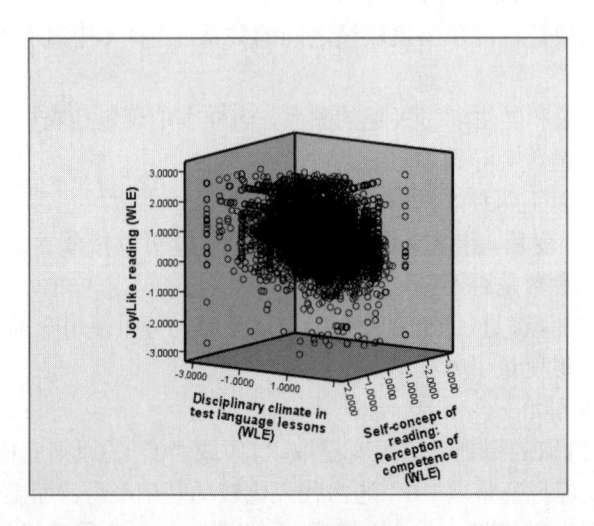

图 10-1 三维散点图

$$JOYREAD_i = \beta_0 + \beta_1 \ SCREADCOMP_i + \beta_2 \ DISCLIMA_i$$

多元线性回归的具体操作步骤如下。

第一步：打开中国 PISA 2018 学生层面的数据，在菜单栏中选择"分析"→"回归"→"线性"菜单命令，打开"线性回归"对话框。

第二步：将 JOYREAD 设定为因变量，将其添加至"因变量"列表中。将 SCREADCOMP 和 DISCLIMA 设定为自变量，将其添加至"块"列表中，如图 10-2 所示。

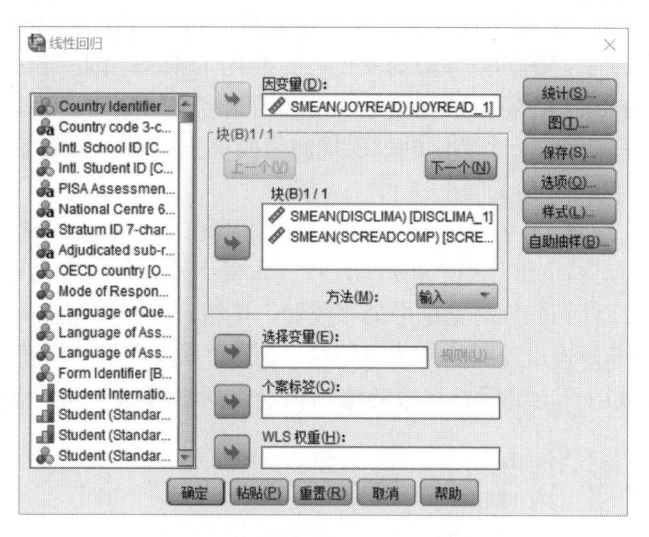

图 10-2 "线性回归"对话框

第三步：单击"保存"按钮，打开"线性回归：保存"对话框，勾选"预测值"和"残差"区域中的"未标准化"复选框，表示输出非标准化的回归模型的拟合预测值和残差，如图 10-3 所示。单击"继续"按钮返回"线性回归"对话框，单击"确定"按钮完成操作。

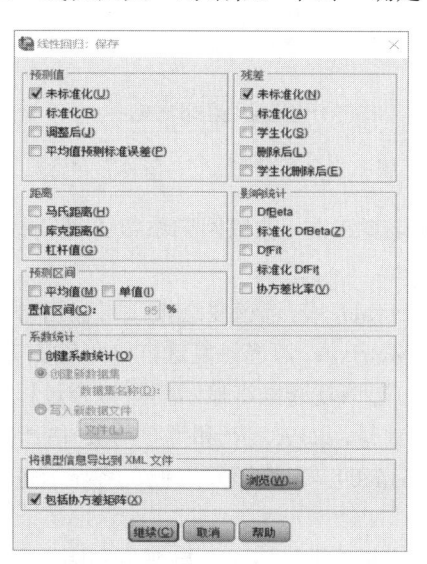

图 10-3 "线性回归：保存"对话框

在此处介绍一下"线性回归：保存"对话框中其他选项的功能。

（1）"预测值"区域：用于选择输出回归模型的预测值。"未标准化"复选框用于输出未标准化的预测值,"标准化"复选框用于输出标准化的预测值。"调整后"复选框用于输出经调整后的预测值。"平均值预测标准误差"复选框用于输出预测值的标准误差。

(2)"残差"区域:"未标准化"复选框用于输出未标准化的残差,"标准化"复选框用于输出标准化的残差。"学生化"复选框用于输出学生化残差,"删除后"复选框用于输出剔除残差。"学生化删除后"复选框用于输出学生化剔除残差。

(3)"距离"区域:包括"马氏距离"、"库克距离"和"杠杆值"三个复选框。

(4)"影响统计"区域:用于反映剔除某个自变量后回归系数的变化情况。DfBeta 指由排除一个特定的观测值所引起的回归系数的变化。标准化 DfBeta 指标准化的 DfBeta 值。DfFit 指拟合值之差,即由排除一个特定的观测值所引起的预测值的变化。标准化 DfFit 指标准化的 DfFit 值。协方差比率指带有一个特定的剔除观测值的协方差矩阵与带有全部观测量的协方差矩阵的比率。

(5)"预测区间"区域:"平均值"指平均值预测区间的上下限,"单值"指因变量单个预测量的预测区间,置信区间的默认值为95%,在文本框中输入的值应为0~100。

第四步:单击"线性回归"对话框中的"统计"按钮,打开如图10-4所示的"线性回归:统计"对话框,用于选择输出需要的描述统计量。勾选"估算值"和"模型拟合"复选框。其中,"回归系数"区域用于定义回归系数的输出情况,"残差"区域用于选择输出残差诊断的信息。

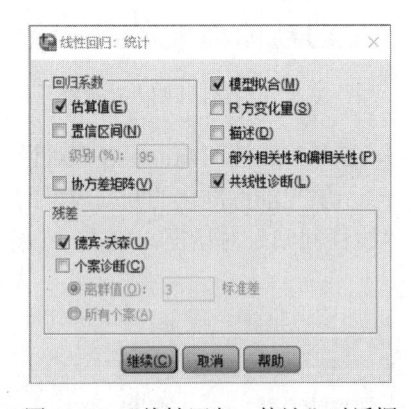

图10-4 "线性回归:统计"对话框

估算值(Estimate):勾选该复选框,输出回归系数 B 及其标准误差、回归系数的 t 检验值和 p 值及标准化的回归系数 beta。

置信区间(Confidence Interval):勾选该复选框,可输出每个回归系数的95%置信区间。

协方差矩阵(Covariance Matrix):勾选该复选框,可输出方差-协方差矩阵。

模型拟合(Model Fit):勾选该复选框将显示模型拟合过程中进入、退出的变量列表,以及一些有关拟合优度的检验统计量,如 R、R^2 和调整的 R^2 估计值的标准误差及方差分析表。

R 方变化量(R Squared Change):勾选该复选框,将显示每个自变量进入方程后 R^2、F 值和 p 值的改变情况。

描述(Descriptive):勾选该复选框,将显示自变量和因变量的有效数目、平均值、标准差等,同时显示自变量之间的相关系数矩阵。

部分相关性和偏相关性(Part and Partial Correlation):勾选该复选框,将显示自变量之间的相关系数、部分相关系数和偏相关系数。

共线性诊断（Collinearity Diagnostic）：勾选该复选框，将输出各个自变量的特征根、方差膨胀因子、容忍度等。

德宾-沃森（Durbin-Watson）：勾选该复选框，将进行残差序列相关性检验。

个案诊断（Case Wise Diagnostic）：勾选该复选框，将对标准化残差进行诊断，判断其有无奇异值（Outlier）。

第五步：单击"线性回归"对话框中的"图"按钮，打开如图 10-5 所示的"线性回归：图"对话框，用于选择需要绘制的回归分析诊断或预测图。其中，左侧的列表中列出了绘制散点图的坐标轴变量，用户可以从中选择部分变量作为 X（横坐标）和 Y（纵坐标）。同时，可以通过单击"下一个"按钮来重复操作过程，绘制更多的图形。DEPENDENT：因变量。*ZPRED：标准化预测值。*ZRESID：标准化残差。*DRESID：剔除的残差。*ADJPRED：调整后的预测值。*SRESID：学生化残差。*SDRESID：学生化剔除残差。

在"标准化残差图"区域中，可以选择输出不同类型的标准化残差图。

直方图（Histogram）：标准化残差的直方图。

正态概率图（Normal Probability Plot）：标准化残差的正态概率图（P-P 图），将标准化残差与正态分布进行比较。

生成所有局部图（Produce All Partial Plots）：每一个自变量对于因变量残差的散点图。

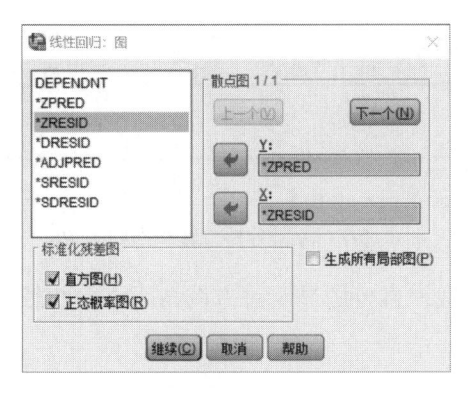

图 10-5　"线性回归：图"对话框

部分分析结果如图 10-6 所示。

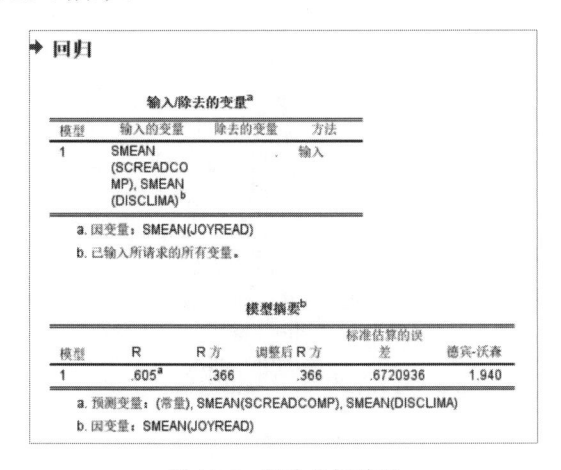

图 10-6　部分分析结果

调整后的 R^2 为 0.366，即课堂氛围和学生能力的自我概念的变异能够解释 36.6%的阅读兴趣差异。从德宾-沃森诊断结果可以看出，其值为 1.940，接近 2，说明残差项不存在自相关性。一般来说，德宾-沃森值越接近 2，说明模型越好；当德宾-沃森值接近 0 或 4 时，表示残差项存在自相关性。

如图 10-7 所示，方差分析检验的显著性水平 α 为 0.000，小于 0.05，因此，舍弃因变量与自变量无回归关系存在的虚无假设。课堂氛围和学生能力的自我概念对阅读兴趣的回归系数如图 10-7 所示，包括未标准化系数、标准误差和标准化系数，其中显著性水平 α 小于 0.05 表示显著，α 越小，表示显著性越强。VIF 是容差的倒数，用于共线性诊断，当 0 < VIF < 10 时，表示不存在多重共线性；当 10 ≤ VIF < 100 时，表示存在较强的多重共线性；当 VIF ≥ 100 时，则表示存在严重的多重共线性。

ANOVA^a

模型		平方和	自由度	均方	F	显著性
1	回归	3144.054	2	1572.027	3480.170	.000^b
	残差	5445.362	12055	.452		
	总计	8589.417	12057			

a. 因变量：SMEAN(JOYREAD)
b. 预测变量：(常量), SMEAN(SCREADCOMP), SMEAN(DISCLIMA)

系数^a

模型		未标准化系数 B	标准误差	标准化系数 Beta	t	显著性	共线性统计 容差	VIF
1	(常量)	.849	.008		108.592	.000		
	SMEAN(DISCLIMA)	.108	.006	.131	17.709	.000	.958	1.043
	SMEAN(SCREADCOMP)	.554	.007	.564	76.207	.000	.958	1.043

a. 因变量：SMEAN(JOYREAD)

图 10-7 方差分析检验和回归系数

图 10-8 所示的标准化残差直方图显示直方图与正态曲线较为吻合，说明残差符合正态分布。

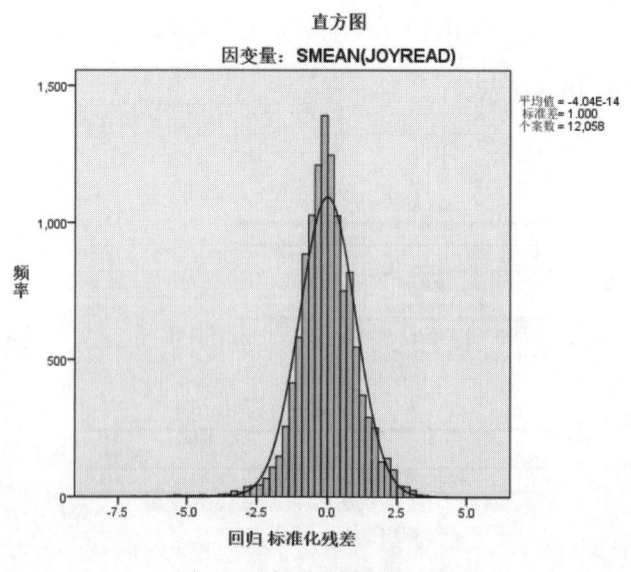

图 10-8 标准化残差直方图

如图 10-9 所示，散点累积在对角线附近，也能够说明残差符合正态分布。如图 10-10 所示，残差分布较为散乱，无明显趋势，可认为结果良好。

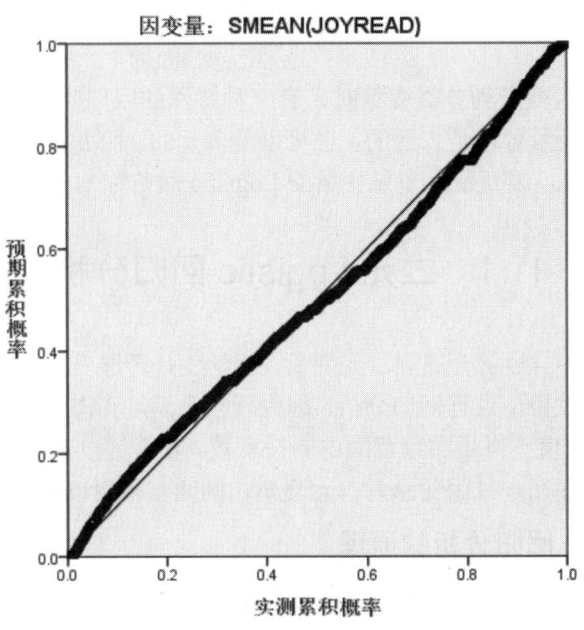

图 10-9　标准化残差的正态 P-P 图

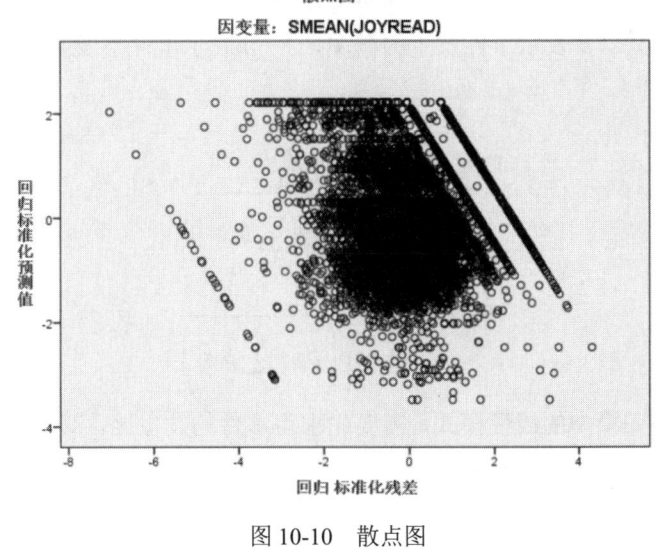

图 10-10　散点图

第 11 章 Logistic 回归

在回归分析中，当因变量为分类变量时，有一种特殊的回归叫作 Logistic 回归（逻辑回归）。Logistic 回归的因变量可以是二元的，也可以是多元的。因变量为二元变量的 Logistic 回归称为二元 Logistic 回归，因变量为多元变量的 Logistic 回归称为多元 Logistic 回归。

11.1 二元 Logistic 回归分析

在教育领域的研究中，经常会遇到二元变量，如学生是否遭受欺凌。对于二元变量，无法直接采用一般的多元线性模型进行回归分析，因为残差不满足正态性、无偏性、共方差性等假设，同时，解释变量的取值不再是实数范围内的任意数。若希望根据一系列预测变量的值来预测某种特征或结果是否存在，且因变量为二元变量，则通常采用二元 Logistic 回归分析。

11.1.1 二元 Logistic 回归分析的原理

二元 Logistic 回归分析并不直接对二元结果变量进行回归分析，而是引入发生比（事件发生的概率/事件不发生的概率）的概念，对发生比取自然对数（ln）并将其作为因变量，以探究自变量的线性组合对转换后的因变量的影响。

设因变量为 y，当其取值为 1 时表示事件发生，取值为 0 时表示事件不发生，影响 y 的 n 个自变量为 $x_1, x_2, \cdots, x_n$，p 表示事件发生的概率，$1-p$ 表示事件不发生的概率，Logistic 回归模型为

$$p = \frac{\exp\left(\beta_0 + \sum_{i=1}^{n} \beta_i x_i\right)}{1 + \exp\left(\beta_0 + \sum_{i=1}^{n} \beta_i x_i\right)} \tag{11-1}$$

$$1 - p = \frac{1}{1 + \exp\left(\beta_0 + \sum_{i=1}^{n} \beta_i x_i\right)} \tag{11-2}$$

为求 Logistic 回归模型的线性模式，需要先求得事件的发生比，即事件发生与不发生的概率之比 $p/(1-p)$，记为 Odds，Odds 的取值范围在 0 到 $+\infty$ 之间，然后对 Odds 进行对数转换，就能得到 Logistic 回归模型的线性模式 Logit $P = \ln\left[p/(1-p)\right] = \left(\beta_0 + \sum_{i=1}^{n} \beta_i x_i\right)$，Logistic 方程的回归系数可以理解为一个单位的自变量的变化引起的发生比的对数的变化值。

由于理解发生比比理解发生比的对数容易，因此将 Logistic 方程写成

$$\frac{p}{1-p} = \exp(\beta_0 + \beta_i x_i) \tag{11-3}$$

当其他解释变量保持不变，第 i 个自变量变化一个单位时，发生比的变化值为 $\exp(\beta_i)$，

自变量的系数为正值，表示事件发生的概率增加，$\exp(\beta_i)$ 的值大于 1；自变量的系数为负值，表示事件发生的概率降低，$\exp(\beta_i)$ 的值小于 1；自变量的系数为 0，$\exp(\beta_i)$ 的值等于 1。对 Logistic 回归模型的参数估计可以采用最大似然估计法和迭代法。

11.1.2 二元 Logistic 回归方程的检验

1．回归系数的显著性检验

回归系数的显著性检验主要是为了检验模型中各解释变量与 Logit P 是否存在显著的线性关系。原假设是 $\beta_i=0$，即第 i 个解释变量与 Logit P 之间不存在显著的线性关系。回归系数的显著性检验主要采用的是 Wald 统计量，其定义为

$$\text{Wald}_i = \left(\frac{\beta_i}{S_{\beta_i}}\right)^2 \tag{11-4}$$

式中，β_i 是回归系数，S_{β_i} 是回归系数的标准误差。Wald 统计量服从自由度为 1 的卡方分布。由二元 Logistic 回归分析计算得到统计量 Wald_i 和响应的概率值 p_i。当概率 p_i 小于显著性水平 α 时，拒绝原假设，认为第 i 个解释变量与 Logit P 之间存在显著的线性关系；当概率 p_i 大于显著性水平 α 时，接受原假设，认为第 i 个解释变量与 Logit P 之间不存在显著的线性关系。值得注意的是，当解释变量系数的绝对值较大时，其标准误差将会扩大，导致 Wald 统计量减小，拒绝原假设失败，所以当解释变量系数的绝对值较大时，不应该依据 Wald 统计量来进行回归系数的显著性检验。

2．回归方程的显著性检验

1）拟合优度检验

通常采用"$-2\times$对数似然比值"来衡量模型对样本数据的拟合度，若模型的拟合度较好，则"$-2\times$对数似然比值"相对较小，最佳模型的"$-2\times$对数似然比值"为 0，反之，"$-2\times$对数似然比值"较大。对数似然比值的变化体现了当一个解释变量进入或被剔除出模型时拟合度的变化。在二元 Logistic 回归分析过程中，SPSS 会计算各个似然比卡方统计量的数值和响应的概率值 p。当 p 小于给定的显著性水平 α 时，拒绝原假设，反之，接受原假设。

2）Cox-Snell R^2 统计量

Cox-Snell R^2 统计量的数学表达式为

$$\text{Cox-Snell } R^2 = 1 - \left(\frac{L_0}{L_1}\right)^{\frac{2}{N}} \tag{11-5}$$

式中，L_0 为没有引入任何解释变量的回归方程的似然函数值；L_1 为引入了解释变量后的回归方程的似然函数值；N 为样本容量。Cox-Snell R^2 统计量类似于一般线性模型中的 R^2 统计量，该统计量的值越大，表明模型的拟合优度越高。该统计量的不足之处在于其取值范围无法确定，不利于与其他模型的比较。

3）Nagelkerke R^2 统计量

Nagelkerke R^2 统计量的数学表达式为

$$\text{Nagelkerke } R^2 = \frac{\text{Cox-Snell } R^2}{1 - (L_0)^{\frac{2}{N}}} \tag{11-6}$$

Nagelkerke R^2 统计量对 Cox-Snell R^2 统计量进行了修正，使得其取值范围限定为 0～1，其值越接近于 1，表明模型的拟合优度越高，而其值越接近于 0，表明模型的拟合优度越低。

11.1.3 二元 Logistic 回归分析的操作步骤

根据 PISA 2018 年的数据，对以下案例进行分析。

分析变量中国学生家中是否有经典文学书籍（Classic）、是否有诗歌书（Poetry）及是否有教辅读物（Books），对变量学生的母亲是否有本科学历（Education）的预测作用。案例中的自变量和因变量均为 0、1 记分的二元变量，在进行 Logistic 回归分析之前已对数据进行缺失值处理，因变量 Education 已进行重新编码处理，1：学生的母亲有本科学历，0：学生的母亲没有本科学历。

Logistic 回归的具体操作步骤如下。

第一步：打开 PISA 2018 年学生层面的数据，在菜单栏中选择"分析"→"回归"→"二元 Logistic 回归"菜单命令，打开"Logistic 回归"对话框，如图 11-1 所示。

第二步：将 Education 设定为因变量，并将其添加至"因变量"列表中。将 Classic、Poetry 和 Books 设定为自变量，将其添加至"块"列表中，在"方法"下拉列表中选择"输入"选项，即标准回归。若需要加入交互作用，则在选择交互变量之后，单击"a*b"按钮，如图 11-1 所示。

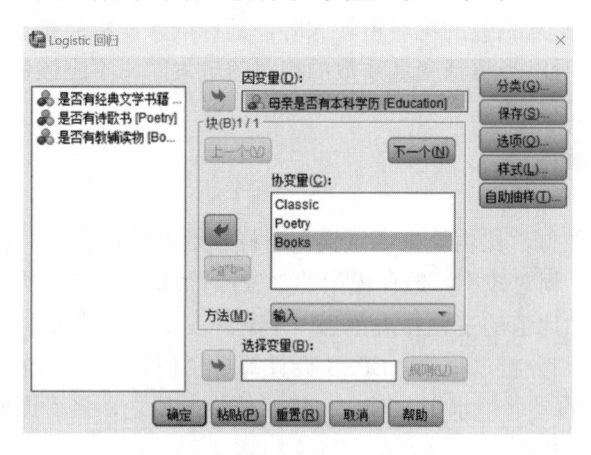

图 11-1 "Logistic 回归"对话框

第三步：单击图 11-1 右侧的"分类"按钮，打开"Logistic 回归：定义分类变量"对话框，定义分类变量，如图 11-2 所示。该对话框左侧的"协变量"列表中包含"Logistic 回归"对话框中选择好的全部协变量，右侧的"分类协变量"列表中显示的是当前选择的分类协变量，字符串变量会自动列入"分类协变量"列表中。

更改用于选择分类变量各类水平的对比方式，选择"分类协变量"列表中的一个协变量，在"对比"下拉列表中选择一个方式，单击"继续"按钮，确认修改。下面介绍几种对比方式。

（1）指示符：指示是否同属于参考分类，参考分类在对比矩阵中整行为 0。

（2）简单：每一类都与参考分类进行比较。

（3）差异：除第一类外，每一类的预测变量效应都与其前面所有分类的平均效应进行比较。

（4）赫尔默特：除最后一类外，每一类的预测变量效应都与其后面所有分类的平均效应进行比较。

（5）重复：除第一类外，每一类的预测变量效应都与其前一种分类的效应进行比较。

（6）多项式：多项式比较，要求每一类的水平相同，仅适用于数字型变量。

（7）偏差：每一类的预测变量效应都与总体效应进行比较。

参考类别：如果对比方式选择了偏差、简单、指示符，那么需要指定一个参考类别，可以选择最后一个或第一个，系统默认为最后一个。

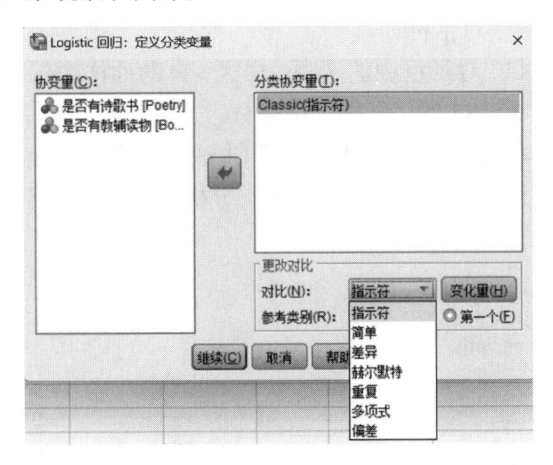

图 11-2 "Logistic 回归：定义分类变量"对话框

在本案例中，分别选入了三个分类变量 Classic、Poetry 和 Books，设置对比方式为指示符，参考类别均以 0 为参照，均选择第一个，如图 11-3 所示。然后单击"继续"按钮，返回"Logistic 回归"对话框。

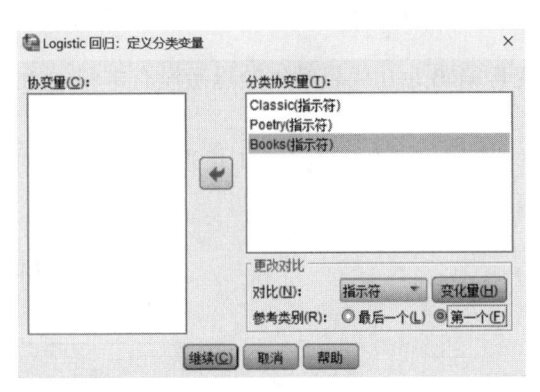

图 11-3 "Logistic 回归：定义分类变量"对话框

第四步：在"Logistic 回归"对话框中单击"保存"按钮，打开"Logistic 回归：保存"对话框，如图 11-4 所示。该对话框中各选项的含义如下。

（1）预测值："概率"表示事件发生的概率，"组成员"是指根据预测概率得到的每个个案的预测分组。

（2）影响：该区域用于设置对每个个案的影响力指标。

① 库克距离：表示当把某一个个案从计算回归系数的样本中去除时，所有个案的残差变化的大小，残差变化越大，表示从回归统计的计算中排除的个案对回归系数的影响越大。

② 杠杆值：用于测量单个个案对拟合效果的影响程度，其取值范围为 $0\sim(n-1)/n$，取 0 表示此个案对拟合无影响。

③ DfBeta：删除一个个案引起的回归系数的变化值。

（3）残差：残差选项包括未标准化、分对数、学生化、标准化和偏差。

（4）将模型信息导出到 XML 文件：用于将模型信息保存到选择的文件中，可以勾选"包括协方差矩阵"复选框。

在本案例中，勾选"概率"、"未标准化"和"包括协方差矩阵"复选框，然后单击"继续"按钮，返回"Logistic 回归"对话框。

第五步："Logistic 回归"对话框中的选项、样式、自助抽样均保持默认设置，单击"确定"按钮，输出模型的拟合结果。以下是结果分析部分。

个案处理摘要如图 11-5 所示，呈现了缺失和未缺失的个案数及其所占的百分比。本案例中的数据已经经过清洗，因此缺失数据为 0。参与分析的个案有 11585 个。

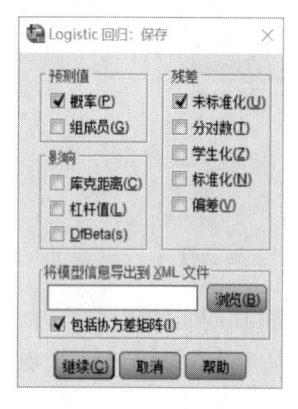

图 11-4 "Logistic 回归：保存"对话框

图 11-5 个案处理摘要

如图 11-6 所示，因变量编码为 0 代表学生的母亲没有本科学历，因变量编码为 1 代表学生的母亲有本科学历。

如图 11-7 所示，在本案例中，0 代表没有，1 代表有。例如，对于是否有教辅读物，0 代表没有教辅读物，1 代表有教辅读物。

图 11-6 因变量编码

图 11-7 分类变量编码

如图 11-8 所示，分类表不包含任何预测变量的截距模型，该表是从截距模型中获得的预测值和实际结果变量值的分类表。在本案例的截距模型中，将所有个案都预测为学生的母亲没有本科学历。总体的正确预测率为 77.1%。

如图 11-9 所示，该表显示模型中包含的变量及其统计检验结果。截距模型中只包含常量，其统计检验显著（$p<0.001$），表明学生的母亲有没有本科学历的发生频率显著不同。Exp(B)表示截距项即常量的 Logit 系数，反映了学生的母亲没有本科学历的发生比。

分类表[a,b]

实测			预测		
			母亲是否有本科学历		正确百分比
			0	Yes	
步骤 0	母亲是否有本科学历	0	8934	0	100.0
		Yes	2651	0	.0
	总体百分比				77.1

a. 常量包括在模型中。
b. 分界值为 .500

图 11-8　分类表

方程中的变量

		B	标准误差	瓦尔德	自由度	显著性	Exp(B)
步骤 0	常量	-1.215	.022	3017.590	1	.000	.297

图 11-9　方程中的变量

如图 11-10 所示，该表呈现了模型中未纳入分析的变量的影响力得分，单独纳入分析的统计检验结果及整体检验结果。数据显示，所有变量的显著性水平 α 均小于 0.001，整体的显著性水平 α 也小于 0.001，这意味着多个变量进入模型是有意义的。变量是否有教辅读物的得分最高，表明其对结果变量的影响最大。

未包括在方程中的变量

			得分	自由度	显著性
步骤 0	变量	是否有经典文学书籍(1)	81.848	1	.000
		是否有诗歌书(1)	92.384	1	.000
		是否有教辅读物(1)	120.699	1	.000
	总体统计		181.572	3	.000

图 11-10　未包括在方程中的变量

如图 11-11 所示，该表呈现了分步、分块和整体检验的结果，因为拟合方法选择的是输入，所以仅一步就完成了模型的拟合，步长和模型这三个结果相同，显著性水平 α 均小于 0.001，说明模型的整体检验结果显著，采用此模型是合理的。

模型系数的 Omnibus 检验

		卡方	自由度	显著性
步骤 1	步骤	276.666	3	.000
	块	276.666	3	.000
	模型	276.666	3	.000

图 11-11　模型系数的 Omnibus 检验

如图 11-12 所示，模型摘要表显示了模型的拟合优度统计量。-2 对数似然值为 12236.212，此值较大，说明模型的拟合效果不是很好；考克斯-斯奈尔 R 方和内戈尔科 R 方的值分别为 0.019、0.029，这两个值较小，说明模型方程能够解释的回归变异很小，模型拟合不理想。

模型摘要

步骤	-2 对数似然	考克斯-斯奈尔 R 方	内戈尔科 R 方
1	12236.212ᵃ	.019	.029

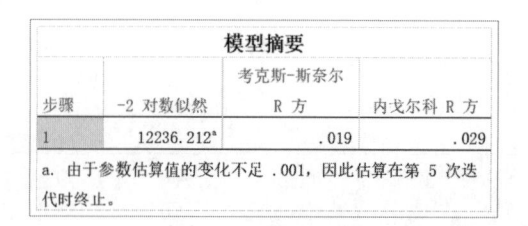

a. 由于参数估算值的变化不足 .001，因此估算在第 5 次迭代时终止。

图 11-12　模型摘要

如图 11-13 所示，该表是从模型中获得的预测值与实际结果的分类表。对于学生的母亲没有本科学历的预测率为 100%，对于学生的母亲有本科学历的预测率为 0，总体的正确预测率只有 77.1%，说明预测效果不理想。

分类表ᵃ

			预测		
			母亲是否有本科学历		正确百分比
实测			0	Yes	
步骤 1	母亲是否有本科学历	0	8934	0	100.0
		Yes	2651	0	.0
	总体百分比				77.1

a. 分界值为 .500

图 11-13　分类表

如图 11-14 所示，该表给出了各个变量的系数，B 是原始 Logit 回归系数，所有的预测变量均显著，符号为正，说明都存在正向影响。$\operatorname{Exp}(B)$ 均大于 1。是否有经典文学书籍每提高一个单位，学生的母亲有本科学历的优势比为 2.109，即比原来的发生比提高了 1.109 倍；是否有诗歌书每提高一个单位，学生的母亲有本科学历的优势比为 1.508，即比原来的发生比提高了 0.508 倍；是否有教辅读物每提高一个单位，学生的母亲拥有本科学历的优势比为 2.672，即比原来的发生比提高了 1.672 倍。

通过此表，可以得出方程：

$z = 0.746 \times$ 是否有经典文学书籍（1）$+ 0.441 \times$ 是否有诗歌书（1）$+ 0.983 \times$ 是否有教辅读物（1）$- 3.225$

可以得到学生的母亲有本科学历的概率为

$$P = \frac{e^z}{1+e^z}$$

方程中的变量

		B	标准误差	瓦尔德	自由度	显著性	EXP(B)
步骤 1ᵃ	是否有经典文学书籍(1)	.746	.154	23.595	1	.000	2.109
	是否有诗歌书(1)	.411	.082	25.216	1	.000	1.508
	是否有教辅读物(1)	.983	.124	63.137	1	.000	2.672
	常量	-3.225	.175	339.928	1	.000	.040

图 11-14　方程中的变量

本案例选择的方法是标准回归，如果选择了序列回归，那么系统会输出 Block2、Block3 等的报告，分别表示不同步加入变量后的模型结果，相应的解释同上。如果选择了统计回归，那么应注意解释每个步骤对应的结果。

11.2 多元 Logistic 回归分析

11.2.1 多元 Logistic 回归分析的原理

在现实生活中，因变量除了前面介绍的二元变量，还有多元变量，如多种类型的商品。厂家为了提高商品的销售量，希望预测顾客喜欢何种类型的商品。厂家可以根据顾客的年龄、性别、收入水平及社会获得等通过多元 Logistic 回归来确定顾客的不同属性对其选择的商品类别的影响程度，从而有侧重地多提供一些类型的商品。当因变量的水平数量大于 2 时，不能简单地将其中两个水平单独拟合为二元 Logistic 回归，必须考虑拟合因变量为多元 Logistic 回归。根据因变量水平，多元 Logistic 回归分析可分为有序多元 Logistic 回归分析和无序多元 Logistic 回归分析。

多元 Logistic 回归分析其实就是用多个二元 Logistic 回归分析模型来描述各个类别与参考类别相比较时的作用大小。设因变量有 k 个水平，可以对其中的 $k-1$ 个水平各建立一个回归方程，每个水平的因变量的概率值取值范围为 0～1。当自变量是连续变量或计数变量时，就可以用 Logistic 回归分析对因变量的概率值建立回归方程。

若因变量共有 k 个水平，则在第 j 个水平的 Logistic 回归模型为

$$\ln\left(\frac{p_j}{1-p_k}\right) = \beta_{j0} + \sum_{i=1}^{n}\beta_{ji}x_{ji} \qquad (11\text{-}7)$$

这样对于每一个建立的 Logistic 回归模型都有一组参数，例如，若因变量具有 3 个水平，则可以获得 2 组非零参数。

11.2.2 多元 Logistic 回归方程的检验

1. 拟合优度检验

皮尔逊卡方统计量用于检验多维表中观测频数与预测频数的差异，其定义为

$$\chi^2 = \sum \frac{(\text{观测频数} - \text{预测频数})^2}{\text{预测频数}} \qquad (11\text{-}8)$$

皮尔逊卡方统计量的值越大，说明拟合效果越不好。卡方偏差也可以用来检测模型的拟合度，模型的拟合度越好，对数似然比的差值越小，显著性水平越高，在大样本的情况下，卡方偏差与皮尔逊卡方统计量很接近。

2. 伪 R^2 统计量

伪 R^2 统计量包括 Cox-Snell R^2、Nagelkerke R^2 和 McFadden R^2 统计量，前两个的定义参见 11.1 节，McFadden R^2 统计量的定义为

$$\text{McFadden } R^2 = \frac{l(0) - l(B)}{l(0)} \qquad (11\text{-}9)$$

式中，$l(0)$ 是仅包含截距模型的对数似然比的核；$l(B)$ 是模型中对数似然比的核。

11.2.3 多元 Logistic 回归分析的操作步骤

根据中国 PISA 2018 年数据，对以下案例进行分析。

在 PISA 2018 有关学校合作的题目中，"学生觉得自己被鼓励与他人合作"是由五点量表测量的，结果包括 1：完全不准确，2：有点准确，3：很准确，4：极为准确。现在分析父母支持（EMOSUPP）、教师支持（TEACHSUP）、课堂纪律（DISCLIMA）对学生对被鼓励合作的感受（COOPERATE）的预测作用。这里选用的因变量是有序变量，下面展示的是有序多元 Logistic 回归分析的操作步骤，无序多元 Logistic 回归分析的操作步骤与此类似。

具体操作步骤如下。

第一步：打开中国 PISA 2018 学生层面的数据，在菜单栏中选择"分析"→"回归"→"有序"菜单命令，打开"有序回归"对话框，如图 11-15 所示。

第二步：在"因变量"列表中选入一个有序变量作为因变量，可以是数值型或字符串型变量；在"因子"列表中选入一个或多个分类变量作为因素变量；在"协变量"列表中选入一个或多个数值型变量作为协变量。本案例中将 COOPERATE 设定为因变量，将其添加至"因变量"列表中。将 EMOSUPP、TEACHSUP、DISCLIMA 设定为自变量，因其都是数值型变量，将其添加到"协变量"列表中。

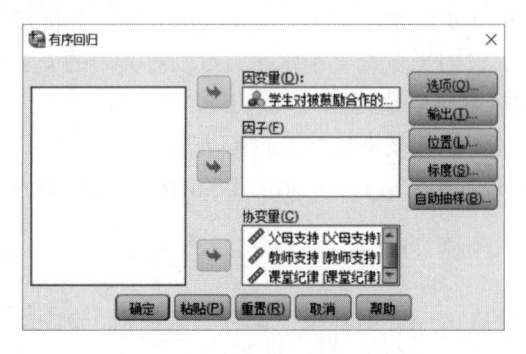

图 11-15 "有序回归"对话框

第三步：选项、输出、位置、标度、自助抽样均保持默认设置，单击"确定"按钮，输出模型拟合结果。

以下是结果分析部分。

如图 11-16 所示，该表呈现了分类变量各水平下的个案数及边际百分比。本案例中的数据已经经过清洗，因此缺失数据为 0。

图 11-16 个案处理摘要

如图 11-17 所示，最终模型和模型中仅有截距时的似然比检验结果显示显著性水平 α 小于 0.001，证明最终模型优于仅有截距的模型。

第 11 章 Logistic 回归

模型拟合信息				
模型	模型拟合条件	似然比检验		
	-2 对数似然	卡方	自由度	显著性
仅截距	17595.077			
最终	15446.325	2148.752	9	.000

图 11-17　模型拟合信息

如图 11-18 所示，皮尔逊统计量的显著性水平 α 小于 0.001，偏差统计量的显著性水平 α 大于 0.05，说明没有通过偏差统计量的拟合优度检验，不能拒绝原假设，零模型可以很好地拟合数据。

拟合优度			
	卡方	自由度	显著性
皮尔逊	19049.156	15651	.000
偏差	13219.464	15651	1.000

图 11-18　拟合优度

如图 11-19 所示，三个伪 R^2 统计量的显著性水平 α 均大于 0.05，说明不能拒绝原假设，零模型可以很好地拟合数据。

伪 R 方	
考克斯-斯奈尔	.165
内戈尔科	.182
麦克法登	.076

图 11-19　伪 R^2 统计量

如图 11-20 所示，第 4 列是瓦尔德统计量，第 6 列为显著性水平，如果显著性水平 α 小于 0.05，那么说明对应的系数估计显著不为 0，本案例中父母支持、教师支持、课堂纪律的显著性水平 α 均小于 0.001，差异显著，且从估算的系数来看，父母支持、教师支持、课堂纪律对学生对被鼓励合作的态度都有积极的促进作用。

参数估算值									
学生对被鼓励合作的感受		B	标准错误	瓦尔德	自由度	显著性	Exp(B)	EXP(B)的95%置信区间	
								下限	上限
Not at all true	截距	-1.058	.064	274.839	1	.000			
	父母支持	-1.093	.058	352.919	1	.000	.335	.299	.376
	教师支持	-.835	.056	224.479	1	.000	.434	.389	.484
	课堂纪律	-.488	.049	98.777	1	.000	.614	.558	.676
Slightly true	截距	.817	.041	399.779	1	.000			
	父母支持	-.946	.033	803.885	1	.000	.388	.364	.415
	教师支持	-.543	.035	238.527	1	.000	.581	.542	.622
	课堂纪律	-.339	.029	140.032	1	.000	.712	.673	.753
Very true	截距	1.110	.039	798.034	1	.000			
	父母支持	-.728	.030	581.102	1	.000	.483	.455	.512
	教师支持	-.260	.033	63.188	1	.000	.771	.723	.822
	课堂纪律	-.153	.026	34.954	1	.000	.858	.816	.903

图 11-20　参数估算值

第 12 章 非参数检验

统计学中的假设检验方法主要可分为两类：参数检验和非参数检验。如前文所介绍的 t 检验就是一种典型的参数检验方法，其特点是总体服从正态分布，且参数满足一定的条件。值得注意的是，这样的假定是比较理想的，在现实生活中我们所需要检验的对象往往无法满足如此理想的条件，其总体的分布可能并不明确，或者总体分布的参数情况我们无法确定，而在这种情况下采用参数检验所得到的结果往往存在较大的偏差与不合理性。针对这类问题，统计学家给出的解决方法是非参数检验。

非参数检验作为参数检验的一种替代方法，其检验效果不及参数检验，但其适用范围相较于参数检验更广，特别适用于样本量较小、总体未知或存在偏态、不满足方差齐性等情形。总而言之，非参数检验主要研究如何在总体分布假定比较弱的情况下实现对总体参数的推断。

在教育数据的分析中，非参数检验是一种常用的假设检验方法。

12.1 卡方检验

12.1.1 原理简介

卡方检验（Chi-Square Test）又称为卡方拟合优度检验、吻合性检验、适合性检验，是一种常用的非参数检验方法。卡方检验先通过一定的理论分布推算出样本的期望值，之后构造卡方统计量，将数据的实际观测值与期望值进行比较，检验样本的观测值是否与假定分布的期望值吻合，进而判断相应样本变量所属的总体是否服从某种分布。

进行卡方检验时，先提出原假设 H_0：该样本来自的总体服从某种分布。之后利用观测值的频数和期望值的频数构建检验统计量 χ^2：

$$\chi^2 = \sum \frac{(f_e - f_0)^2}{f_e} \tag{12-1}$$

式中，f_e 表示理论频数或期望频数；f_0 表示实际观测频数。

显然，χ^2 越小说明理论频数与实际观测频数之间的差距越小，样本的观测值越贴近假定分布，因而我们越倾向于接受原假设，即认为样本总体服从假定分布。只有在 χ^2 大到超过我们设定的临界值，即 p 值小于临界值时，我们才应该推翻原假设，认为样本总体不服从假定的分布。

12.1.2 操作步骤

在菜单栏中选择"分析"→"非参数检验"→"旧对话框"→"卡方检验"菜单命令，打开"卡方检验"对话框。如图 12-1 所示。

"卡方检验"对话框主要有四个部分，变量列表、检验变量列表、"期望范围"和"期望值"区域。其中，变量列表和检验变量列表展示的是数据集中已有的变量及我们希望检验的变量。

在"期望范围"区域中，我们可以确定检验值的范围，包括"从数据中获取"和"使用指定范围"两个单选按钮。系统默认选中"从数据中获取"单选按钮，表示根据数据的最小值和最大值确定范围。"使用指定范围"单选按钮用于选择需要检验的变量对应的取值范围，将范围之外的样本排除在外。我们可以在"下限"和"上限"文本框中输入检验区间的最小值和最大值。

在"期望值"区域中，我们可以指定进行卡方检验时输入的期望值，包括"所有类别相等"和"值"两个单选按钮。若选中"所有类别相等"单选按钮，则表示我们认为所有组的检验变量的期望值都相等，即检验变量服从均匀分布。若选中"值"单选按钮，则表示我们想要选择指定的期望值。SPSS将对所有的输入值进行求和，并将每个值除以此和，以计算检验变量中相应类别所期望的个案比例。如输入 2、3、4、5 表示检验变量中各类别所期望的个案比例为 2/14、3/14、4/14、5/14。需要注意的是，所有值的输入顺序需要与检验统计量递增的顺序相同。如 1 代表男性，2 代表女性，若需要检验的男女比例为 3∶7，则需要在"值"文本框中依次输入 3、7 或 0.3、0.7。单击"添加"按钮即可确认输入的期望值。若添加错误，则可单击"除去"按钮移除错误值。单击"更改"按钮将用文本框中输入的数值替换错误值。

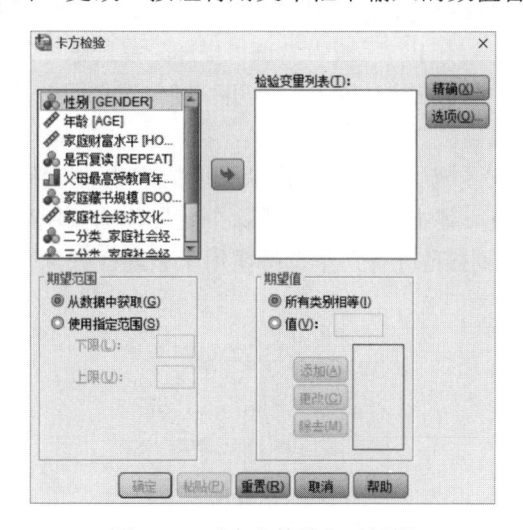

图 12-1　"卡方检验"对话框

此外，我们还注意到，在"卡方检验"对话框的右上方有"精确"和"选项"两个按钮。单击"精确"按钮，打开"精确检验"对话框，如图 12-2 所示，该对话框用于选择计算概率值的方法，包括以下选项。

1．仅渐进法

仅渐进法为系统的默认方法，即采用渐进概率的方式，给出近似的概率值。该方法在样本量较大的情况下可靠性比较强，在样本量较小时可能存在一定的误差。

2．蒙特卡洛法

蒙特卡洛法是一种基于随机抽样的计算方法。当数据集太大无法计算精确的显著性水平，但数据集又不满足渐进法的假设时，可以选择蒙特卡洛法。使用该方法需要在"置信度级别"文本框中添加置信度水平，在"样本数"文本框中添加抽样数目。

3．精确

使用精确法我们可以得到精确的概率值，但其计算量过大，耗费的时间较长。当对检验精度要求很高时，可以选用该方法进行计算。为防止计算时间过长，我们可以设置每个检验的时间限制。

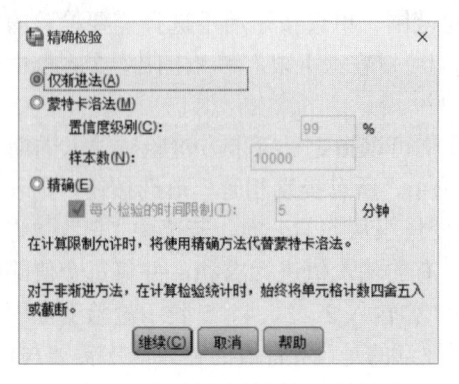

图 12-2　"精确检验"对话框

单击"卡方检验"对话框的"选项"按钮，打开"卡方检验：选项"对话框，如图 12-3 所示，其主要用于指定输出内容及处理缺失值的方法，包括"统计"和"缺失值"两个区域。

（1）统计。我们可以在"统计"区域中勾选"描述"复选框，勾选后系统将报告样本平均值、标准差、最大值、最小值等描述性统计量，还可以勾选"四分位数"复选框，勾选后系统将报告第 25%、50% 和 75% 分位数。

（2）缺失值。"缺失值"区域用于设置处理缺失值的方法，包括"按检验排除个案"和"成列排除个案"两个单选按钮。其中，"按检验排除个案"单选按钮用于剔除在所检验的变量中存在缺失值的个案，而"成列排除个案"单选按钮用于剔除在任意变量上存在缺失值的个案后再进行检验。

图 12-3　"卡方检验：选项"对话框

12.1.3　案例分析

假设我们在以往的研究中，调查出家庭社会经济文化地位水平为高、中、低的学生比例为 1∶2∶1。现在我们获取到 PISA 2018 年中国四省市学生数据中的 30 个样本，并想要通过卡方检验的方法，探索该小样本数据是否也服从这一比例。

在菜单栏中选择"分析"→"非参数检验"→"旧对话框"→"卡方检验"菜单命令，打开"卡方检验"对话框，如图 12-4 所示。将家庭社会经济文化地位水平分类变量放入检验变量列表中，在"期望范围"区域中单击"从数据中获取"单选按钮，在"期望值"区域中单击"值"单选按钮并在文本框中输入 0.25、0.5 和 0.25，对应比例为 1∶2∶1。

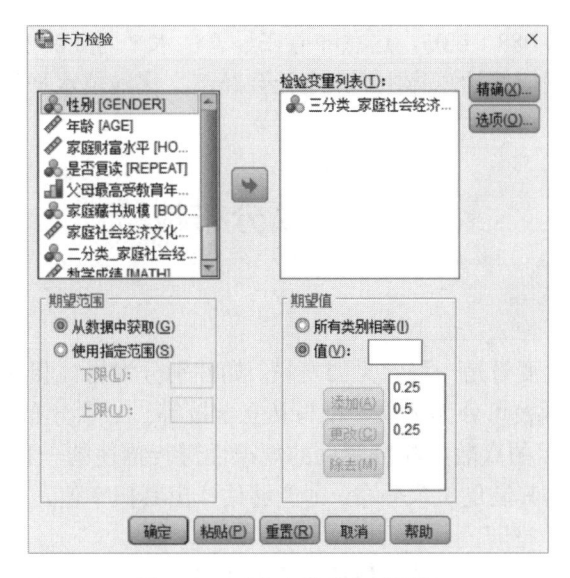

图 12-4 "卡方检验"对话框

完成上述操作后，单击"确定"按钮，即可得到频数统计表和卡方检验统计结果，如图 12-5 和图 12-6 所示。

三分类_家庭社会经济文化地位水平

	实测个案数	期望个案数	残差
低家庭社会经济文化地位水平	5	7.5	-2.5
中家庭社会经济文化地位水平	21	15.0	6.0
高家庭社会经济文化地位水平	4	7.5	-3.5
总计	30		

图 12-5 频数统计表

检验统计

	三分类_家庭社会经济文化地位水平
卡方	4.867[a]
自由度	2
渐近显著性	.088

图 12-6 卡方检验统计结果

频数统计表展示了各家庭社会经济文化地位水平的实测个案数和期望个案数，并显示了两者之间的差距，即残差。我们可以看到，低家庭社会经济文化地位水平和高家庭社会经济文化地位水平下的期望个案数均大于实测个案数，而中家庭社会经济文化地位水平则与之相反。这说明实际分布与 1∶2∶1 的比例有一定差异。我们可以进一步根据卡方检验统计结果探究这一差异是否显著。

从图 12-6 所示的卡方检验统计结果中我们不难看出，在卡方值达到 4.867，自由度为 2 的情况下，渐近显著性为 0.088＞0.05，这意味着在显著性水平为 0.05 的情况下，我们应该接受原假设，认为该样本数据所属的总体中，家庭社会经济文化地位水平的高、中、低三个水平对应的比例为 1∶2∶1。

12.2 二项分布检验

12.2.1 原理简介

在现实生活中，二元变量是一种常见的变量，如性别分为男性和女性，考试结果分为合格与不合格，学生所在的学校可分为公立学校与私立学校等。二项分布（Binomial Distribution）就是对这类只有两个互斥的离散型随机事件的规律性进行描述的一种概率分布。针对这类二元变量，我们若可以确定其满足二项分布，则能够估计出其概率值，并据此对这类变量等于某个其他值的概率进行统计推断。

判断二元变量是否满足二项分布，统计学家给出的方法是二项分布检验。其原假设为 H_0：样本来自的总体与某个假定的二项分布无明显差异。备择假设为 H_1：样本来自的总体与某个假定的二项分布存在明显差异。

12.2.2 操作步骤

在菜单栏中选择"分析"→"非参数检验"→"旧对话框"→"二项"菜单命令，打开"二项检验"对话框，如图 12-7 所示。

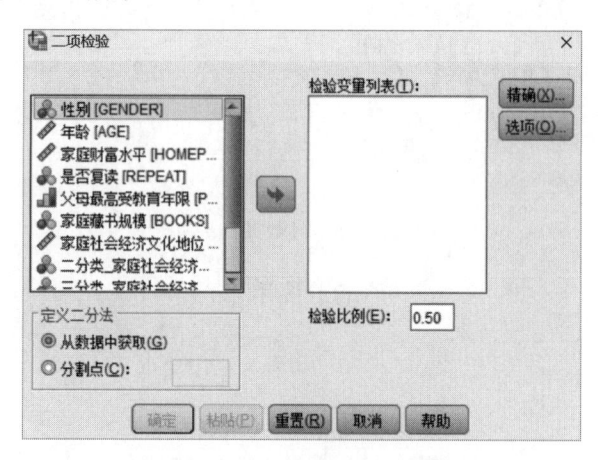

图 12-7 "二项检验"对话框

在该对话框中，我们主要需要对"定义二分法"区域和"检验比例"文本框进行设置。"定义二分法"区域用于定义二元变量。其中，"从数据中获取"适用于检验变量本身就是二元变量的情形，SPSS 会自动将二元检验变量作为标准进行分类。"分割点"用于将非二元变量转化为二元变量，即将小于或等于分割值的样本观测值定义为一组，其余为另一组。"检验比例"文本框用于设置二项分布的检验概率值，即二项分布 $B(n,p)$ 中的概率值 p。SPSS 默认检验比例为 0.5，即检验二元变量是否为同概率分布。

在确定好假定的二项分布后，SPSS 便会自动计算二项分布检验相应的统计量及对应的概率值。若计算出的概率值低于显著性水平，则拒绝原假设，认为该总体与假定的二项分布之间存在显著差异,反之则接受原假设,认为该总体与假定的二项分布之间无显著差异。

与"卡方检验"对话框类似,"二项检验"对话框的右上方也存在"精确"和"选项"两个按钮,其功能与"卡方检验"对话框中的按钮类似,这里不再赘述,下文在涉及此类按钮时将不再进行重复说明。

12.2.3 案例分析

由我们的生活经验可知,学生中的男女分布大致为 1∶1。现在我们从 PISA 2018 年中国四省市的样本中随机抽取 30 个学生样本,并探究这部分样本的男女比例是否均衡。

在菜单栏中选择"分析"→"非参数检验"→"旧对话框"→"二项"菜单命令,打开"二项检验"对话框。将性别变量移入检验变量列表中,由于该变量本身就是二元变量,且我们需要的检验比例为 0.5,因此在"定义二分法"区域中单击"从数据中获取"单选按钮,将检验比例设置为 0.5,如图 12-8 所示。之后单击"确定"按钮,即可得到检验结果。

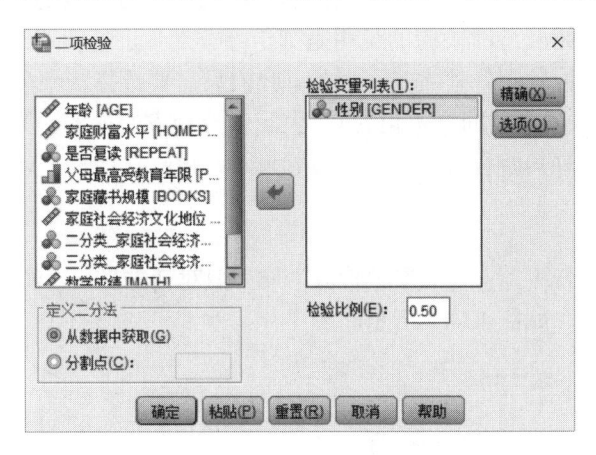

图 12-8 "二项检验"对话框

在图 12-9 所示的二项检验结果中,男性个案数为 16,女性个案数为 14,两者的实测比例分别为 0.53 和 0.47,与检验比例 0.5 相比差别并不大。从显著性水平来看,该案例的显著性水平为 0.856,显然大于 0.05,因此我们选择接受原假设,认为我们抽取的 30 个学生样本中男性和女性所对应总体的男女比例为 1∶1。

二项检验

		类别	个案数	实测比例	检验比例	精确显著性(双尾)
性别	组 1	男性	16	.53	.50	.856
	组 2	女性	14	.47		
	总计		30	1.00		

图 12-9 二项检验结果

12.3 游程检验

12.3.1 原理简介

我们知道,许多统计学模型的假设都要求观测值是独立的,也就是说,搜集到的样本顺序是不相关的，改变样本的顺序并不会影响统计结果。如果样本顺序会对统计结果造成一定的影响，那么说明样本不是随机的，我们也就无法从中得出关于抽样总体的可靠结论。因此，我们需要一种检验方法对数据的随机性进行检验，游程检验便是一种常用的非参数随机性检验方法。

游程检验是一种利用游程数对单样本的随机性进行检验的方法。所谓游程数，是指二元变量有相同取值的几个连续记录。以投硬币试验为例，假设 1 表示正面，0 表示反面，在进行了若干次投掷后，将得到一个由 1、0 组成的数据序列，如 110001100111，最前面的两个 1 为一个游程，游程的长度为 2，后面的三个 0 为第二个游程，游程的长度为 3，依次类推，这个序列包含五个游程。显然，如果数据序列的游程数过少，如 00001111 只有两个游程，那么我们有理由认为这是小概率事件，进而怀疑这批数据的抽取是非随机的。因此，在游程检验中，我们将原假设 H_0 记为：二元变量的排列是随机的，应该有较多的游程数。若游程数很少，则可能拒绝原假设，认为变量的排列是非随机的，即抽样过程具有一定的选择性。

上述关于游程的介绍及游程检验的说明是基于分类变量进行阐述的，那么针对连续变量，我们是否可以进行游程检验呢？答案是可以的。我们只需要选择一个分割点（如平均数、中位数等），将小于或等于该分割点的样本记为 0，大于该分割点的样本记为 1，便可将连续变量转换为二元变量，进而计算其游程数，进行游程检验。

12.3.2 操作步骤

在菜单栏中选择"分析"→"非参数检验"→"旧对话框"→"游程检验"菜单命令，打开"游程检验"对话框，如图 12-10 所示。

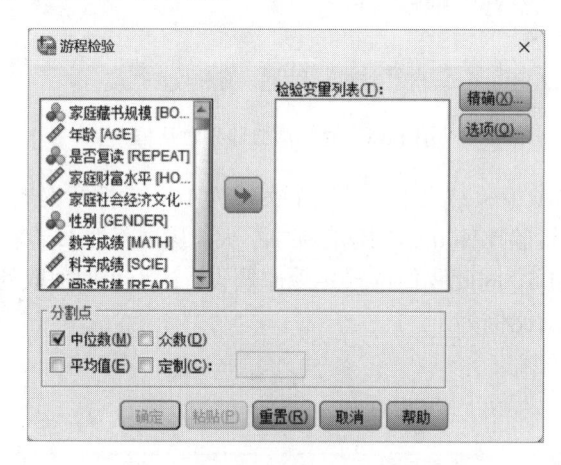

图 12-10 "游程检验"对话框

SPSS 游程检验的操作步骤较为固定，主要需要对分割点进行选择。系统为我们提供了四个选项，分别是"中位数"、"众数"、"平均值"和"定制"。其中，"中位数"、"众数"和"平均值"可由检验变量自动计算得到，"定制"值是我们可以自主选择的分割点。

在确定分割点后，系统自动将小于等于分割点的样本设置为 0，其余值设置为 1，之后便可进行游程检验。

12.3.3 案例分析

我们从 PISA 2018 年中国四省市的数据中抽取了 30 个学生样本，为确定该抽样是否随机，我们选择数学成绩作为检验变量进行游程检验。

在菜单栏中选择"分析"→"非参数检验"→"旧对话框"→"游程检验"菜单命令，将数学成绩放入检验变量列表中。由于该变量为连续变量，因此我们需要选择合适的分割点将其分割为二元变量进行检验。在这里，我们选择数学成绩的平均值作为分割点，如图 12-11 所示。单击"确定"按钮，进行游程检验。

从图 12-12 所示的游程检验结果中，我们可以发现，有 13 个学生样本的数学成绩小于检验值（平均值），17 个学生样本的数学成绩大于等于检验值，相对比较均衡，因此我们认为将平均值作为检验值是较为合理的。

在此基础上，共计算得到 17 个游程，在仅抽取 30 个样本的情况下该游程数较为可观。Z 统计量为 0.290，对应的渐近显著性为 $0.772 > 0.05$，因此无法推翻样本随机排列的原假设，即我们认为抽取样本的过程是随机的。

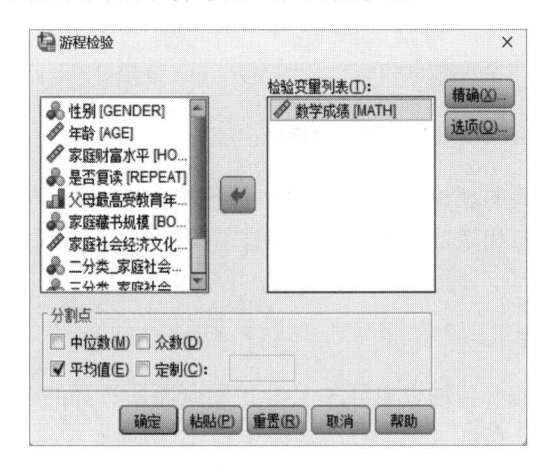

图 12-11　"游程检验"对话框

图 12-12　游程检验结果

12.4　单样本 K-S 检验

12.4.1　原理简介

单样本 K-S 检验全称为单样本柯尔莫戈洛夫-斯米诺夫（Kolmogorov-Smirnov）Z 检验，是一种针对连续分布的拟合优度非参数检验方法，它将一个变量的实际频率分布与正态分布（Normal）、均匀分布（Uniform）、泊松分布（Poisson）等分布进行比较，从而探究单样本是否符合该分布。单样本 K-S 检验为我们提供了一种除 P-P 图、Q-Q 图之外更精确的分布检验方法。一般来说，单样本 K-S 检验是比卡方检验更精确的非参数检验方法。

单样本 K-S 检验的原假设为 H_0：样本来自的总体与假定分布无显著差异。备择假设为 H_1：样本来自的总体与假定分布之间有显著差异。

单样本 K-S 检验的思想是：根据样本数据及假定的分布类型构造出理论分布，并计算累计概率分布函数 $F_0(x)$，之后将其与直接根据样本数据计算得到的各样本数据点的经验累积概率分布函数 $G_0(x)$ 作差，得到差值序列 $D(x)$ 的最大值 D_{max}。显然，若 D_{max} 很大，则说明样本数据与假定分布的偏离程度较大，不应该认为样本数据服从该假定分布，因此拒绝原假设 H_0；反之，接受原假设。

12.4.2 操作步骤

在菜单栏中选择"分析"→"非参数检验"→"旧对话框"→"单样本 K-S"菜单命令，打开"单样本柯尔莫戈洛夫-斯米诺夫检验"对话框，如图 12-13 所示。

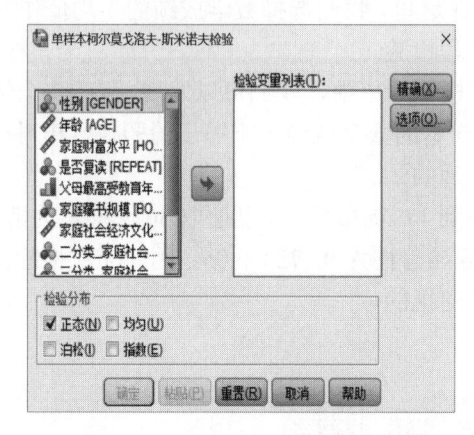

图 12-13 "单样本柯尔莫戈洛夫-斯米诺夫检验"对话框

在"检验分布"区域中，我们可以选择待检验的理论分布。SPSS 为我们提供了四种可检验的分布，分别为正态分布、均匀分布、泊松分布和指数分布。在选择好需要检验的分布后，单击"确定"按钮即可进行单样本 K-S 检验。

12.4.3 案例分析

以 PISA 2018 年中国四省市的数据为例，我们希望通过单样本 K-S 检验判断所选择的 30 个学生样本的数学成绩所属的总体是否服从正态分布。

在菜单栏中选择"分析"→"非参数检验"→"旧对话框"→"单样本 K-S"菜单命令，打开"单样本柯尔莫戈洛夫-斯米诺夫检验"对话框，并将数学成绩放入检验变量列表中，检验分布选择正态分布，如图 12-14 所示。单击"确定"按钮，即可得到检验结果。

对数学成绩进行单样本 K-S 检验的结果如图 12-15 所示。

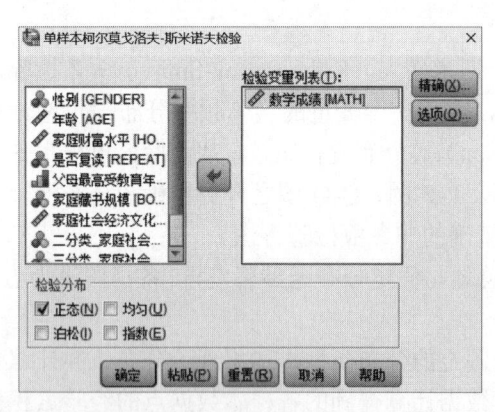

单样本柯尔莫戈洛夫-斯米诺夫检验		
		数学成绩
个案数		30
正态参数[a,b]	平均值	602.77330
	标准 偏差	86.793209
最极端差值	绝对	.102
	正	.102
	负	-.100
检验统计		.102
渐近显著性（双尾）		.200[c,d]
a. 检验分布为正态分布。		
b. 根据数据计算。		
c. 里利氏显著性修正。		
d. 这是真显著性的下限。		

图 12-14 "单样本柯尔莫戈洛夫-斯米诺夫检验"对话框　　图 12-15 单样本 K-S 检验的结果

单样本 K-S 检验的结果显示，在 30 个学生的数学成绩样本中，检验统计量为 0.102，渐近显著性（双尾）为 0.200＞0.05，因而我们应该接受原假设，即认为我们选取的 30 个学生样本的数学成绩所属的总体服从正态分布。

12.5 双独立样本非参数检验

12.5.1 原理简介

双独立样本非参数检验可以让我们在对总体分布不甚了解的情况下，通过挖掘样本信息，推断样本所在的两个独立的总体分布是否存在显著差异。具体来看，可对比两个独立样本的平均值、中位数、离散趋势、偏度等指标，从而判断其是否存在显著差异，即两个总体的分布是否独立。

12.5.2 操作步骤

在菜单栏中选择"分析"→"非参数检验"→"旧对话框"→"2个独立样本"菜单命令，打开"双独立样本检验"对话框，如图12-16所示。

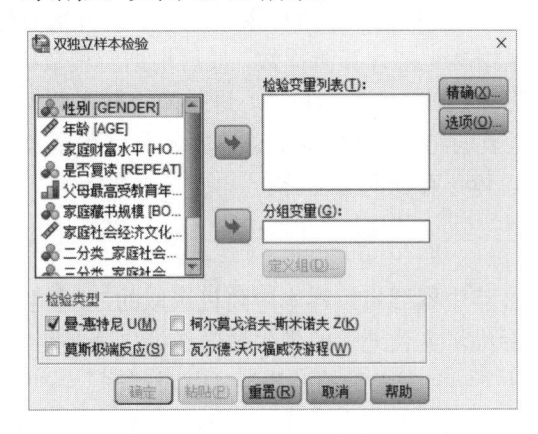

图12-16 "双独立样本检验"对话框

该对话框包含现有变量列表、检验变量列表、"分组变量"列表和"检验类型"四个区域。其中，检验变量列表用于添加需要进行双独立样本检验的变量，分组变量用于区分检验变量的不同组别。

在"检验类型"区域中，SPSS提供了四种双独立样本非参数检验的方法，分别是曼-惠特尼U（Mann-Whitney U）检验、柯尔莫哥洛夫-斯米诺夫Z（Kolmogorov-Smirnov Z）检验、莫斯极端反应（Moses Extreme Reaction）检验、瓦尔德-沃尔福威茨游程（Wald-Wolfowitz Runs）检验，这里对其进行简要介绍。

1. 曼-惠特尼U检验

曼-惠特尼U检验是最常用的双独立样本非参数检验，其主要通过对平均秩（Rank）的研究来推断两个独立样本的总体平均值有无明显差异。简单而言，秩就是名次。当我们将一组数据按照某个指标进行升序或降序排列时，每个样本都会有一个在整体数据中的名次，这就是该样本的秩。获取每个样本的秩以后，我们便可以通过对秩进行运算，构建统计量，进而进行检验与推断。

曼-惠特尼U检验的主要思路是：先将两组样本数据$(X_1, X_2, ..., X_m)$与$(Y_1, Y_2, ..., Y_n)$进行

混合，然后将其按照升序排列，并计算每个样本数据的秩，之后对两组样本数据的秩求平均值，并构建统计量，最后比较平均秩的差异。如果两者的差异过大，那么我们便有理由拒绝原假设，认为两组样本对应的总体不是相互独立的。

2. 柯尔莫哥洛夫-斯米诺夫 Z 检验

柯尔莫哥洛夫-斯米诺夫 Z 检验与单样本 K-S 检验的思想非常类似。我们先将两组样本数据混合并按照升序排列，得到样本数据的秩。然后通过计算两组样本数据秩的累计频率的差，得到差值序列，并计算差值序列的最大值从而得到 D 统计量。最后通过 D 统计量的大小衡量两组样本数据的差异，进而判断两组样本数据是否相互独立。

3. 莫斯极端反应检验

莫斯极端反应检验的基本思想是：将一组样本作为控制组，将另一组样本作为实验组，并通过比较实验组和对照组的极值是否存在显著差异，即是否出现极端反应，来判断两个总体的分布有无显著差异。

4. 瓦尔德-沃尔福威茨游程检验

与单样本游程检验类似，瓦尔德-沃尔福威茨游程检验同样需要先将两组样本数据进行混合并按升序排列，然后基于组标记值计算游程数，最后根据游程数构建统计量。如果游程数很少，那么说明两组样本数据一组偏大，一组偏小，这时两组样本数据来自同一分布的可能性很小，因此可以得出拒绝原假设的结论，认为两个总体的分布存在显著差异。反之则接受原假设，认为两组样本数据对应的总体不存在明显差异。

12.5.3　案例分析

本案例基于 PISA 2018 年中国四省市样本中随机选取的 30 个学生数据，探究高家庭社会经济文化地位和低家庭社会经济文化地位的学生数学成绩之间是否存在显著差异。

在菜单栏中选择"分析"→"非参数检验"→"旧对话框"→"2 个独立样本"菜单命令，打开"双独立样本检验"对话框，并将数学成绩放入检验变量列表中，将二分类_家庭社会经济文化地位水平选入"分组变量"列表中，如图 12-17 所示。

由于本案例中用 0 代表低家庭社会经济文化地位，1 代表高家庭社会经济文化地位，因此单击"定义组"按钮，打开"双独立样本：定义组"对话框，在"组 1"文本框中输入 0，"组 2"文本框中输入 1，如图 12-18 所示。SPSS 将根据这两个值确定分组，将所选变量的观测值分为两个组别，并将检验变量中不属于这两个组别的样本排除在外。单击"继续"按钮返回"双独立样本检验"对话框，勾选"曼-惠特尼 U"复选框，单击"确定"按钮，进行检验。

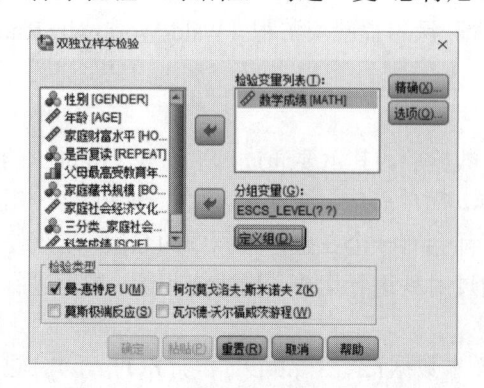

图 12-17　"双独立样本检验"对话框 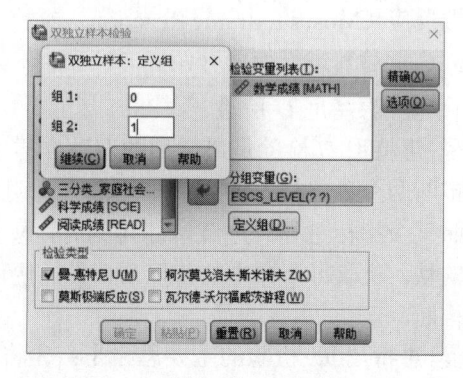　　　　图 12-18　"双独立样本：定义组"对话框

该检验可得到秩统计表和检验统计表，如图 12-19 和图 12-20 所示。

秩

	二分类_家庭社会经济文化地位水平	个案数	秩平均值	秩的总和
数学成绩	低家庭社会经济文化地位	13	10.85	141.00
	高家庭社会经济文化地位	17	19.06	324.00
	总计	30		

图 12-19　秩统计表

检验统计[a]

	数学成绩
曼-惠特尼 U	50.000
威尔科克森 W	141.000
Z	-2.532
渐近显著性（双尾）	.011
精确显著性[2*(单尾显著性)]	.010[b]

图 12-20　检验统计表

从秩统计表可以看出，低家庭社会经济文化地位的学生有 13 人，秩平均值为 10.85，高家庭社会经济文化地位的学生有 17 人，秩平均值为 19.06。这说明，将两组学生的数学成绩混合升序排列后，高家庭社会经济文化地位学生的数学成绩排序更靠后，这意味着其数学成绩相对更高，两组学生的数学成绩分布存在一定差异。

从检验统计表可以看出，渐近显著性（双尾）为 0.011 < 0.05，这说明两组学生的数学成绩差异是显著的，即应该拒绝原假设，认为高、低家庭社会经济文化地位学生的数学成绩分布存在显著差异。

12.6　多独立样本非参数检验

12.6.1　原理简介

在上一节中，我们探究了如何对两个独立样本进行非参数检验，其适用于两个独立组之间非正态分布连续变量的差异比较。而当我们需要比较的独立组的数量上升到三个或三个以上时，上述方法便不再适用，这时我们需要借助新的非参数检验工具——多独立样本非参数检验。多独立样本非参数检验通过分析多组独立样本数据，推断样本所在的多个总体的分布是否存在显著差异。

12.6.2　操作步骤

在菜单栏中选择"分析"→"非参数检验"→"旧对话框"→"K 个相关样本"菜单命令，打开"针对多个独立样本的检验"对话框，如图 12-21 所示。

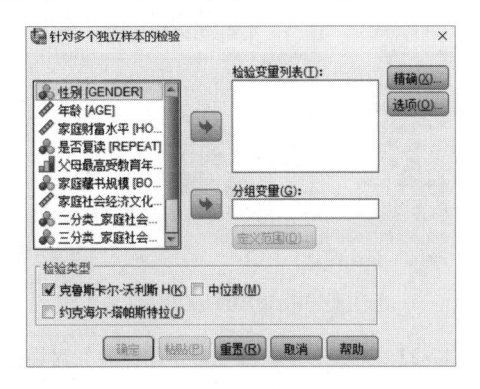

图 12-21　"针对多个独立样本的检验"对话框

与"双独立样本检验"对话框类似，该对话框同样包含现有变量列表、检验变量列表、"分组变量"列表和"检验类型"四个区域。SPSS 提供的多独立样本非参数检验方法包括克鲁斯卡尔-沃利斯 H（Kruskal-Wallis H）检验、中位数检验和约克海尔-塔帕斯特拉（Jonckheere-Terpstra）检验，这里对其进行简单介绍。

1．克鲁斯卡尔-沃利斯 H 检验

克鲁斯卡尔-沃利斯 H 检验实际上是双独立样本非参数检验中的曼-惠特尼 U 检验在多个独立样本下的推广，用于判断多组样本数据之间是否存在显著差异。其同样先将多组样本数据混合后进行升序排列，然后考察各组样本数据的秩有无明显差异。如果差异不明显，那么说明各组样本数据是充分混合的，未出现明显分层，进而拒绝原假设，认为各组样本数据对应的总体存在显著差异。

2．中位数检验

中位数检验先将所有组别的数据合并计算中位数，然后计算各组样本中大于或等于该中位数的样本个数。通过比较各组满足条件的样本数据的差异，推测其总体分布的差异。实际上，仅仅通过中位数的差异判断总体分布的差异是较为牵强的，因此中位数检验也是三种方法中检验效果相对较差的一种方法。

3．约克海尔-塔帕斯特拉检验

约克海尔-塔帕斯特拉检验用于检验分组变量与各组别是否有顺序效应，对连续变量和有序分类变量都适用，且当分组变量为有序分类变量时，该方法的检验效果要优于克鲁斯卡尔-沃特斯 H 检验。

12.6.3　案例分析

本案例基于 PISA 2018 年中国四省市学生数据中随机选取的 30 个学生样本，通过多个独立样本非参数检验，探究家庭藏书规模与学生的数学成绩之间是否存在显著关联，即在不同的家庭藏书规模下学生的数学成绩分布是否有显著差异。其中，家庭藏书规模为有序分类变量，学生的数学成绩为连续变量。

在菜单栏中选择"分析"→"非参数检验"→"旧对话框"→"K 个相关样本"菜单命令，打开"针对多个独立样本的检验"对话框，选择数学成绩作为检验变量，放入检验变量列表中，选择家庭藏书规模作为分组变量，放入"分组变量"列表中，如图 12-22 所示。

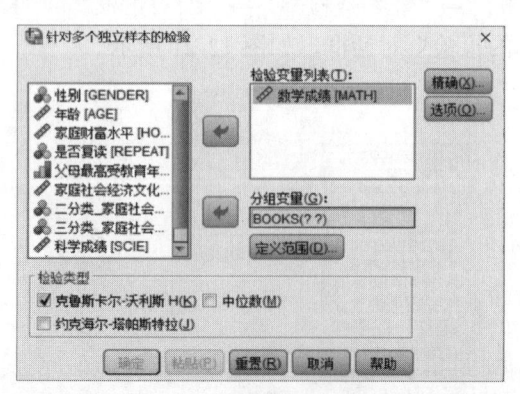

图 12-22　"针对多个独立样本的检验"对话框

单击"分组变量"列表下的"定义范围"按钮，打开"多个独立样本：定义范围"对话框。

由于家庭藏书规模这一变量为分类变量，分别用 1~6 代表不同的家庭藏书规模，因此最小值选择 1，最大值选择 6，如图 12-23 所示。SPSS 将依据这两个值及两个值之间的整数值将样本分为若干份，并将其他数值排除在检验分析之外。设置完成后，单击"继续"按钮，返回"针对多个独立样本的检验"对话框。

在"针对多个独立样本的检验"对话框中同时勾选"克鲁斯卡尔-沃利斯 H"和"约克海尔-塔帕斯特拉"复选框，然后单击"确定"按钮。

基于上述操作，可得到秩统计表，如图 12-24 所示。

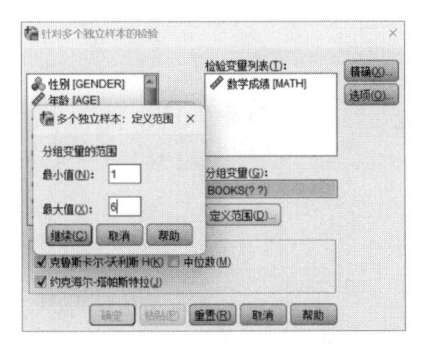

图 12-23　"多个独立样本：定义范围"对话框　　　　图 12-24　秩统计表

秩统计表依据家庭藏书规模将样本进行分类，并统计了各类样本的个案数和秩平均值。例如，家庭藏书规模为 0~10 本的学生有 1 个，秩平均值为 3.00；家庭藏书规模为 11~25 本的学生有 3 个，秩平均值为 9.00。可以看出，随着家庭藏书规模的扩大，秩平均值也保持升高的趋势，说明家庭藏书规模越大，学生的数学成绩在混合升序排列中的次序越靠后，即数学成绩越高。

从图 12-25 和图 12-26 所示的检验结果中我们可以看出，克鲁斯卡尔-沃利斯 H 统计量为 12.203，当自由度为 5 时，渐近显著性达到 0.032，小于 0.05，而约克海尔-塔帕斯特拉检验的渐近显著性为 0.001，小于 0.05，这两个检验结果都说明在统计意义上不同的家庭藏书规模下学生的数学成绩分布存在较为显著的差异。

图 12-25　克鲁斯卡尔-沃利斯 H 检验结果　　　　图 12-26　约克海尔-塔帕斯特拉检验结果

12.7　双关联样本非参数检验

12.7.1　原理简介

双关联样本非参数检验是在对两组关联样本的总体分布不甚了解的情况下，推断样本所属的两个总体的分布是否存在显著差异的方法。该检验方法对两组数据所服从的分布不做要求，但要求数据必须是成对出现的，且顺序不能随意调换。

双关联样本非参数检验适用于对同一个被试对象处理前后的某项特征进行比较，以探究某项处理有无明显效果。

12.7.2 操作步骤

在菜单栏中选择"分析"→"非参数检验"→"旧对话框"→"K 个相关样本"菜单命令，打开"双关联样本检验"对话框，如图 12-27 所示。

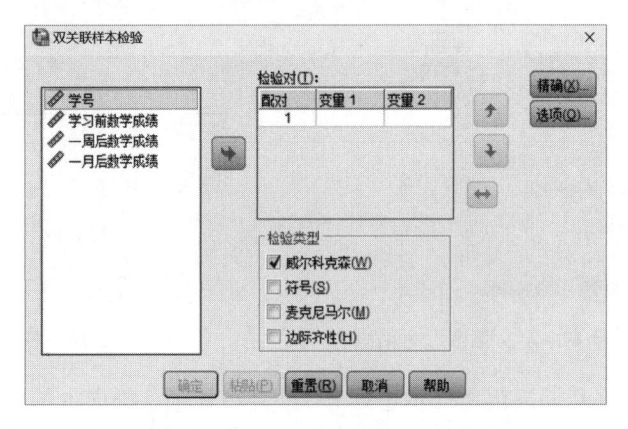

图 12-27 "双关联样本检验"对话框

在该对话框中主要包含三个部分：变量列表、"检验对"列表和"检验类型"区域。

在具体操作中，我们可以对两个关联样本的数据进行秩和检验（差异比较检验）。SPSS 提供了四种检验方法，具体介绍如下。

1．符号检验

符号检验是最原始的非参数检验方法之一。其逻辑构想是：如果两个关联样本对应的总体没有差别，那么样本数据配对相减得到的差值应该正负各占一半，即差值为正的个数和差值为负的个数应该大致相等。若两者相差很大，则可拒绝原假设，认为两个关联样本的总体分布存在显著差别。

2．威尔科克森（Wilcoxon）符号秩检验

威尔科克森（Wilcoxon）符号秩检验是对符号检验的改进。其先将两个关联样本相减得到差值，并依据差值的正负号将其分为正组和负组，再计算差值的秩，并得到平均正号秩和平均负号秩。若两者大致相等，则可认为两个关联样本的正负变化程度相当，两个关联样本所属总体的分布无明显差异。

3．麦克尼马尔（McNemar）检验

将研究对象作为对照，检验其前后的变化是否显著，该方法适用于相关的二元变量。其实际上是配对的卡方检验。

4．边际齐性（Marginal Homogeneity）检验

边际齐性检验使用似然边际估计检验，是麦克尼马尔检验在多分类情况下的推广，适用于有序分类变量。

12.7.3 案例分析

由于 PISA 是一项教育调查而非教育实验，不涉及对某一学生群体施加某种影响前后效果的检验。因此，我们选用"翻转课堂"教学数据进行案例分析。

为测试引入"翻转课堂"教学模式对学生的数学成绩有无影响，选取 25 名中学生样本，测试其数学成绩，并在引入"翻转课堂"教学模式一周后用难度相同的试卷再次测试学生的数学成绩。我们需要利用双关联样本非参数检验方法，检验"翻转课堂"教学模式是否对学生的数学成绩产生了显著影响。

在菜单栏中选择"分析"→"非参数检验"→"旧对话框"→"2 个相关样本"菜单命令，打开"双关联样本检验"对话框，将变量"学习前数学成绩"和"一周后数学成绩"放入"检验对"列表中作为变量 1 和变量 2，选择威尔科克森符号秩检验方法，如图 12-28 所示。单击"确定"按钮进行检验。

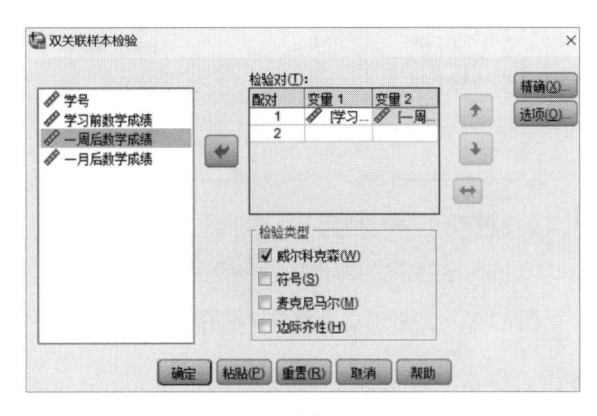

图 12-28 "双关联样本检验"对话框

得到的秩统计结果如图 12-29 所示。

从秩统计结果可以看出，负秩个数为 0，正秩个数为 25。负秩平均值为 0.00，正秩平均值为 13.00，反映出 25 个学生在接受"翻转课堂"教学模式一周后的数学成绩相较于初始数学成绩均有提高。

图 12-29 秩统计结果

图 12-30 检验统计结果

检验统计结果如图 12-30 所示，Z 统计量为-4.372，渐近显著性为 0.000，小于 0.05，因此我们选择拒绝原假设，认为相较于引入"翻转课堂"教学模式之前，引入"翻转课堂"教学模式一周后学生的数学成绩发生了显著变化。

12.8 多相关样本非参数检验

12.8.1 原理简介

要推断多个相关样本之间是否具有相同的分布，就要借助于多相关样本非参数检验方法，它的基本原理与双关联样本非参数检验类似。

12.8.2 操作步骤

在菜单栏中选择"分析"→"非参数检验"→"旧对话框"→"K 个相关样本"菜单命令，打开"针对多个相关样本的检验"对话框，如图 12-31 所示。

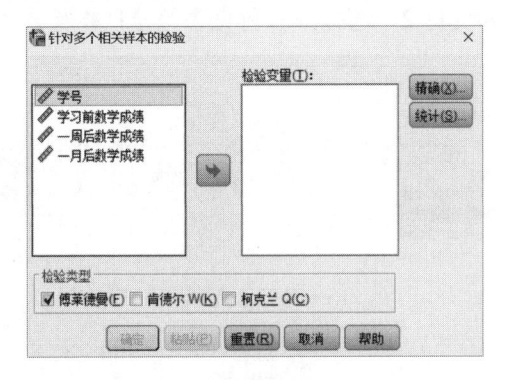

图 12-31　"针对多个相关样本的检验"对话框

SPSS 提供了三种多相关样本非参数检验方法。

1．傅莱德曼（Friedman）检验

傅莱德曼检验是利用秩检验多总体分布是否存在显著差异的非参数检验方法。其假定多个相关样本对应的总体分布无明显差异，先以行为单位对数据进行升序排列，并计算各变量值在各自行中的秩，然后计算各组样本的秩的和与平均值。若各组样本的平均值相差较大，则可能拒绝原假设，认为多个相关样本对应的总体存在显著差异。

2．肯德尔（Kendall）W 检验

肯德尔 W 检验通过计算肯德尔协同系数 W，推断各样本的关联程度，以检验多个相关样本是否来自同一分布的总体。肯德尔协同系数 W 越接近 1，说明多个样本的表现越一致。

3．柯克兰（Cochran）Q 检验

柯克兰 Q 检验作为双关联样本麦克尼马尔检验在多样本情况下的推广，只适用于二元变量。

12.8.3 案例分析

与上节双关联样本非参数检验相同，为了检验"翻转课堂"教学模式对学生的数学成绩有无提升效果，采用相同难度的试卷测试了 25 名中学生利用"翻转课堂"学习前、学习一周后和学习一个月后的数学成绩，并通过多相关样本非参数检验探究其是否有明显差异。

在菜单栏中选择"分析"→"非参数检验"→"旧对话框"→"K 个相关样本"菜单命令，打开"针对多个相关样本的检验"对话框，将"学习前数学成绩"、"一周后数学成绩"和"一月后数学成绩"放入"检验变量"列表中，勾选"傅莱德曼"复选框，如图 12-32 所示。单击"确定"按钮进行检验。

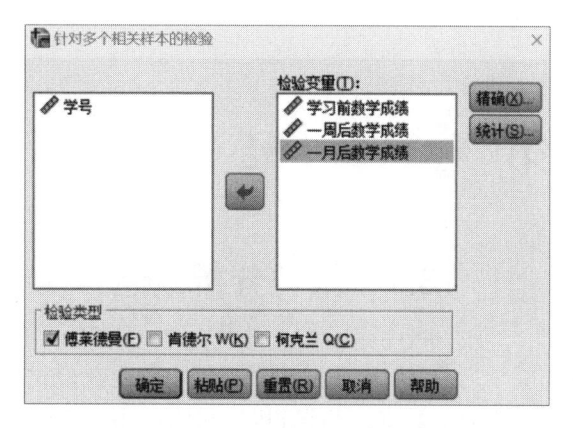

图 12-32 "针对多个相关样本的检验"对话框

得到的秩统计结果和检验统计结果如图 12-33 和图 12-34 所示。

由于该案例涉及三个变量,因此各行计算得到的秩平均值应该在 1 到 3 之间。其中,学习前数学成绩的秩平均值最低,为 1.00,一周后数学成绩的秩平均值最高,为 2.92。

从秩统计结果不难看出,学习前数学成绩、一周后数学成绩和一月后数学成绩这几个变量对应的秩平均值两两之间存在较大差别,说明对应的数学成绩存在一定程度的偏差。

秩

	秩平均值
学习前数学成绩	1.00
一周后数学成绩	2.92
一月后数学成绩	2.08

图 12-33 秩统计结果

检验统计[a]

个案数	25
卡方	46.320
自由度	2
渐近显著性	.000

a. 傅莱德曼检验

图 12-34 检验统计结果

检验统计结果显示,卡方值为 46.320,渐近显著性为 0.000,小于 0.05,因此我们有理由拒绝三组变量无明显差异的原假设,认为学习前数学成绩、一周后数学成绩和一月后数学成绩存在一定的差异,进而说明"翻转课堂"教学模式对学生的数学成绩产生了较为显著的影响。

第 13 章 聚类分析

13.1 聚类分析概述

聚类分析是一种无监督学习方法，用于发现数据集中的内在模式和结构。它通过计算数据点之间的相似度或距离，将相似的数据点归类到同一组别。聚类分析不需要具体的类别信息，而是根据研究对象的特征，按照一定标准对研究对象进行分类。其目标是使组内的研究对象具有最高的相似度，而不同组的研究对象具有较大的差异性。聚类分析广泛应用于数据挖掘、模式识别、图像处理、生物信息学等领域。在实际应用中，SPSS 等工具可以方便地进行聚类分析，帮助用户实现分类过程。

13.1.1 聚类分析的基本概念与原理

聚类分析是一种建立分类的多元统计分析方法，用于将相似的数据对象组合成不同的类或簇（Cluster），以揭示数据间的内在结构和模式。其主要目标是通过计算数据对象之间的相似度或距离来将它们分类，使同一类的数据对象尽可能相似，不同类的数据对象尽可能不相似。作为一种探索性分析方法，与判别分析不同，人们在进行聚类分析时事先并不知道分类的标准，甚至不知道应该分成几类，而聚类分析会根据样本数据的特征，自动进行分类。

聚类分析的基本原理是基于数据对象之间的相似性进行分类。常见的相似性测量方法包括欧氏距离、曼哈顿距离、余弦相似度等。在聚类分析中，类内部的个体在特征上具有相似性，对于不同类的个体，其特征的差异性较大。

1. 相似性测量

在聚类分析中，个体间的相似性是极为重要的，将影响最终的聚类结果，对相似性的测量主要是指对个体间的差异程度进行测量，利用某种距离来测度。由于不同变量个体间的距离有不同的计算方式，下面将介绍定距型变量、非定距型变量（定序与定类）和二元变量常用的距离计算方式。

1）定距型变量

① 闵氏距离

闵可夫斯基距离（Minkowski Distance）又称闵氏距离，指两个个体之间变量差值的 k 次方之和的 k 次方根，闵氏距离是一类距离的总称，根据参数取值的不同，闵氏距离有三种不同的形式。闵式距离的数学表达式为

$$d_{xy} = \sqrt[k]{\sum_{i=1}^{n}(x_i - y_i)^k} \tag{13-1}$$

当 $k=1$ 时，闵式距离称为绝对距离，又称块距离（Block Distance），指两个个体之间变量差值绝对值的最大值，其数学表达式为

$$d_{xy} = \sum_{i=1}^{n}|x_i - y_i| \tag{13-2}$$

当 $k=2$ 时，闵式距离称为欧式距离（Euclidean Distance），又称 $L2$ 范数，是一个普遍采用的距离定义，指在 m 维空间中两个点之间的真实距离或向量的自然长度（该点到原点的距离）。其数学表达式为

$$d_{xy} = \sqrt[2]{\sum_{i=1}^{n}(x_i - y_i)^2} \tag{13-3}$$

当 $k=\infty$ 时，闵式距离称为切比雪夫距离（Chebyshev Distance），指两个个体之间变量差值绝对值的最大值，常用于图像处理和模式识别，强调最大的差异，有时也称最大的距离，其数学表达式为

$$d_{xy} = \max|x_i - y_i| \tag{13-4}$$

② 兰氏距离

兰氏距离（Lance and Williams Distance）是由 Lance 和 Williams 最早提出的。先对每个维度上的差值进行求和，然后用这些差值分别除以它们各自的绝对值之和，最后将所有结果相加并取平均值得到兰氏距离。这个距离避免了量纲的影响，但没有考虑指标间的相关性。其数学表达式为

$$d_{ij}(L) = \frac{1}{m}\sum_{k=1}^{m}\frac{|x_{ik} - x_{jk}|}{(|x_{ik} + x_{jk}|)} \tag{13-5}$$

③ 马式距离

马氏距离（Mahalanobis Distance）用于衡量多维空间中样本之间的距离，考虑了数据之间的相关性。马氏距离可以看作对欧氏距离的一种修正，修正了欧式距离中各个维度下尺度不一致且相关的问题，这使其更适用于高维数据集和具有相关性的特征。其数学表达式为

$$d_{ij}^2 = (X_i - X_j)'\Sigma^{-1}(X_i - X_j) \tag{13-6}$$

④ 夹角余弦距离

夹角余弦距离（Cosine Distance）又称余弦相似度。

夹角余弦距离衡量的是两个向量之间的方向差异，而不是它们的大小差异。因此，夹角余弦距离能够反映出两个向量在空间中的夹角大小，从而度量它们的相似性。余弦值的取值范围为[-1,1]，夹角越小，越趋近于 0 度，余弦值越接近于 1，两个向量的方向越吻合；当两个向量的方向完全相反时，余弦取最小值-1；当余弦值为 0 时，两向量正交，夹角为 90 度。由此可以看出，夹角余弦距离与向量的幅值无关，只与向量的方向有关。

夹角余弦距离的数学表达式为

$$d_{xy} = \frac{\sum_{i=1}^{n}(x_i y_i)^2}{\sqrt{\sum_{i=1}^{n}(x_i)^2}\sqrt{\sum_{i=1}^{n}(y_i)^2}} \tag{13-7}$$

⑤ 皮尔逊相关系数

皮尔逊相关系数（Pearson Correlation Coefficient），又称皮尔逊积矩相关系数（Pearson Product-Moment Correlation Coefficient，PPMCC），用于度量两个变量 x 和 y 之间的线性相关性，其值介于-1 与 1 之间。

皮尔逊相关系数的数学表达式为

$$\rho(x,y)=\frac{\operatorname{cov}(x,y)}{\sigma(x)\sigma(y)}=\frac{\sum_{i=1}^{n}(x-\bar{x})(y-\bar{y})}{|x-\bar{x}||y-\bar{y}|} \tag{13-8}$$

2）非定距型变量
① 卡方距离

$$d_{xy}=\sqrt{\sum_{i=1}^{k}\frac{\left[x_i-E(x_i)\right]^2}{E(x_i)}+\sum_{i=1}^{k}\frac{\left[y_i-E(y_i)\right]^2}{E(y_i)}} \tag{13-9}$$

② Phi 平方距离

$$d_{xy}=\sqrt{\frac{\sum_{i=1}^{k}\frac{\left[x_i-E(x_i)\right]^2}{E(x_i)}+\sum_{i=1}^{k}\frac{\left[y_i-E(y_i)\right]^2}{E(y_i)}}{n}} \tag{13-10}$$

3）二元变量
① 简单匹配系数

简单匹配系数建立在两个个体的 k 个变量值同时为 0 或 1 和同时不为 0 或 1 的频数表的基础之上。

简单匹配系数用于考察两个个体的差异性，如表 13-1 所示，其数学表达式为

$$p(x,y)=\frac{b+c}{a+b+c+d} \tag{13-11}$$

表 13-1 频数表

个体 x	个体 y	
	1	0
1	a	b
0	c	d

② 雅可比系数

雅克比系数和简单匹配系数类似，只是忽略了两个个体的 k 个变量值同时为 0 的频数，其数学表达式为

$$p(x,y)=\frac{b+c}{a+b+c} \tag{13-12}$$

2．聚类分析的分类

根据分析对象的不同，聚类分析可分为样本聚类（Q 型聚类）和变量聚类（R 型聚类）。

1）样本聚类

样本聚类，也称对象聚类，其目标是将具有相似特征的样本（数据点或观测记录）归入同一类，而将差异较大的样本分配到不同的类中。这一过程旨在识别数据集的内在结构，无监督地将样本按照其特征属性的相似性自动划分为若干个非重叠的类。

2）变量聚类

变量聚类，也称特征聚类，关注的是数据集中变量之间的相似性与关联性，旨在将具有相似行为或相关性较强的变量归为一类，以减少变量数量、揭示变量之间的结构关系，或者进行变量选择。

3. 聚类分析的步骤

聚类分析过程可以分为两个主要步骤：初始化和迭代。

1）初始化

（1）确定需要聚类的数据集。

（2）选择适当的距离度量和相似性测量方法。

（3）选择聚类算法并设置初始参数。

2）迭代

（1）随机或基于某种策略初始化聚类中心。

（2）根据选定的相似性测量方法，计算每个数据点与聚类中心的相似度或距离。

（3）将每个数据点分配给与之最相似的聚类中心。

（4）根据已分配的数据点更新聚类中心的位置。

重复以上步骤，直到满足终止条件，如达到最大迭代次数或聚类中心不再改变。

聚类分析是一种探索性数据分析方法，结果的正确性和有效性需要经过适当的验证和评估。此外，对聚类分析结果进行解释也是一个重要的任务，可以通过可视化和进一步的数据分析来揭示聚类的内在结构和特征。

13.1.2　SPSS 提供的聚类分析功能

SPSS 中提供了二阶聚类、K-均值聚类和系统聚类三种聚类分析功能。其中，系统聚类根据分析的对象又可分为 Q 型聚类（样本聚类）和 R 型聚类（变量聚类）。

SPSS 的聚类分析功能集中在"分析"菜单的"分类"子菜单中（见图 13-1），包括以下三个功能。

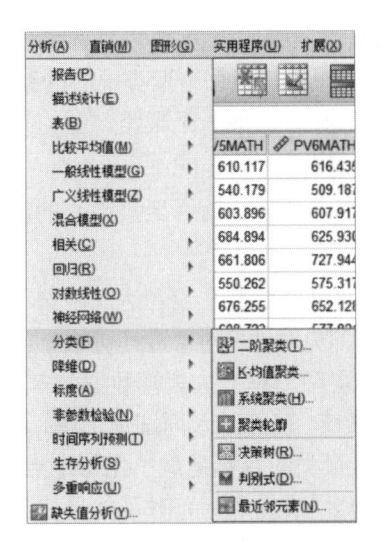

图 13-1　聚类分析功能菜单

K-均值聚类：K-均值聚类又称快速聚类，是一种迭代型的中心点聚类方法，要求事先指定聚类数量（K 值）。该方法主要针对连续型数值变量，旨在将数据集中的观测值划分为 K 个簇，使得每个簇内部的观测值尽可能接近，而不同簇的观测值尽可能远离。

系统聚类：系统聚类又称层次聚类或谱系分析，通过度量数据之间的距离远近，对数据进行分类。变量类型包括连续变量和分类变量，系统聚类可以像 K-均值聚类一样，指定聚类数量或限定聚类数量的范围。

二阶聚类：二阶聚类是一种更复杂的聚类方法，它结合了 K-均值聚类和系统聚类的思想。在二阶聚类中，先使用某种方法生成初始簇中心点，然后采用 K-均值聚类方法对这些簇进行优化，并重复这个过程直到达到收敛条件或达到预定的迭代次数。二阶聚类通过预聚类和聚类两个步骤来分析大型数据集，故又称两步聚类。变量类型包括分类变量和连续变量，聚类数量自动确定。

13.2　K-均值聚类分析

K-均值聚类分析是最简单的聚类方法，只能对连续数据和样本进行聚类，适合大样本聚类，不能自动确定聚类数量。K-均值聚类分析是一种非常常见且广泛应用的无监督学习算法，主要用于将数据点划分为 K 个集群。其基本步骤如下。

1. 指定聚类数量 K

由用户自行指定需要聚类的数量，最终只能输出唯一解。这点不同于层次聚类。在实际分析过程中，往往需要用户根据问题反复尝试，把数据分成不同的类别并进行比较，从而找出最优方案。

2. 初始化：确定 K 个初始聚类中心

选择 K 个点作为初始聚类中心（通常是随机选择的）。K 个初始聚类中心有两种确定方式：一种是自行指定，另一种是由 SPSS 程序根据数据结构的中心初步确定每个类别的初始聚类中心。

3. 分配数据点：根据距离最近原则进行分类

对于数据集中的每个数据点，计算其到每个聚类中心的距离，并将其分配给最近的聚类中心。所有分配给同一聚类中心的数据点形成一个聚类。

4. 重新归类：重新计算聚类中心

对于每个聚类，计算所有数据点的平均值（聚类中心的新位置）。

5. 完成聚类

迭代第 4 步，直到达到一定的收敛标准，或者达到用户事先指定的迭代次数为止。因此，这种分析方法也称逐步聚类分析，即先对被聚对象进行初始分类，然后逐步调整，得到最终分类。

K-均值聚类算法简单且易于实现，对于大规模数据集非常有效。然而，它也有一些局限性，例如对初始聚类中心的选择敏感，可能陷入局部最优解，以及需要预先设定聚类的数量 K。

值得注意的是，虽然 K-均值聚类的目标是最小化每个点到其所属聚类中心的距离的平方和，但这并不意味着它总能找到全局最优解，有时可能只找到局部最优解。

另外，由于聚类数量是用户自行指定的，因此这样的分类结果是否合适需要通过方差检验来验证。如果不同类别中的大部分数据差异显著，那么说明分类有效；如果不同类别中的大部分数据差异不显著，那么应该尝试指定其他的聚类数量，再次进行聚类分析并检验。

13.2.1　问题描述和数据准备

本节对国际大规模测评 PISA 2018 年中国四省市数据中的一些学生数据进行聚类分析，所用数据来自 OECD 的官方网站。现挑选学生问卷中的变量进行探索性聚类分析，学生数据格式如图 13-2 所示。根据学生的考试科目，挑选学生的数学成绩（PV1MATH）、阅读成绩（PV1READ）、科学成绩（PV1SCIE）这三个变量对学生进行 K-均值聚类分析。

在进行 K-均值聚类分析前要检查数据是否已标准化，因为在 SPSS 中 K-均值聚类不提供数据标准化功能，系统聚类与二阶聚类均提供数据标准化功能，所以要提前确认数据是否需要标准化。（数据标准化：因为数据之间的数值与量纲差别较大，所以要先对原始数据进行标准化得到新的变量。）

图 13-2　学生数据格式

13.2.2　K-均值聚类分析的参数设置

在菜单栏中选择"分析"→"分类"→"K-均值聚类"菜单命令，打开"K 均值聚类分析"对话框，如图 13-3 所示，执行 K-均值聚类分析命令。

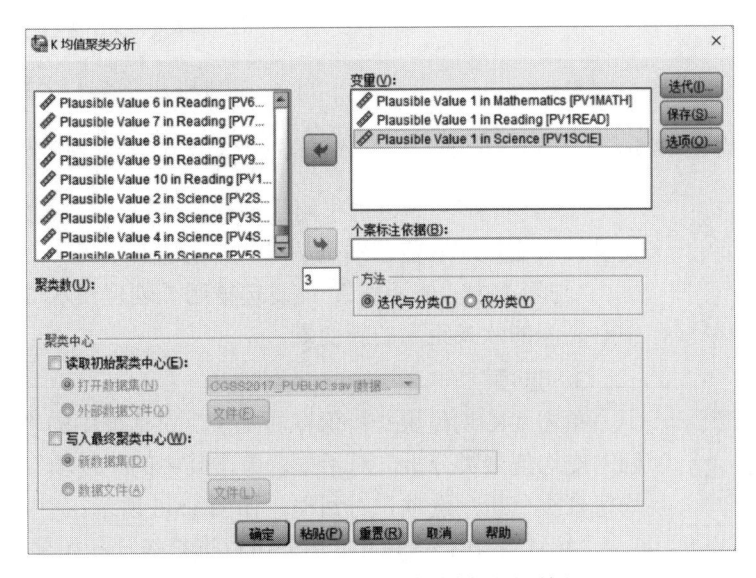

图 13-3　"K 均值聚类分析"对话框

将左侧变量列表中的学生数学成绩（PV1MATH）、阅读成绩（PV1READ）、科学成绩（PV1SCIE）选入"变量"列表，准备进行聚类。

"聚类数"：该文本框用于设置聚类数。聚类数可以提前给定，可以根据需要与效果选定。在本案例中，聚类数为"3"（类）。

"方法"：在该区域中可以选择"迭代与分类"或"仅分类"。

"聚类中心"：在该区域中可以选择"读取初始聚类中心"及"写入最终聚类中心"。

1. 迭代

单击"K 均值聚类分析"对话框中的"迭代"按钮，打开"K-均值聚类分析：迭代"对话框，如图 13-4 所示。只有在"K 均值聚类分析"对话框的"方法"区域中选中了"迭代与分类"单选按钮后，才能设定此对话框中的选项。

"最大迭代次数"：该文本框用于限制聚类的迭代次数，即便未满足收敛判别标准，在达到迭代次数后也会终止迭代。最大迭代次数需要调大一些，尽量保证收敛，系统默认为 10 次，本案例选择迭代 99 次，以求达到收敛标准。

"收敛条件"：该文本框用于确定迭代何时停止。收敛条件表示初始聚类中心之间的最小距离的比例，因此必须大于 0 且小于等于 1。例如，如果收敛条件等于 0.02，那么当完整的迭代无法将任何聚类中心移动至任意初始聚类中心之间最小距离的 2%时，迭代停止。

使用运行平均值：允许用户在分配了每个个案之后更新聚类中心。如果不勾选此复选框，那么系统会在分配了所有个案之后计算新的聚类中心。

2. 保存

单击"K-均值聚类分析：迭代"对话框中的"继续"按钮，返回"K 均值聚类分析"对话框，单击其中的"保存"按钮，打开"K-均值聚类：保存新变量"对话框，如图 13-5 所示。

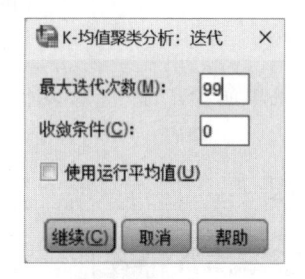

图 13-4 "K-均值聚类分析：迭代"对话框 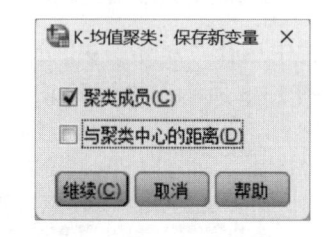　　图 13-5 "K-均值聚类：保存新变量"对话框

"聚类成员"：该复选框用于创建指示每个个案最终聚类成员的新变量。新变量的取值范围是从 1 到聚类数。

"与聚类中心的距离"：该复选框用于创建指示每个个案与其聚类中心之间的欧式距离的新变量。

3. 选项

单击"K-均值聚类：保存新变量"对话框中的"继续"按钮，返回"K 均值聚类分析"对话框，单击其中的"选项"按钮，打开"K-均值聚类分析：选项"对话框，如图 13-6 所示。

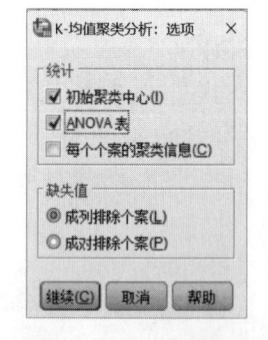

图 13-6 "K-均值聚类分析：选项"对话框

"统计"：在该区域中，用户可以选择统计初始聚类中心、ANOVA 表及每个个案的聚类信息。

"初始聚类中心"：是指每个聚类变量平均值的第一个估计值。在默认情况下，系统将从数据中选择与聚类数相等的分布良好的多个个案位置作为初始聚类中心。初始聚类中心用于第一轮分类，然后进行更新。

"ANOVA 表"：即方差分析表，该表包含每个聚类变量的一元 F 检验。F 检验只是描述性的，不应解释生成的概率。如果所有个案均分配到一个单独的聚类，那么系统将不显示 ANOVA 表。

"每个个案的聚类信息"：显示每个个案的最终聚类分配、该个案和用来对个案分类的聚类中心之间的欧氏距离，以及最终聚类中心之间的欧氏距离。

"缺失值"：在该区域中，用户可以选择成列排除个案或成对排除个案。

成列排除个案：从分析中排除含任意聚类变量缺失值的个案。

成对排除个案：根据由所有具有非缺失值的变量计算得到的距离将个案分配到聚类。

13.2.3 案例结果分析

单击图 13-3 所示的"K 均值聚类分析"对话框中的"确定"按钮，SPSS 结果输出窗口中显示的结果如图 13-7～图 13-11 所示。

初始聚类中心是 SPSS 给出的第一个结果，由 SPSS 按照某种原则自动选择初始聚类中心，这是 K-均值聚类的特点，可以人工提供初始聚类中心，也可以由系统自动选择。但初始聚类中心的选择对结果有一定的影响，应尽量避免个案有规律的排列，必要时采用随机顺序，因为系统自动选择的初始聚类中心与个案的顺序有一定关系。

迭代历史记录：系统先计算每个个案与初始聚类中心的距离，然后按照距离最近原则进行归类，并计算新形成的聚类中心，再重新开始计算新的聚类中心与每个个案的距离，重复以上操作，达到收敛标准或收敛次数时停止。在本案例中，当迭代到 20 次时，各聚类中心的距离变化趋于零，迭代终止。

初始聚类中心

	聚类		
	1	2	3
Plausible Value 1 in Mathematics	792.511	312.317	440.199
Plausible Value 1 in Reading	847.850	232.209	533.481
Plausible Value 1 in Science	823.493	200.099	603.497

图 13-7　初始聚类中心

迭代历史记录[a]

	聚类中心中的变动		
迭代	1	2	3
1	214.706	205.945	139.753
2	43.629	102.742	8.881
3	16.703	39.656	.212
...	...	...	...
18	.060	.108	.102
19	.039	.039	.050
20	.000	.000	.000

a.由于聚类中心中不存在变动或者仅有小幅变动，因此实现了收敛。任何中心的最大绝对坐标变动为.000。当前迭代为20。初始中心之间的最小距离为519.470。

图 13-8　迭代历史记录

最终聚类中心是各个类的平均值，若最终聚类结果可接受，则这个聚类中心保留，用于以后进行聚类分析。

如图 13-9 所示，我们可以看出，用 K-均值聚类方法将学生的成绩分成 3 类，对于学生的数学成绩，聚类 1 的数值为 671.531，聚类 2 的数值为 481.115，聚类 3 的数值为 582.985。这意味着聚类 1 代表的学生群体的数学成绩相对较高，而聚类 2 代表的学生群体的数学成绩相对较低。对于学生的阅读成绩，聚类 1 的数值为 650.237，聚类 2 的数值为 437.800，聚类 3 的数值为 549.248。这表明聚类 2 中的学生阅读成绩最差，而聚类 1 和聚类 3 中的学生阅读成绩则较高。对于学生的科学成绩，聚类 1 的数值为 677.819，聚类 2 的数值为 476.149，聚类 3 的数值为 583.112。这表明聚类 2 中的学生科学成绩也较差。由此我们可以认为：

（1）第 1 类为数学、阅读、科学成绩均较好的学生，可称为成绩优生；

（2）第 2 类为数学、阅读、科学成绩相较于其他两类学生较差的学生，可称为成绩差生；

（3）第 3 类为三科成绩均处于中等水平的学生，称为成绩中等生。

从聚类分析结果中，我们可以得出不同群体在各项指标上的差异和特点，为进一步的研究或策略制定提供依据。例如，成绩较差的第 2 类学生可能需要更多的关注和支持，而对于成绩较好的第 1 类学生，可以进一步了解他们的学习方法和策略，以推广给其他学生群体。

最终聚类中心

	聚类 1	聚类 2	聚类 3
Plausible Value 1 in Mathematics	671.531	481.115	582.985
Plausible Value 1 in Reading	650.237	437.800	549.248
Plausible Value 1 in Science	677.819	476.149	583.112

图 13-9　最终聚类中心

如图 13-10 所示，ANOVA 表是重要的分析结果，按照类别分组进行单因素方差分析，可以根据 F 值的大小近似得到哪些变量对聚类有贡献，重要程度排序为：学生的阅读成绩>学生的科学成绩>学生的数学成绩。同时，各变量对聚类均有显著贡献，显著性水平都低于 0.05，说明这三个变量能够很好地区分各类，聚成 3 类的效果比较好。

ANOVA

	聚类 均方	自由度	误差 均方	自由度	F
Plausible Value 1 in Mathematics	29535463.400	2	2050.784	12055	14402.032
Plausible Value 1 in Reading	36889691.430	2	2042.215	12055	18063.572
Plausible Value 1 in Science	33179173.220	2	1866.326	12055	17777.798

由于已选择聚类以使不同聚类中个案之间的差异最大化，因此F检验只应该用于描述目的。实测显著性水平并未因此进行修正，所以无法解释为针对"聚类平均值相等"这一假设的检验。

图 13-10　ANOVA 表

每个聚类中的个案数目如图 13-11 所示，分别显示出每个类别存在的个案数目。

每个聚类中的个案数目

聚类	1	4255.000
	2	2581.000
	3	5222.000
有效		12058.000
缺失		.000

图 13-11　每个聚类中的个案数目

13.3　系统聚类分析

系统聚类分析是一种多元统计分类方法，这种分类方法的核心在于先根据一批数据或指标找出能度量这些数据或指标之间相似程度的统计量，然后将统计量作为划分类型的依据，将一些相似程度高的变量（或样本）聚合为一类，将一些相似程度较低的变量（或样本）聚合为另一类。这个过程会一直进行，直到所有的变量（或样本）都聚合完毕。最后，根据各类之间的亲疏关系逐步画成一张完整的分类系统图，称为谱系图。系统聚类分析的特点在于事先无须知道分类对象的分类结构，只需要一批数据，在选好分类统计量后，按一定的步骤进行计算，便能得到一张完整的分类系统图。

在进行系统聚类分析时，首先需要对数据进行预处理，包括数据清洗、数据变换和数据标准化。其次需要测量不同数据之间的相似性，主要的测量方法有欧氏距离、曼哈顿距离和余弦相似度等。最后需要根据选择的聚类方法（如链接聚类法、划分聚类法和模糊聚类法等）对数据进行分组。

系统聚类分析在数据挖掘中有广泛的应用，可以用来分析数据，观察每个簇的特征，并进一步分析特定的簇集合，也可以作为其他算法如特征化、属性子集选择和分类的预处理步骤，或者在离群点检测中发挥作用。

总的来说，系统聚类分析是一种强大而灵活的数据分析工具，可以根据数据之间的相似性或特异性将它们划分为不同的类别，从而为后续的数据分析和决策提供有价值的信息。

13.3.1　问题描述和数据准备

本节对国际大规模测评 PISA 2018 年中国四省市数据中的一些学生数据进行系统聚类分析，所用数据来自 OECD 的官方网站。由于系统聚类分析不适用于大样本数据，因此我们在中国四省市数据中选取某所学校的学生数据（共 34 个有效样本，其中 10 号学生的 ESCS 数据缺失）进行探索性聚类分析，数据格式如图 13-12 所示。

	ESCS	UNDREM	METASUM	METASPAM	HOMEPOS	CULTPOSS	HEDRES	WEALTH	ICTRES	DISCLIMA
1	-.4990	.10	-.18	-.50	-.4275	-1.1146	-.4903	-.3947	-.6231	1.0832
2	.1784	-1.64	-.95	-1.41	1.0316	2.0496	-.9057	.7453	1.2943	-1.0963
3	-1.0487	.10	-.18	1.33	-.4383	.5532	1.1793	-.8581	-.6231	2.0345
4	-.1279	-1.64	-1.72	-1.41	-1.1675	.1184	-1.3904	-1.2648	-.3490	1.0573
5	-.9052	-.25	-1.72	.87	-.7276	-1.9037	1.1793	-.7811	-.1536	2.0345
6	.3611	.10	-.18	.87	.1570	.1184	1.1793	-.1686	-.0440	1.0573
7	.2153	-.60	-.18	.42	-.0546	.5532	1.1793	-.5469	-.1536	1.4424
8	-.9456	1.15	.21	-.50	-.9494	.1184	1.1793	-1.6727	-.3918	.4922
9	-.6810	.80	.98	.87	-.5484	-.7902	1.1793	-.9491	-.0440	2.0345
10	.	.45	.59	1.33	-1.1038	-1.9037	-.6853	-.9064	-.5742	1.3671
11	-.1781	.10	1.36	-.04	-.5869	.5532	-.5492	-.7533	-1.2471	2.0345
12	-.3064	.45	.59	1.33	-.5755	.1184	1.1793	-1.0711	-.9400	-.8922
13	-.6682	-.60	.21	1.33	.1270	1.1226	1.1793	-.3213	-.6231	1.3671
14	-.0078	1.50	-.95	-1.41	-.9168	-.7902	-1.0527	-.8908	-.3205	2.0345
15	.6157	-.25	-.95	-1.41	-.2912	.5532	1.1793	-.9016	-.6231	2.0345
16	-.0355	.10	.21	.42	-.2498	-.4703	.0477	-.5061	-.6231	-.4003
17	-.3019	1.50	-.57	.42	-.3691	.5532	.0477	-.7050	-.9400	.3529
18	-1.0469	1.50	-.18	-.04	-.6323	-1.7756	.0477	-.6059	.1890	2.0345
19	.7761	.80	1.36	.87	-.0342	1.1226	1.1793	-.6394	-.3629	1.3671
20	.2694	-.60	-1.72	-1.41	-.0256	.5532	1.1793	-.3568	-.2532	2.0345
21	-.1412	.80	.21	-.50	-.8471	-1.2933	-.1357	-1.0041	-.3490	1.4424
22	-.8084	-.60	-1.72	-1.41	-.1443	.5532	1.1793	-.5715	-.6231	-.0424
23	-.3783	.45	-.18	-.50	-.5237	2.0496	-.1357	-1.0848	-.8794	2.0345
24	.2291	1.15	-.18	-.96	-.4505	-1.1146	.0477	-.7313	-.6231	1.3671
25	-.9848	.10	-1.72	-1.41	-1.3567	.1184	-1.3904	-1.4109	-1.4787	.2621

图 13-12　某所学校的学生数据格式

对此数据集进行系统聚类分析，根据学生应具备的能力，现挑选家庭经济社会文化地位（ESCS）、父母情感支持（EMOSUPS）、失败恐惧（GFOFAIL）、主观幸福感：积极情绪（SWBP）和掌握目标导向（MASTGOAL）这五个变量分别对数据集进行 Q 型和 R 型系统聚类分析。

13.3.2 系统聚类分析的参数设置

在菜单栏中选择"分析"→"分类"→"系统聚类分析"菜单命令，打开"系统聚类分析"对话框，如图 13-13 所示。

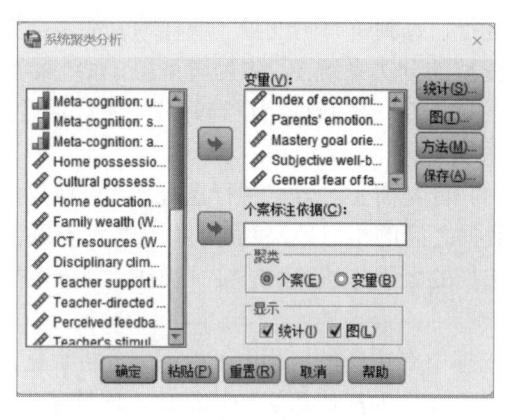

图 13-13 "系统聚类分析"对话框

将左侧变量列表中的家庭经济社会文化地位（ESCS）、父母情感支持（EMOSUPS）、失败恐惧（GFOFAIL）、主观幸福感：积极情绪（SWBP）和掌握目标导向（MASTGOAL）选入"变量"列表，准备进行聚类分析。

"聚类"区域：在该区域中可选个案或变量，选择个案进行 Q 型聚类分析或选择变量进行 R 型聚类分析。

"显示"区域：在该区域中可勾选"统计"与"图"复选框，勾选之后可以打开相应的对话框。其中"统计"复选框用于设置聚类分析的统计量，"图"复选框用于选择绘制的图形类型。

1. 统计

单击"系统聚类分析"对话框中的"统计"按钮，打开"系统聚类分析：统计"对话框，如图 13-14 所示。只有在"系统聚类分析"对话框的"显示"区域中勾选了"统计"复选框后，才能设定此对话框中的选项。

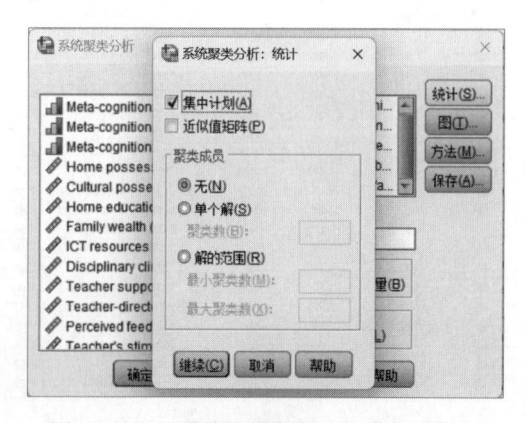

图 13-14 "系统聚类分析：统计"对话框

"集中计划"：该复选框用于显示在每个阶段合并的个案或聚类、所合并的个案或聚类之间的距离，以及个案（或变量）与聚类相联结时所在的最后一个聚类级别。

"近似值矩阵"：该复选框用于给出各项之间的距离或相似性。

"聚类成员"：该区域用于显示在合并聚类的一个或多个阶段中，每个个案所属的聚类。有"无"、"单个解"和"解的范围"三个单选按钮。

2. 图

单击"系统聚类分析：统计"对话框中的"继续"按钮，返回"系统聚类分析"对话框，单击其中的"图"按钮，打开"系统聚类分析：图"对话框，如图13-15所示。

"谱系图"：该复选框用于显示谱系图。谱系图可用于评估所形成的聚类的凝聚性，并且可以提供关于要保留的适当聚类数量的信息。

"冰柱图"：该区域用于设置冰柱图，包括"全部聚类"和"指定范围内的聚类"单选按钮。冰柱图显示每次迭代时将个案合并到聚类的信息。"方向"区域用于设置冰柱图的方向。

3. 方法

单击"系统聚类分析：图"对话框中的"继续"按钮，返回"系统聚类分析"对话框，单击其中的"方法"按钮，打开"系统聚类分析：方法"对话框，如图13-16所示。

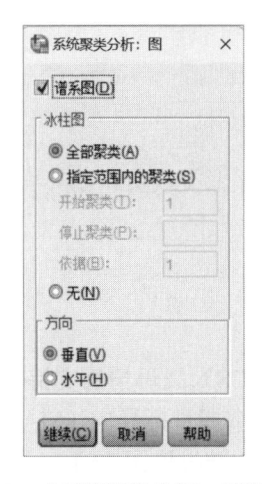

图13-15 "系统聚类分析：图"对话框　　　　图13-16 "系统聚类分析：方法"对话框

"聚类方法"：该下拉列表中可用的选项有组间联接、组内联接、最近邻元素、最远邻元素、质心聚类法、中位数聚类法和Ward法。

"测量"：该区域用于选择数据类型及合适的距离类型。

"区间"：该下拉列表中可用的选项有欧氏距离、平方欧氏距离、余弦、皮尔逊相关系数、切比雪夫距离、块、闵可夫斯基距离及定制。在进行Q型聚类时一般选择平方欧氏距离，在进行R型聚类时一般选择皮尔逊相关系数。

"计数"：该下拉列表中可用的选项有卡方测量和Phi平方测量。

"二元"：该下拉列表中可用的选项有欧氏距离、平方欧氏距离、刻度差分、模式差分、方差、离差、形状、简单匹配、Phi 4点相关性、Lambda、安德伯格D、掷骰、哈曼、杰卡德、切卡诺夫斯基1、切卡诺夫斯基2、兰斯-威廉姆斯、落合、罗杰斯-塔尼莫特、拉塞尔-拉奥、索卡尔-施尼斯1、索卡尔-施尼斯2、索卡尔-施尼斯3、索卡尔-施尼斯4、索卡尔-施尼斯5、尤尔D及尤尔Q。

"转换值"：该区域用于在计算近似值之前对个案或值进行数据标准化（对二分类数据不可用）。可用的标准化方法包括 Z 得分、范围从-1 到 1、范围从 0 到 1、最大量级为 1、平均值为 1 及标准差为 1。

"转换测量"：该区域用于转换距离测量所生成的值，可在计算距离之后进行转换。包括"绝对值"、"更改符号"及"重新标度到 0-1 范围"三个复选框。

4．保存

单击"系统聚类分析：方法"对话框中的"继续"按钮，返回"系统聚类分析"对话框，单击其中的"保存"按钮，打开"系统聚类分析：保存"对话框，如图 13-17 所示。

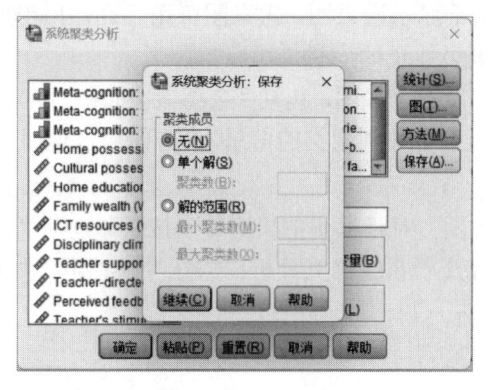

图 13-17 "系统聚类分析：保存"对话框

"聚类成员"：该区域用于为单个解或一定范围内的解保存聚类成员。用户可以在随后的分析中使用保存的变量来探索各组之间的其他差别。

13.3.3 案例结果分析

1．Q 型聚类

Q 型聚类是对个案的聚类，以家庭经济社会文化地位（ESCS）、父母情感支持（EMOSUPS）、失败恐惧（GFOFAIL）、主观幸福感：积极情绪（SWBP）和掌握目标导向（MASTGOAL）这五个变量为距离判断指标，对 34 个学生进行聚类。Q 型聚类的结果如图 13-18～图 13-20 所示。

在图 13-18 所示的集中计划中列出了变量逐步聚类的过程。集中计划将 35 个学生分别编码为 1～35。第一行的是 26 和 29，即 26 号学生和 29 号学生先被聚合，其距离系数为 0.217，是最小的。第二行是 22 和 32，即 22 号学生和 32 号学生被聚合。其他行的解释以此类推。

阶段	组合聚类 聚类 1	组合聚类 聚类 2	系数	首次出现聚类的阶段 聚类 1	首次出现聚类的阶段 聚类 2	下一个阶段
1	26	29	.217	0	0	7
2	22	32	.247	0	0	21
3	17	23	.273	0	0	5
…	…	…	…	…	…	…
31	1	7	10.709	30	0	32
32	1	2	12.095	31	28	33
33	1	4	13.206	32	0	0

图 13-18 集中计划

如图 13-19 所示，每个待分类变量占据一列，在列与列之间预留分隔列，系统借助分隔列的填充长度说明相邻两列之间的聚类关系。22 号学生和 32 号学生之间的分隔列基本被填满了，说明这两个变量是非常密切的，属于比较早聚合的列。而 4 号学生和 35 号学生之间几乎为空白，说明这两列之间距离较远，是最后才聚合的。

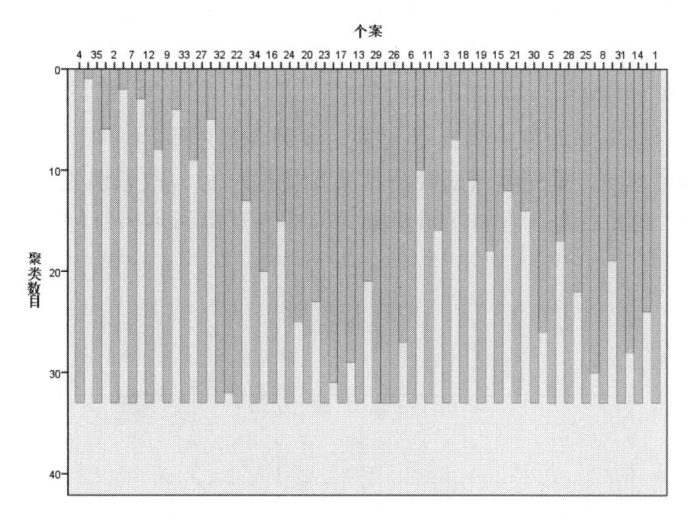

图 13-19　Q 型聚类冰柱图

基于图 13-20 所示的谱系图可以对变量进行分类。若从最外层开始划分，将变量分成两类，则 4 号学生为一类，其他学生为一类；若需要分成三类，则从第二层进行划分，将 4 号学生划分为一类，2 号学生和 35 号学生划分为一类，其他学生划分为一类，依次类推。谱系图能够很方便地将元素按照距离进行降维处理。

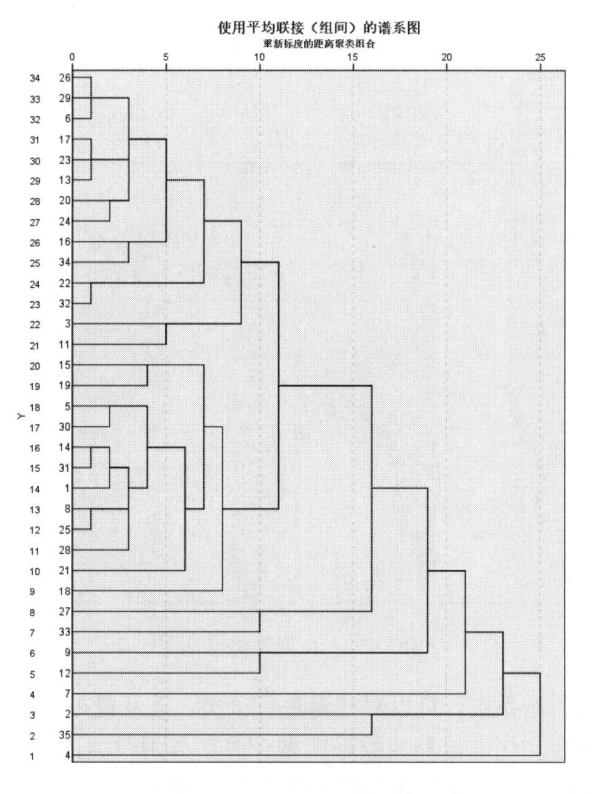

图 13-20　Q 型聚类谱系图

2. R 型聚类

R 型聚类是对变量的聚类，根据 35 个学生的数据，以皮尔逊相关系数为指标对家庭经济社会文化地位（ESCS）、父母情感支持（EMOSUPS）、掌握目标导向（MASTGOAL）、主观幸福感：积极情绪（SWBP）和失败恐惧（GFOFAIL）这五个变量进行聚类。

R 型聚类的结果如图 13-21～图 13-23 所示。

在图 13-21 所示的集中计划中列出了变量逐步聚类的过程。集中计划将 5 个变量分别编码为 1～5。第一行是 1 和 5，即变量家庭经济社会文化地位和失败恐惧先被聚合，其距离系数为 29.370，是最小的。第二行是 3 和 4，即变量父母情感支持和掌握目标导向被聚合。其他行的解释以此类推。

	集中计划					
	组合聚类			首次出现聚类的阶段		
阶段	聚类 1	聚类 2	系数	聚类 1	聚类 2	下一个阶段
1	1	5	29.370	0	0	3
2	3	4	41.504	0	0	3
3	1	3	44.175	1	2	4
4	1	2	45.559	3	0	0

图 13-21　集中计划

如图 13-22 所示，每个待分类变量占据一列，在列与列之间预留分隔列，系统借助分隔列的填充长度说明相邻两列之间的聚类关系。变量家庭经济社会文化地位和失败恐惧之间的分隔列基本被填满了，说明这两个变量是非常密切的，属于比较早聚合的列。而变量失败恐惧和父母情感支持之间几乎为空白，说明这两列之间距离较远，是最后才聚合的。

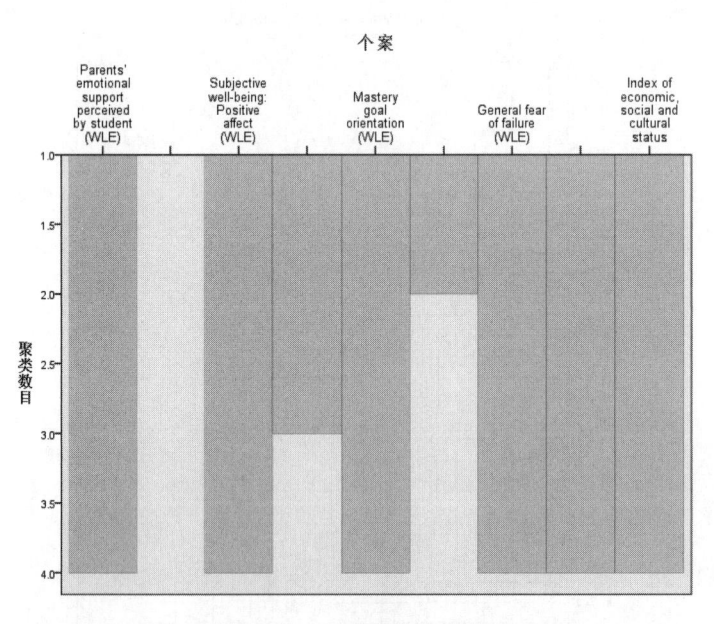

图 13-22　R 型聚类冰柱图

基于图 13-23 所示的谱系图，可以对变量进行分类。若从最外层开始划分，将变量分成两类，则变量家庭经济社会文化地位和失败恐惧聚合的新类为一类，其他变量为一类；若需要分成三类，则从第二层开始划分，将变量家庭经济社会文化地位和失败恐惧聚合的新类划分为一类，将变量主观幸福感：积极情绪划分为一类，其他变量划分为一类，依次类推。

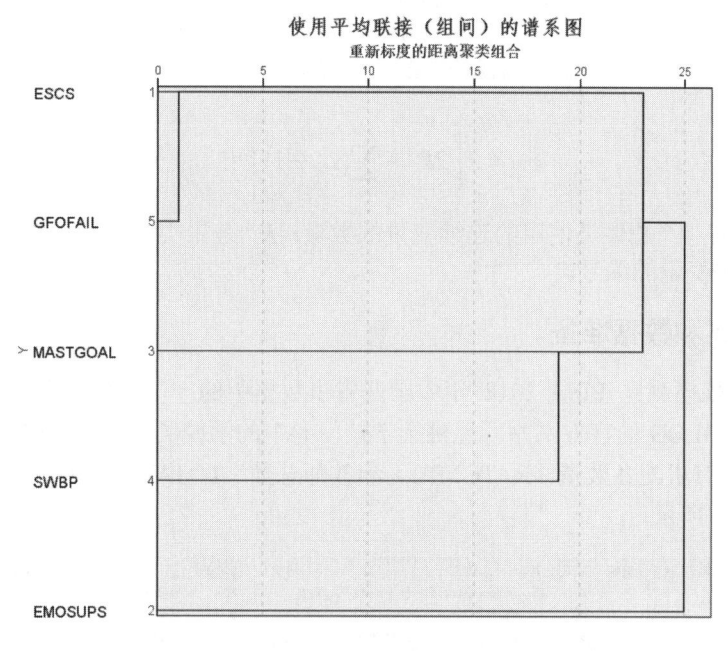

图 13-23　R 型聚类谱系图

13.4　二阶聚类分析

二阶聚类分析用于对非常庞大的数据集进行聚类分析，数据集可以同时包含定距型变量和定类型变量，这时的距离测度使用的是对数相似值。如果只有数值变量，那么可以选用欧氏距离进行分析。二阶聚类，顾名思义，就是分两个阶段进行聚类，故又称两步聚类。

1. 预聚类

构建和修改聚类特征树，将所有的观察值分为许多亚类。开始时第一个观测值在树根部的一个叶节点上，该节点包含这个观测值的变量信息。随后每个观测值按照相似性原则（距离测度的大小）被添加到一个已经存在的节点上，或者形成一个新的节点，而每一个叶节点代表一个亚类，有多少个叶节点就有多少个亚类，非叶节点和其中的条目则用来说明新进入的观测值应该进入哪个叶节点，每个条目中的信息就是所谓的聚类特征，包括针对连续变量的平均值和方差，以及针对离散变量的计数。因此，聚类特征树给出了整个数据文件的变量信息。在所有的观测值都通过以上方式进入聚类特征树后，预聚类过程结束。叶节点的数量就是预聚类的数量。

2. 正式聚类

聚类特征树构建完成后，SPSS 会对第一步产生的亚类进行再聚类，即用凝聚聚类算法将聚类特征树的全部叶节点分组。该算法可以产生一个聚类数的范围。为确定最优聚类数，可以将赤池信息准则（AIC）或施瓦兹贝叶斯准则（BIC）两种信息准则作为指标。这两个指标越小，说明聚类效果越好。如果事先没有指定聚类数，那么 SPSS 会根据 AIC 和 BIC 的大小，以及类间最短距离的变化情况来确定最优的聚类数。若假定聚类数为 J，则 BIC 和 AIC 的计算公式为

$$BIC = -2\sum_{j=1}^{J}\xi_j + m_j \log N \tag{13-13}$$

$$AIC = -2\sum_{j=1}^{J}\xi_j + 2m_j \tag{13-14}$$

$$m_j = J\left[2k^A + \sum_{K=1}^{K^B}(L_K - 1)\right] \tag{13-15}$$

式中，N 为样本容量；k^A 是聚类使用的连续变量的数量；K^B 是聚类中使用的分类变量的数量；L_K 代表第 K 个分类变量的编号。

13.4.1 问题描述和数据准备

本节对国际大规模测评 PISA 2018 年中国四省市数据中的一些学生数据进行二阶聚类分析，所用数据来自 OECD 的官方网站。现挑选学校问卷中的学校类型（SCHLTYPE）、学校规模（SCHSIZE）、计算机配备数量（RATCMP1）和教师总数（TOTAT）这四个变量进行二阶聚类分析，如图 13-24 所示。

图 13-24 二阶聚类分析样本变量

13.4.2 二阶聚类分析的参数设置

在菜单栏中选择"分析"→"分类"→"二阶聚类分析"菜单命令，打开"二阶聚类分析"对话框，如图 13-25 所示。

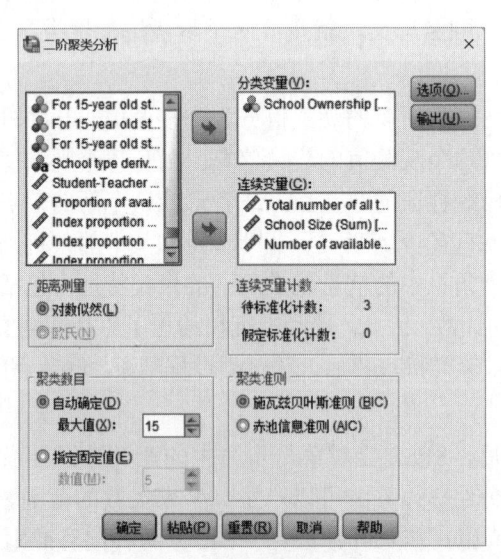

图 13-25 "二阶聚类分析"对话框

将左侧变量列表中的学校类型（SCHLTYPE）选入"分类变量"列表，将学校规模（SCHSIZE）、计算机配备数量（RATCMP1）和教师总数（TOTAT）选入"连续变量"列表，准备进行聚类分析。

"距离测量":该区域用于确定如何计算两个聚类之间的相似性。用户可以选择对数似然法,该方法假设变量服从某种概率分布,例如,假设连续变量服从正态分布,假设分类变量服从多项分布,同时假设所有变量均是独立的。用户也可以选择欧氏距离,欧氏距离测量的是两个聚类之间的"直线"距离,只能用于所有变量都连续的情况。

本案例的距离测量使用对数似然法,因为案例中使用了分类变量,所以"欧氏"单选按钮不可用。

"聚类数目":该区域用于指定聚类数。在用户单击"自动确定"单选按钮后,系统将使用在"聚类准则"区域中指定的准则,自动确定最佳聚类数。用户可以在"最大值"文本框中输入一个正整数,用于指定最大的聚类数。在单击"指定固定值"单选按钮后,用户可以在"数值"文本框中输入正整数,用于指定聚类数。

本案例中的聚类数由系统自动确定,最多可以分为 15 类,当然,用户也可以自行确定聚类数。

"连续变量计数":该区域提供了在"二阶聚类:选项"对话框中指定的连续变量标准化的摘要。请参阅"二阶聚类:选项"对话框以获取更多信息。

"聚类准则":该区域用于设置自动聚类算法采用哪种准则来确定聚类数。可以采用施瓦兹贝叶斯准则(BIC)或赤池信息准则(AIC)。

本案例中的聚类准则使用 BIC 准则。

1. 选项

单击"二阶聚类分析"对话框中的"选项"按钮,打开"二阶聚类:选项"对话框,如图 13-26 所示。

图 13-26 "二阶聚类:选项"对话框

"离群值处理":该区域用于在聚类特征树被填满的情况下,在聚类过程中对离群值进行特殊处理。如果聚类特征树的叶节点不能接受更多的个案,且所有的叶节点均不能拆分,那么说明聚类特征树已满。

如果选择使用噪声处理且聚类特征树已满,那么在将稀疏叶节点中的个案放入"噪声"叶节点之后,聚类特征树将重新生长。如果某个叶节点中包含的个案数占最大叶节点大小的百分比小于指定的百分比,那么该叶节点将被视为稀疏的。在聚类特征树重新生长之后,如有可能,离群值将被放置在聚类特征树中,否则将放弃离群值。

如果不选择使用噪声处理且聚类特征树已满,那么系统将使用较大的距离更改阈值以便聚类特征树重新生长。在最终聚类之后,不能被分配到聚类特征树的变量将被标记为离群值。离群值被赋予标识号"-1",并且不会被计入聚类数中。

"内存分配":该区域用于以兆字节(MB)为单位,指定聚类算法应使用的最大内存量。如果在聚类过程中产生的信息超过了该内存量,那么将使用磁盘存储内存中放不下的信息。该内存量应为大于等于 4 的数。

"连续变量标准化":该区域用于设置聚类算法处理标准化连续变量。所有未标准化的连续变量都应保留在"待标准化计数"列表中。为了节省时间和计算量,可以选择任意已标准化的连续变量作为"假定标准化计数"列表中的变量。

2. 输出

单击"二阶聚类:选项"对话框中的"继续"按钮,返回"二阶聚类分析"对话框,单击其中的"输出"按钮,打开"二阶聚类:输出"对话框,如图 13-27 所示。

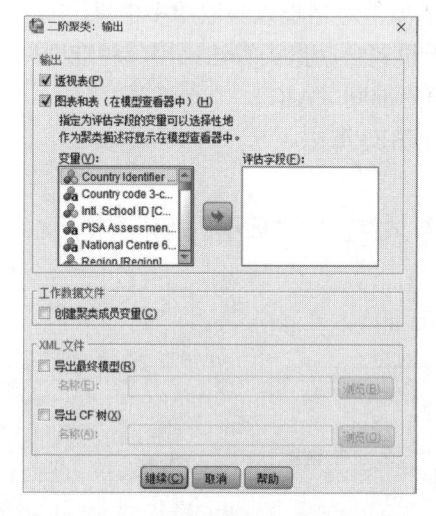

图 13-27 "二阶聚类:输出"对话框

"透视表":勾选该复选框,结果将显示在透视表中。

"图表和表":勾选该复选框,结果将显示在模型查看器中。

"评估字段":该区域用于给未在聚类过程中使用的变量计算聚类数据。带有缺失值的字段将被忽略。

"工作数据文件":该区域用于将变量保存到活动数据集中。

"创建聚类成员变量":此变量包含每个个案的聚类标识号。此变量的名称为 tsc_n,其中 n 代表一个正整数,表示在给定会话中由此过程完成的活动数据集保存操作的序数。

"XML 文件":在该区域中,"最终模型"和"CF 树"是两类可以以 XML 格式导出的输出文件。

"导出最终模型":最终模型以 XML(PMML)格式导出到指定文件中。可以使用该模型文件在其他数据文件中应用模型信息。

"导出 CF 树":保存聚类特征树的当前状态,并在以后使用新的数据对其进行更新。

13.4.3 案例结果分析

如图 13-28 所示，自动聚类结果展示了不同聚类数目下的 BIC、BIC 变化量、BIC 变化比率与距离测量比率。SPSS 会自动综合以上指标的数值，得出最佳的聚类数目。

自动聚类

聚类数目	施瓦兹贝叶斯准则 (BIC)	BIC 变化量[a]	BIC 变化比率[b]	距离测量比率[c]
1	162.801			
2	148.640	-14.161	1.000	1.706
3	156.578	7.937	-.560	2.337
4	182.422	25.844	-1.825	2.947
5	217.117	34.696	-2.450	1.072
6	252.118	35.001	-2.472	1.298
7	288.092	35.974	-2.540	2.397
8	325.971	37.879	-2.675	1.145
9	364.022	38.051	-2.687	1.095
10	402.177	38.155	-2.694	1.124
11	440.453	38.275	-2.703	1.237
12	478.913	38.461	-2.716	1.051
13	517.412	38.499	-2.719	1.057
14	555.951	38.539	-2.721	1.064
15	594.532	38.581	-2.724	1.297

a. 变化量基于表中的先前聚类数目。
b. 变化比率相对于双聚类解的变化。
c. 距离测量比率基于当前聚类数目而不是先前聚类数目。

图 13-28 自动聚类结果

根据图 13-28 所示的自动聚类结果，SPSS 得出了如图 13-29 所示的聚类分布结果。其中，聚类 1 包含 49 个个案，占总计的百分比为 13.6%；聚类 2 包含 299 个个案，占总计的百分比为 82.8%。

聚类分布

		个案数	占组合的百分比	占总计的百分比
聚类	1	49	13.7%	13.6%
	2	299	83.5%	82.8%
	离群值 (-1)	10	2.8%	2.8%
	组合	358	100.0%	99.2%
排除个案数		3		0.8%
总计		361		100.0%

图 13-29 聚类分布结果

如图 13-30 所示，该模型执行了两步，输入了 4 个变量，得到了 2 个聚类。另外，其聚类质量为良好。

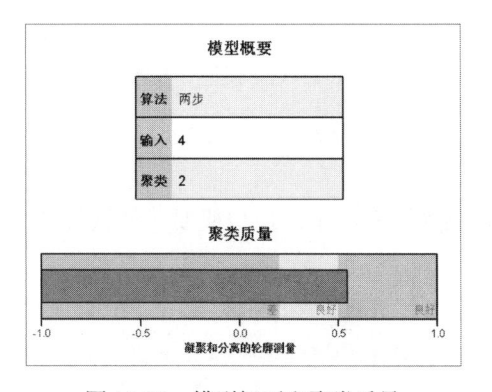

图 13-30 模型概要和聚类质量

彩图 13-30

如图 13-31 所示，右击"模型概要"，在打开的菜单中选择"编辑内容"→"在单独窗口中"菜单命令，打开模型查看器，如图 13-32 所示。模型查看器中的结果高度可视化，读取更直观，还可以进一步查看其他的辅助视图。

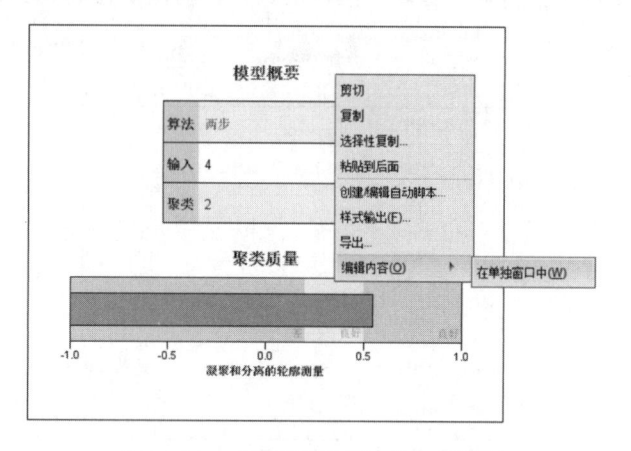

图 13-31　"模型查看器"的打开途径

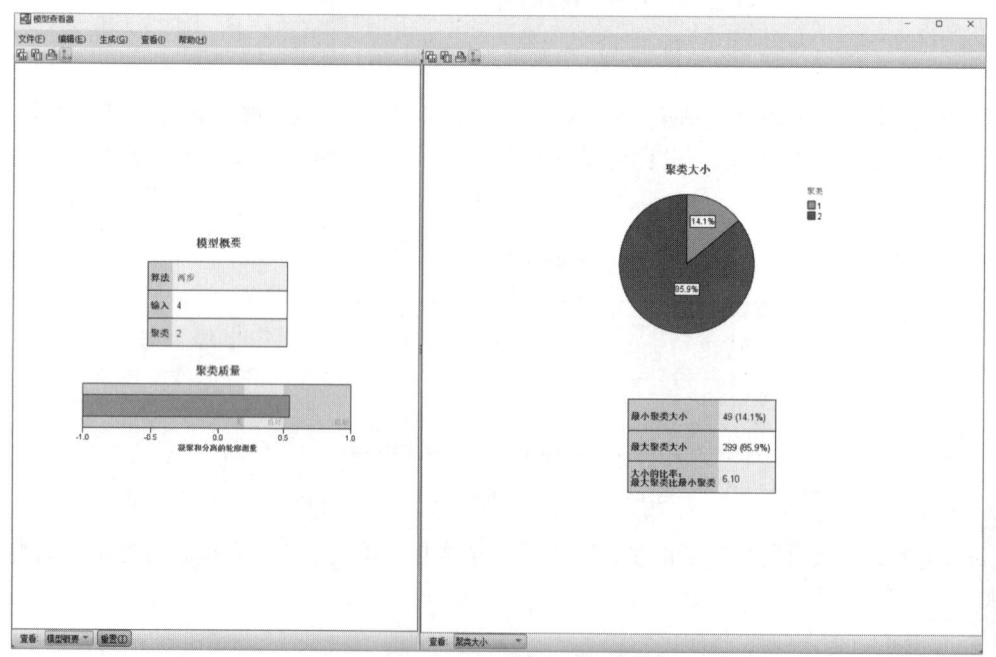

图 13-32　模型查看器

模型查看器包含两个视图，主视图位于左侧，辅助视图位于右侧。在每个视图左下角的"查看"区域可以进行选择。

（1）如图 13-33 所示，主视图有两个：模型概要（默认视图）和聚类。

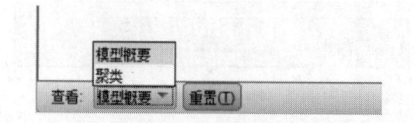

图 13-33　主视图选择

第 13 章 聚类分析 | 175

（2）如图 13-34 所示，辅助视图有四个：预测变量重要性、聚类大小（默认视图）、单元格分布和聚类比较。

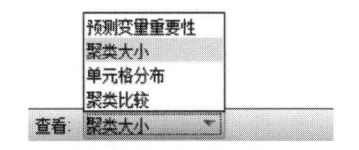

图 13-34　辅助视图选择

从图 13-32 右侧的聚类大小辅助视图中可以看到，2 个聚类的占比分别为 85.9%、14.1%，最大聚类与最小聚类的比为 6.10。

如图 13-35 所示，在模型查看器的左侧是模型概要视图，右侧是预测变量重要性辅助视图。从预测变量重要性辅助视图中可以看到，学校类型是最为重要的变量，其次是教师总数和学校规模。

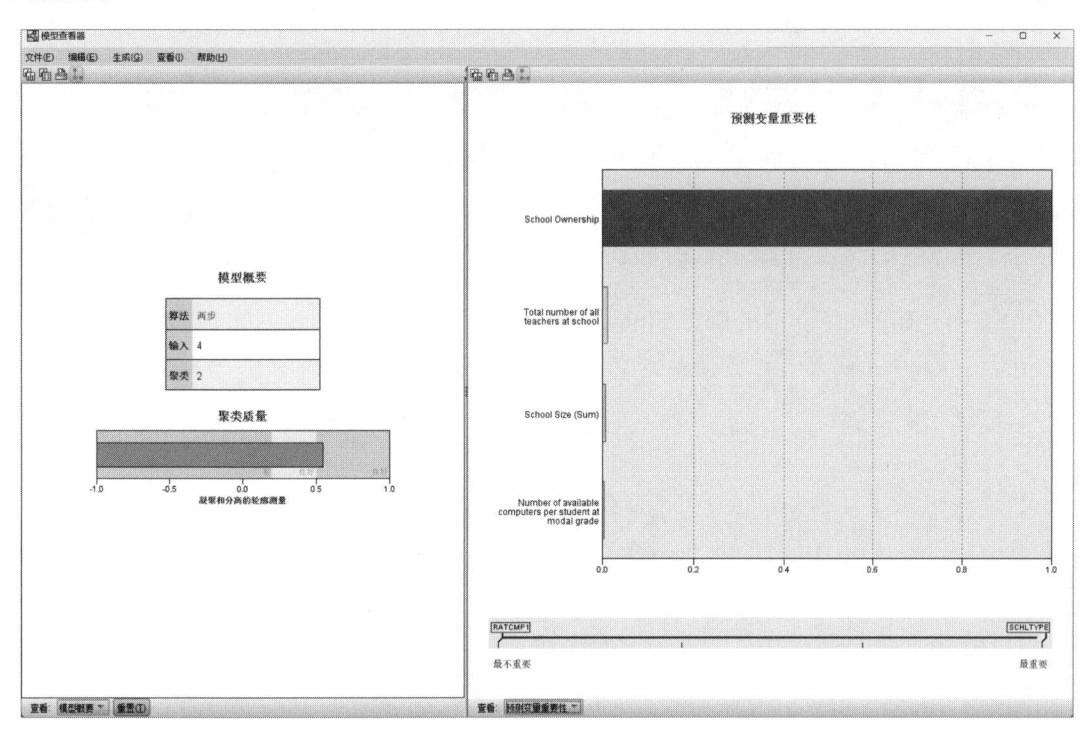

图 13-35　预测变量重要性辅助视图

进一步在主视图的"查看"区域中选择"聚类"选项，在辅助视图的"查看"区域中选择"聚类比较"选项，在主视图中选中聚类 1 和聚类 2，系统将在右侧辅助视图中展现这两个聚类中各变量的对比情况。如图 13-36 所示，聚类 1 的学校类型为私立学校，聚类 2 的学校类型为公立学校，这是进行聚类时最为重要的聚类指标。聚类 1 的教师总数、学校规模、计算机配备数量均低于聚类 2。除此以外，还有其他的可视化图形，读者可自行探索。

彩图 13-35

综上所述，利用学校类型、学校规模、计算机配备数量和教师总数这四个变量可以将 PISA 2018 中国四省市的学校数据大致分为两类：公立学校与私立学校。

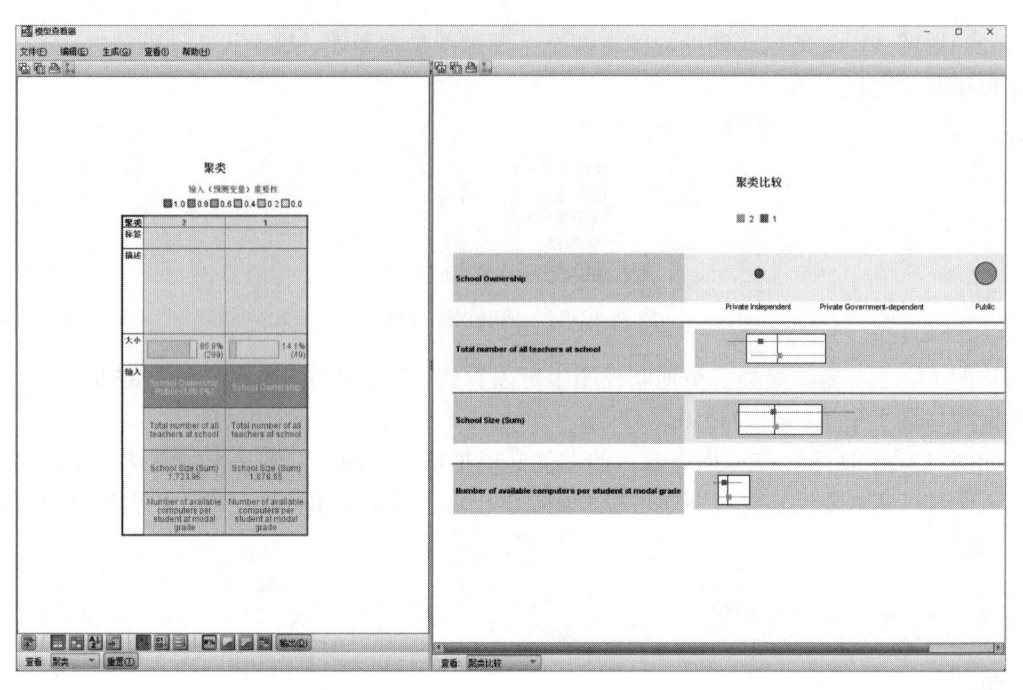

图 13-36　聚类结果细节

彩图 13-36

第 14 章 判 别 分 析

判别分析（Discriminant Analysis）是在已知分类的前提下，将未知分类的观测量归入已有分类的一种多元统计分析方法。与聚类分析不同的是，判别分析是一种有监督分类方法，先利用已知类别的样本数据，选择若干能够较全面地描述研究对象的变量，然后采用一定的判别准则，建立一个或多个判别函数，最后由研究对象包含的大量数据确定判别函数中的待定系数，并计算判别指标。对于一个未确定类别的个案，只要将其代入判别函数就可以判断其属于哪一类总体。

在教育研究中，判别分析可以帮助我们理解学生和学校表现的差异，并识别影响学业成绩的关键因素等，从而更好地了解教育过程中的动态。

14.1 判别分析概述

14.1.1 判别分析的原理与主要步骤

判别分析的核心在于考察组别之间的差异并找到判别函数，确定将个体分配到两个或更多已知群体中的概率，进而将需要判别的样本分类，其主要步骤如下。

（1）选择用于判别分析的自变量。这些自变量应该能够有效地区分不同的类别或群体，即针对不同的研究对象，自变量的值有明显的差异，能够反映出要判别变量的特征，且和判别分析的目的密切相关。

（2）确定分析样本和验证样本。数据集分为两部分，一部分用于判别函数的训练（分析）而另一部分用于验证判别函数的效果（验证）。分析样本用于确定判别函数，该函数将自变量映射到类别标签，以便对新样本进行分类；验证样本用于检查判别效果，评估判别函数在未知数据上的性能，以确保其泛化能力。

（3）构建判别函数。通过数学方法（如线性判别分析、二次判别分析等）构建判别函数，以便将自变量映射到类别标签。

（4）检验判别函数的显著性。在建立判别函数后，通常需要进行统计检验来评估其在预测类别方面的显著性。

（5）解读并分析判别的效果。对判别函数的结果进行解释和分析，以便理解自变量对因变量分类的影响，并且提出改进模型的建议。

14.1.2 判别分析的分类

基于判别分析的分类过程，按照判别组数区分，判别分析可分为两组判别分析和多组判别分析；按照判别标准区分，判别分析可分为距离判别分析、贝叶斯判别分析和费希尔判别分析，其具体思想如下。

（1）距离判别分析（Distance Discriminant Analysis）：根据各样本与各母体之间的距离远近进行判别。通过建立关于各母体的距离判别函数式，得出各样本与各母体之间的距离值，判断与样本距离最近的那个母体，主要基于马氏距离和欧式距离。

（2）贝叶斯判别分析（Bayesian Discriminant Analysis）：计算待判定样本属于每个总体的条件概率并将样本归入条件概率最大的组。其主要思想如下：利用样本所属分类的先验概率通过贝叶斯法则求出样本所属分类的后验概率分布，主要基于最大后验概率法和最小期望判别代价法，并依据该后验概率分布做出统计推断。

（3）费希尔判别分析（Fisher's Discriminant Analysis）：利用投影的方法将多维问题简化为一维问题来处理。通过建立的线性判别函数计算出各个观测量在各个典型变量维度上的坐标并得出样本与各个类中心的距离，以此作为分类依据。

14.1.3 判别分析的假设

在进行判别分析之前，需要检验判别分析的各个假设条件的满足情况，具体条件如下。
（1）每个判别变量不能是其他判别变量的线性组合，即自变量之间的相关性不能太大。
（2）任意给定的自变量的平均值和方差不能有太大的相关性。
（3）两个自变量之间的相关性在各个组之间是一致的。
（4）各个判别变量之间具有多元正态分布。
（5）各组变量的协方差矩阵相等。
一般采用博克斯（BOX）检验来对各个类别的协方差矩阵是否相等进行检验。

14.2 案 例 分 析

本节案例聚焦于识别出区分不同阅读素养水平学生的相关特征，自变量选择 PISA 2018 年中国四省市学生在个人和家庭层面与阅读素养水平相关联的六个指标，包括元认知策略：信息评鉴（METASPAM）、元认知策略：总结与概括（METASUM）、阅读兴趣（JOYREAD）、学生的职业期望（BSMJ）、家庭财富（HOMEPOS）和父亲的受教育水平（FISCED）。

PISA 2018 根据学生的得分所在的区间确定学生的阅读素养表现所处的精熟度水平，将学生的阅读素养划分为 6 个能力水平，水平 6 为最高，水平 1 为最低，水平 1 又被分为 1a、1b 和 1c 三个等级。其中，水平 2 为基础线，低于水平 2 的学生被认为没有形成未来社会所需的基本阅读能力，被称为"低表现者"；水平 5 和水平 6 的学生被称为"高表现者"。

本节将基于学生阅读素养水平的划分，给出两个判别分析的案例。案例一根据阅读成绩划分，将高表现者标记为"1"，低表现者标记为"0"，判别组数为 2。这一判别分析案例旨在揭示高表现者和低表现者在上述指标上的差异。案例二进一步扩展了判别分析的范围，考虑更多层次的阅读素养水平。将低表现者标记为"0"，高表现者标记为"2"，而处于中间水平的学生则被视为"一般表现者"，标记为"1"，判别组数为 3。通过这种更细致的判别分析，研究者能够更全面地理解处于不同阅读素养水平的学生在各个指标上的表现模式。

下面将结合案例介绍判别分析的基本步骤，这两个案例的操作步骤除了分组变量的选择不同，其余均相同，其分析结果将在之后分别介绍。

14.2.1 数据的准备

判别分析的数据集有多个自变量和一个因变量，因变量就是个案的类别，有时也称预测变量，它记录了个案所属的类或组。需要注意的是，因变量必须是分类变量（名义变量或有序变量），在 SPSS 中一般用整数编码来表示分类变量。因此，如果因变量中含有分类变量，那么必须预先将其编码为哑变量。自变量是用来判别分类的，通常为定量变量。

14.2.2 操作步骤

（1）打开数据文件，在菜单栏中选择"分析"→"分类"→"判别式"菜单命令，如图 14-1 所示，打开"判别分析"对话框。

（2）将"类别"选入"分组变量"列表，并设置定义范围。在"分组变量"列表中选择表明已知的观测量所属类别的变量（一定是离散变量），单击"定义范围"按钮，打开"判别分析：定义范围"对话框，如图 14-2 所示。在该对话框的"最小值"文本框中输入该分类变量的最小值，在"最大值"文本框中输入该分类变量的最大值，单击该对话框中的"继续"按钮，返回"判别分析"对话框。

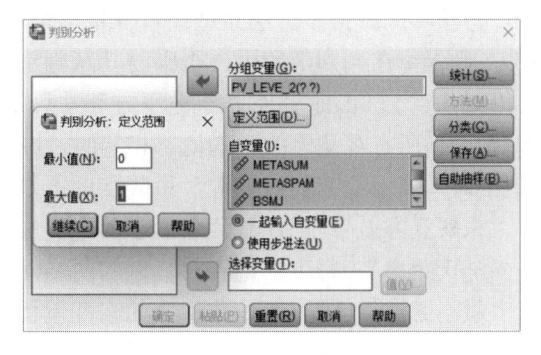

图 14-1 "判别分析"对话框的打开途径　　图 14-2 "判别分析：定义范围"对话框

（3）将其余指标选入"自变量"列表，并单击下方的"一起输入自变量"或"使用步进法"单选按钮，如图 14-3 所示。

（a）一起输入自变量　　　　　　（b）使用步进法

图 14-3 "判别分析"对话框

当我们认为所有的自变量都能为观测量特性提供丰富的信息时，单击"一起输入自变量"单选按钮，系统将不加选择地使用所有的自变量进行判别分析，建立全模型，不需要进一步选择。

当我们不认为所有的自变量都能为观测量特性提供丰富的信息时，单击"使用步进法"单选按钮。此时需要先判别贡献的大小，再进行选择。在单击该单选按钮后，"方法"按钮才可用，单击"方法"按钮，打开"判别分析：步进法"对话框（见图14-4），在该对话框中可以进一步选择判别分析方法。一般我们进行判别分析前会先进行相关的预分析，因而通常不会选择步进法。

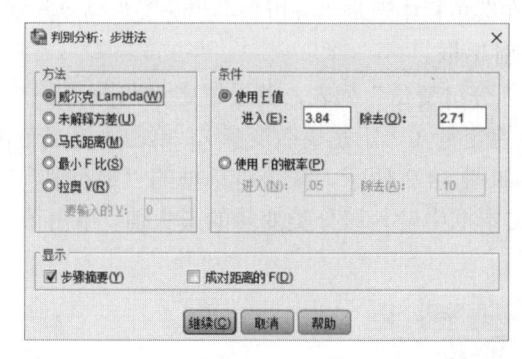

图 14-4　"判别分析：步进法"对话框

"方法"区域：步进法尝试让自变量逐个进入判别函数，若进入判别函数中的自变量符合条件，则保留在判别函数中，否则将其从判别函数中剔除。可供选择的判别分析方法如下。

"威尔克 Lambda"：它是组内平方和与总平方和之比，用于描述各组的平均值是否存在显著差别，当所有观测组的平均值都相等时，威尔克 Lambda 的值为 1；当组内变异与总变异相比很小时，表示组间变异较大，系数接近于 0。系统默认选择该方法。

"未解释方差"：把计算残余最小的自变量优先纳入判别函数中。

"马氏距离"：每步都把靠得最近的两类间的马氏距离最大的变量纳入判别函数中。

"最小 F 比"：把方差差异最大的自变量优先纳入判别函数中。

"拉奥 V"：即劳氏增值法，其把劳氏统计量 V 产生最大增值的自变量优先纳入判别函数中。用户可以为一个要加入模型中的变量的 V 值指定最小增量。选择此方法后，需要在该项下方的"要输入的 V"文本框中输入最小增量的指定值。当某一变量导致的 V 值增量大于指定值的变量时，该变量进入判别函数。

"条件"区域：该区域用于选择逐步判别停止的判据。

"使用 F 值"：系统默认选择该判据。在加入一个变量（或剔除一个变量）后，对在判别函数中的变量进行方差分析。当计算的 F 值大于指定的进入值时，该变量被保留在判别函数中。进入值默认为 3.84。当该变量使计算的 F 值小于指定的除去值时，该变量被从判别函数中剔除。除去值默认为 2.71。即当加入的变量 F 值为 3.84 时才把该变量加入模型中，否则变量不能进入模型；当要从模型中移出的变量 F 值小于 2.71 时，该变量才被移出模型，否则模型中的变量不会被移出。设置这两个值时应该保证进入值大于除去值。

"使用 F 的概率"：用 F 检验的概率决定变量是否加入函数或被剔除出函数。加入变量的 F 值概率默认为 0.05（5%），移出变量的 F 值概率默认为 0.10（10%）。除去值（移出变量的 F 值概率）应大于进入值（加入变量的 F 值概率）。

"显示"区域：对于逐步选择变量的过程和最后结果的显示可以通过以下两项进行选择。

"步骤摘要"：要求在逐步选择变量过程中的每一步之后显示每个变量的统计量。

"成对距离的 F"：要求显示类别之间的 F 值矩阵。

（4）单击"判别分析"对话框中的"统计"按钮，打开"判别分析：统计"对话框，在该对话框中选择需要统计的量，包含描述、函数系数和矩阵三大类。勾选"平均值"、"单变量 ANOVA"、"博克斯 M"、"费希尔"和"未标准化"复选框，如图 14-5 所示。

"描述"区域：给出自变量的描述性结果。

"平均值"：可以输出各类中各自变量的平均值、标准差和各自变量总样本的平均值和标准差。

"单变量 ANOVA"：用于对各类中同一自变量的平均值都相等的假设进行检验，输出单变量的方差分析结果。

"博克斯 M"：用于对各组的协方差矩阵相等的假设进行检验。如果样本量足够大，那么差异不显著的 p 值表明矩阵差异不明显。

"函数系数"区域：用于选择判别函数系数的输出形式。

"费希尔"：给出贝叶斯判别函数的系数。每一类给出一组系数，并给出该组中判别分数最高的观测量。（注意：勾选该复选框不会给出费希尔判别函数的系数。这个复选框的名字之所以为费希尔，是因为按判别函数值最大的一组进行归类这种思想是由费希尔提出来的。这里极易混淆，请注意辨别。）

"未标准化"：给出未标准化的判别函数（典型判别函数）的系数（SPSS 默认给出标准化的判别函数信息）。

"矩阵"区域：给出相关矩阵及协差矩阵信息。

"组内相关性"：即类内相关矩阵，在计算相关矩阵之前将各组（类）协方差矩阵平均后计算类内相关矩阵。

"组内协方差"：计算并显示合并类内协方差矩阵。该矩阵是将各组（类）协方差矩阵平均后计算得到的，区别于总协方差矩阵。

"分组协方差"：对每类输出显示一个协方差矩阵。

"总协方差"：计算并显示总样本的协方差矩阵。

（5）单击"判别分析"对话框中的"分类"按钮，打开"判别分析：分类"对话框，在该对话框中选择与分类相关的输出指标。在"先验概率"区域中单击"所有组相等"单选按钮，在"显示"区域中勾选"摘要表""留一分类"复选框，在"使用协方差矩阵"区域中单击"组内"单选按钮，勾选"图"区域中所有的复选框，如图 14-6 所示。

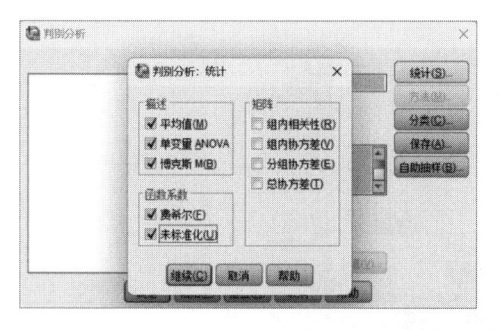

图 14-5 "判别分析：统计"对话框 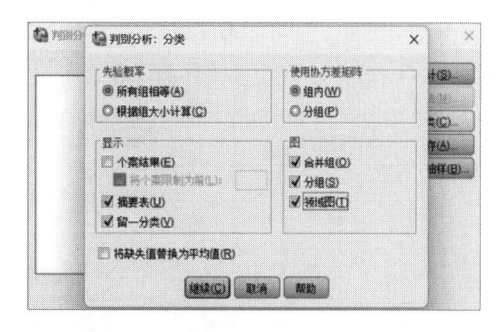　　　　图 14-6 "判别分析：分类"对话框

"先验概率"区域：以下两者选其一。

"所有组相等"：各类先验概率相等。若分为 m 类，则各类先验概率均为 $\dfrac{1}{m}$。系统默认选中该单选按钮。

"根据组大小计算"：由各类的样本量计算决定，即各类的先验概率与其样本量成正比。

"使用协方差矩阵"区域：用于选择分类使用的协方差矩阵。

"组内"：指定使用合并组内协方差矩阵进行分类。系统默认选中该单选按钮。

"分组"：指定使用各组协方差矩阵进行分类。由于分类依据是判别函数，而不是原始变量，因此该选项不等价于二次判别。

"图"区域：用于选择输出的统计图。

"合并组"：生成一张包括各类的散点图。该散点图是根据前两个判别函数值制作的。若只有一个判别函数，则输出直方图。

"分组"：根据前两个判别函数值为每一类生成一张散点图，共分为几类就生成几张散点图。若只有一个判别函数，则输出直方图。

"领域图"：生成用于根据函数值把观测量分到各组中去的边界图。这种统计图把一张图划分出与类数相同的几个区域，每一类占据一个区，各类的平均值在各区中用*号标出。若仅有一个判别函数，则不作此图。

"显示"区域：用于选择生成到输出窗口中的分类结果。

"个案结果"：用于输出每个观测量，包括判别分数、实际类、预测类（根据判别函数求得的分类结果）和后验概率等。在勾选"个案结果"复选框后，"将个案限制为前"复选框才可用，用户可以在后面的文本框中输入观测数量 n。勾选"将个案限制为前"复选框表示仅对前 n 个观测量输出分类结果。观测数量较大时可以勾选该复选框。

"摘要表"：用于输出分类的小结，给出正确分类观测量数（原始类和根据判别函数计算的预测类相同）和错分观测量数和错分率。

"留一分类"（不考虑该个案时的分类）：用于输出对每个观测量进行分类的结果，判别依据是由除该观测量外的其他观测量导出的，也称交互校验结果。建议勾选该复选框。

"将缺失值替换为平均值"：即用该类变量的平均值代替缺失值。当缺失大于10%时，不建议勾选该复选框。

（6）单击"判别分析"对话框中的"保存"按钮，打开"判别分析：保存"对话框，在该对话框中指定生成并保存在数据文件中的新变量。保持默认选项并单击"继续"按钮，如图14-7所示。

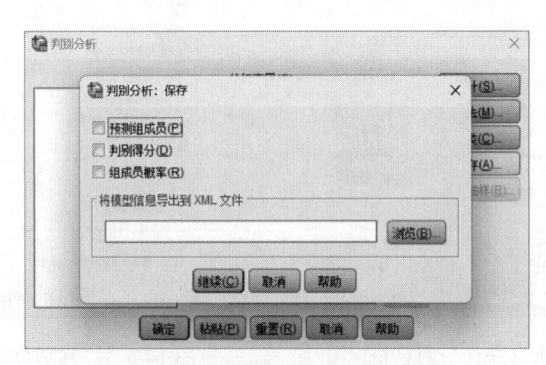

图14-7 "判别分析：保存"对话框

在"判别分析：保存"对话框中，主要包含下列选项。

"预测组成员"：用于建立一个新变量，以预测观测量的分类。根据判别分数将变量命名为dis_1，若不把工作数据文件中前一次建立的新变量删除，则第 n 次运行判别过程建立的新变量默认的变量名为 dis_n。

"判别得分":用于建立费希尔判别分数的新变量。该分数是由未标准化的判别系数乘以自变量的值,再将乘积求和后加上常数得来的。每次运行判别过程系统都会给出一组表明判别分数的新变量,建立几个判别函数就有几个判别分数变量。

"组成员概率":即贝叶斯后验概率值。若有 m 类,则针对一个观测量给出 m 个概率值,从而建立 m 个新变量。

14.3 案例结果分析

在"判别分析"对话框中单击"确定"按钮,系统将自动在 SPSS 的结果输出窗口中显示分析结果,分析结果主要包括分类结果、按照案例顺序的统计量、分类函数系数、特征值、检验结果、组平均值的同等检验等结果。

14.3.1 两个总体的判别分析

本节将根据与阅读素养水平相关的六个指标对学生阅读水平高低的判别分析结果进行解读。

1. 描述性统计结果

1)分析个案处理摘要

在分析结果中的"分析个案处理摘要"表中,主要显示了有效个案数、排除个案数和总计个案数,如图 14-8 所示。

2)组统计

在分析结果中的"组统计"表中,主要显示了各组的平均值、标准差和有效个案数,可以借此了解不同组中各指标的差异,如图 14-9 所示。例如,在"低表现者"组中,"BSMJ"指标的平均值为 55.10,而在"高表现者"组中,其平均值为 73.06。

分析个案处理摘要

未加权个案数		个案数	百分比
有效		2963	100.0
排除	缺失或超出范围组代码	0	.0
	至少一个缺失判别变量	0	.0
	既包括缺失或超出范围组代码,也包括至少一个缺失判别变量	0	.0
	总计	0	.0
总计		2963	100.0

图 14-8 分析个案处理摘要

组统计

PV_LEVE_2		平均值	标准差	有效个案数(成列) 未加权	加权
0	METASUM	-.976481	.9198439	395	395.000
	METASPAM	-.890684	.7171604	395	395.000
	BSMJ	55.096987	20.3618852	395	395.000
	JOYREAD	.426805	.6981795	395	395.000
	HOMEPOS	-.917813	1.0819916	395	395.000
	FISCED	2.893671	1.6916743	395	395.000
1	METASUM	.306912	.7482004	2568	2568.000
	METASPAM	.630970	.7206857	2568	2568.000
	BSMJ	73.061857	12.8833968	2568	2568.000
	JOYREAD	1.315011	.7979635	2568	2568.000
	HOMEPOS	-.021308	.8281438	2568	2568.000
	FISCED	4.633567	1.6295129	2568	2568.000
总计	METASUM	.135822	.8877317	2963	2963.000
	METASPAM	.428117	.8866516	2963	2963.000
	BSMJ	70.666946	15.3720111	2963	2963.000
	JOYREAD	1.196604	.8413400	2963	2963.000
	HOMEPOS	-.140822	.9181402	2963	2963.000
	FISCED	4.401620	1.7411949	2963	2963.000

图 14-9 组统计

3）组平均值的同等检验

在分析结果中的"组平均值的同等检验"表中，主要显示了各组在不同指标下的平均值差异，如图 14-10 所示。从表中可以看出，在两个指标中，不同组差异检验的 p 值均小于 0.05，表明不同组之间在各个指标上均存在显著差异，可以进行判别分析。

组平均值的同等检验				
	威尔克 Lambda	F	自由度 1	自由度 2	显著性
METASUM	.758	943.084	1	2961	.000
METASPAM	.660	1528.144	1	2961	.000
BSMJ	.842	555.027	1	2961	.000
JOYREAD	.871	437.811	1	2961	.000
HOMEPOS	.890	366.697	1	2961	.000
FISCED	.885	386.297	1	2961	.000

图 14-10　组平均值的同等检验

4）汇聚组内矩阵

在假设两个组的协方差相等的情况下，可以采用两个组聚合的协方差矩阵（组内协方差矩阵），分析结果中的"汇聚组内矩阵"同时给出了两个聚合组内矩阵：协方差矩阵和相关系数矩阵，如图 14-11 所示。

汇聚组内矩阵[a]							
		METASUM	METASPAM	BSMJ	JOYREAD	HOMEPOS	FISCED
协方差	METASUM	.598	.088	.353	.018	-.023	-.035
	METASPAM	.088	.519	.258	.024	.014	.026
	BSMJ	.353	.258	199.065	.461	1.047	2.063
	JOYREAD	.018	.024	.461	.617	.089	.087
	HOMEPOS	-.023	.014	1.047	.089	.750	.610
	FISCED	-.035	.026	2.063	.087	.610	2.683
相关性	METASUM	1.000	.158	.032	.029	-.035	-.028
	METASPAM	.158	1.000	.025	.043	.023	.022
	BSMJ	.032	.025	1.000	.042	.086	.089
	JOYREAD	.029	.043	.042	1.000	.131	.067
	HOMEPOS	-.035	.023	.086	.131	1.000	.430
	FISCED	-.028	.022	.089	.067	.430	1.000

a. 协方差矩阵的自由度为 2961。

图 14-11　汇聚组内矩阵

5）协方差矩阵

图 14-12 所示的"协方差矩阵"表给出了样本数据的分组协方差矩阵，包括三个协方差矩阵：PV_LEVEL_2 为 0 的部分对应的是"低表现者"组的协方差矩阵；PV_LEVEL_2 为 1 的部分对应的是"高表现者"组的协方差矩阵；而总计对应的是根据所有样本数据计算得出的协方差矩阵。协方差矩阵给出了预测变量之间的相关性，需要仔细检查该矩阵。如果预测变量之间存在很强的共线性，那么判别函数的系数大小可能不能直接说明自变量对判别函数的贡献大小，需要结合结构矩阵仔细分析。

协方差矩阵^a

PV_LEVE_2		METASUM	METASPAM	BSMJ	JOYREAD	HOMEPOS	FISCED
0	METASUM	.846	.165	.953	.017	-.165	-.132
	METASPAM	.165	.514	.514	.064	-.006	-.018
	BSMJ	.953	.514	414.606	.740	3.198	1.484
	JOYREAD	.017	.064	.740	.487	.085	.052
	HOMEPOS	-.165	-.006	3.198	.085	1.171	.750
	FISCED	-.132	-.018	1.484	.052	.750	2.862
1	METASUM	.560	.076	.261	.018	-.002	-.020
	METASPAM	.076	.519	.219	.018	.018	.033
	BSMJ	.261	.219	165.982	.418	.717	2.152
	JOYREAD	.018	.018	.418	.637	.090	.092
	HOMEPOS	-.002	.018	.717	.090	.686	.589
	FISCED	-.020	.033	2.152	.092	.589	2.655
总计	METASUM	.788	.314	3.018	.150	.110	.223
	METASPAM	.314	.786	3.418	.181	.172	.332
	BSMJ	3.018	3.418	236.299	2.305	2.908	5.675
	JOYREAD	.150	.181	2.305	.708	.181	.265
	HOMEPOS	.110	.172	2.908	.181	.843	.790
	FISCED	.223	.332	5.675	.265	.790	3.032

a. 总协方差矩阵的自由度为 2962。

图 14-12 协方差矩阵

6）协方差矩阵的博克斯等同性检验

博克斯等同性检验是指对各组的协方差矩阵相等的假设进行检验。在分析结果中的"对数决定因子"表中，主要显示了不同组别的秩和对数决定因子，如图 14-13 所示。例如，"低表现者"组的对数决定因子为 5.349，而"高表现者"组的对数决定因子为 3.758，"汇聚组内"的对数决定因子则为 4.074。还需要根据博克斯 M 检验的结果来判断两个分组的协方差矩阵是否相等。

对数决定因子

PV_LEVE_2	秩	对数决定因子
0	6	5.349
1	6	3.758
汇聚组内	6	4.074

打印的决定因子的秩和自然对数是组协方差矩阵的相应信息。

图 14-13 对数决定因子

在分析结果中的"检验结果"表中，主要显示了博克斯 M 值和 F 值，如图 14-14 所示。观察表中的数据可以发现，显著性水平低于 0.05，表示存在显著性差异，即拒绝协方差矩阵相等的原假设，说明两个分组的协方差矩阵不相等。这表明，我们在进行判别分析时选择聚合协方差矩阵不是最优的选择。这时，我们应该选择分组协方差矩阵重新进行判别分析［在 14.2.2 节的步骤（4）中选择分组协方差矩阵］，并重新对结果进行分析。

检验结果

	博克斯 M	308.287
F	近似	14.600
	自由度 1	21
	自由度 2	1758806.120
	显著性	.000

对等同群体协方差矩阵的原假设进行检验。

图 14-14 检验结果

2. 典则判别函数摘要

此部分给出的是判别函数检验结果,在本次分析中系统构建了一个判别函数,图 14-15(a)所示为典则判别函数的特征值及方差贡献等。特征值为 1.114,能够解释所有的变异。而图 14-15(b)所示为典则判别函数的有效性检验,即利用威尔克 Lambda 统计量来检验各个判别函数有无统计学意义。第一个判别函数的 p 值为 0.000,小于 0.05,说明在 0.05 水平上显著,即用该函数即可判别个案所属的类别。

特征值				
函数	特征值	方差百分比	累计百分比	典型相关性
1	1.114ª	100.0	100.0	.726

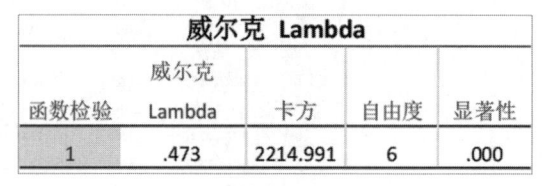

a. 在分析中使用了前 1 个典则判别函数。

(a) 特征值

威尔克 Lambda			
函数检验	威尔克 Lambda	卡方	自由度	显著性
1	.473	2214.991	6	.000

(b) 威尔克 Lambda

图 14-15 特征值和威尔克 Lambda

3. 判别函数

图 14-16(a)所示的标准化典则判别函数系数是判别函数中各个变量的标准化系数,也是线性判别函数中各原始变量的权重系数,和多元回归中的回归系数类似,判别函数可以表示为

$$g(x) = 0.436x_1 + 0.582x_2 + 0.335x_3 + 0.275x_4 + 0.177x_5 + 0.217x_6 \quad (14\text{-}1)$$

式中,x_1 表示元认知策略:总结与概括(METASUM);x_2 表示元认知策略:信息评鉴(METASPAM);x_3 表示学生的职业期望(BSMJ);x_4 表示阅读兴趣(JOYREAD);x_5 表示家庭财富(HOMEPOS);x_6 表示父亲的受教育水平(FISCED)。

从判别函数的标准系数方程中可以看出判别函数主要受到哪些变量的影响。其中,变量元认知策略:信息评鉴(METASPAM)对判别函数的影响较大。

标准化典则判别函数系数	
	函数
	1
METASUM	.436
METASPAM	.582
BSMJ	.335
JOYREAD	.275
HOMEPOS	.177
FISCED	.217

(a) 标准化典则判别函数系数

典则判别函数系数	
	函数
	1
METASUM	.564
METASPAM	.809
BSMJ	.024
JOYREAD	.350
HOMEPOS	.204
FISCED	.132
(常量)	-3.074

未标准化系数

(b) 典则判别函数系数

图 14-16 标准化典则判别函数系数和典则判别函数系数

若需要通过判别函数找到该个案在二维坐标上的取值,则需要用各变量的非标准化系数构建起判别函数,如图 14-16(b)所示,这时判别函数可以表示为

$$g(x) = 0.564x_1 + 0.809x_2 + 0.024x_3 + 0.35x_4 + 0.204x_5 + 0.132x_6 - 3.074 \quad (14\text{-}2)$$

式中自变量的含义与式(14-1)中自变量的含义一致。

4．结构矩阵与组质心处的函数

图 14-17 所示的结构矩阵可以评估各个预测变量对判别得分的贡献大小。结构矩阵给出了预测变量和判别变量的皮尔逊相关系数，并按照相关系数绝对值的大小进行降序排列。从表中可知，预测变量 METASPAM 与判别得分的相关系数为 0.680，而预测变量 HOMEPOS 与判别得分的相关系数为 0.333，表明预测变量 METASPAM 对判别函数分类的重要性要高于预测变量 HOMEPOS，与通过判别函数系数分析所得的结果一致。

组质心处的函数是各个组的判别函数得分的平均值，可以将其看作质心（重心）。如果有多个判别函数，那么将有多组函数平均值。由图 14-18 可知，类别"0"的质心取值为-2.691，类别"1"的质心取值为 0.414。

结构矩阵

	函数
	1
METASPAM	.680
METASUM	.535
BSMJ	.410
JOYREAD	.364
FISCED	.342
HOMEPOS	.333

判别变量与标准化典则判别函数之间的汇聚组内相关性变量按函数内相关性的绝对大小排序

图 14-17　结构矩阵

组质心处的函数

PV_LEVE_2	函数
	1
0	-2.691
1	.414

按组平均值进行求值的未标准化典则判别函数

图 14-18　组质心处的函数

5．分类统计结果

1）分类函数系数

SPSS 同时提供了一个更为简便的方法判断个案所属的类别。图 14-19 所示为贝叶斯的费希尔线性判别函数的系数，利用图中的数据可以直接写出贝叶斯判别函数，判别的类别变量有几类就有几个判别函数，由于阅读素养水平有两个类别，因此有两个判别函数，即

$$g_1(x) = -1.612x_1 - 1.615x_2 + 0.28x_3 + 0.809x_4 - 2.952x_5 + 1.504x_6 - 13.61 \quad (14\text{-}3)$$

$$g_2(x) = 0.138x_1 + 0.896x_2 + 0.354x_3 + 1.895x_4 - 2.317x_5 + 1.914x_6 - 19.619 \quad (14\text{-}4)$$

式中，$g_1(x), g_2(x)$ 分别对应低表现者和高表现者，其自变量的含义与式（14-1）中自变量的含义一致。

将每个个案的变量值分别带入费希尔线性判别函数，将会获得两个函数值，比较两者的大小，哪个函数值大就表示这个个案是属于哪个类别的。

分类函数系数

	PV_LEVE_2	
	0	1
METASUM	-1.612	.138
METASPAM	-1.615	.896
BSMJ	.280	.354
JOYREAD	.809	1.895
HOMEPOS	-2.952	-2.317
FISCED	1.504	1.914
（常量）	-13.610	-19.619

图 14-19　分类函数系数

2）分类结果

经过对比，我们发现系统的判断不一定完全与原来的分类一致。判断错误的个案数的具体情况如图 14-20 所示，例如，系统把 204 个原类别为"1"的个案判定为"0"，把 368 个原类别为"0"的个案判定为"1"。从图注中可以看出此次分类的正确率为 92.2%，即错判率为 7.8%。

分类结果[a]			预测组成员信息		
		PV_LEVE_2	0	1	总计
原始	计数	0	368	27	395
		1	204	2364	2568
	%	0	93.2	6.8	100.0
		1	7.9	92.1	100.0

a. 正确地对 92.2% 个原始已分组个案进行了分类。

图 14-20　分类结果

14.3.2　两个以上总体的判别分析

如果有两个以上的分类，判别函数的个数可能为一个或一个以上。本节将对处于不同阅读素养水平的学生（高表现者、一般表现者、低表现者）的判别分析结果进行解读，其中描述性统计结果与 14.3.1 节中的结果类似，此处不再赘述。

1. 典则判别函数摘要

由图 14-21（a）可知，判别分析模型中的方差由前两个判别函数解释，函数 1 解释了绝大部分的方差，函数 2 仅解释了 2.4%的方差，对判别分析模型的影响较小。图 14-21（b）所示为判别函数对各个分组平均值的显著性检验结果。原假设是图中判别函数的平均值在各个分组中是相等的。由图 14-21（b）所示的第一行数据可知，各个分组的判别函数 1 的平均值是显著不相等的，由第二行数据可知，各个分组的第二个判别函数的平均值显著不相等。

特征值				
函数	特征值	方差百分比	累计百分比	典型相关性
1	.341[a]	97.6	97.6	.504
2	.008[a]	2.4	100.0	.092

a. 在分析中使用了前 2 个典则判别函数。

威尔克 Lambda				
函数检验	威尔克 Lambda	卡方	自由度	显著性
1 直至 2	.739	2905.872	12	.000
2	.992	81.263	5	.000

（a）特征值　　　　　　　　　　　　　　（b）威尔克 Lambda

图 14-21　特征值和威尔克 Lambda

2. 判别函数

图 14-22（a）所示为标准化典则判别函数系数。判别函数可以表示为

$$g_1(x) = 0.365x_1 + 0.516x_2 + 0.246x_3 + 0.296x_4 + 0.19x_5 + 0.336x_6 \qquad (14\text{-}5)$$

$$g_2(x) = 0.297x_1 - 0.063x_2 + 0.441x_3 + 0.165x_4 + 0.282x_5 - 0.965x_6 \qquad (14\text{-}6)$$

式中，x_1 表示元认知策略：总结与概括（METASUM）；x_2 表示元认知策略：信息评鉴（METASPAM）；x_3 表示学生的职业期望（BSMJ）；x_4 表示阅读兴趣（JOYREAD）；x_5 表示家庭财富（HOMEPOS）；x_6 表示父亲的受教育水平（FISCED）。

根据判别函数的系数，我们可以认为变量 METASPAM 的信息主要体现在第一个判别函数中，变量 FISCED 则主要体现在第二个判别函数中。

标准化典则判别函数系数

	函数 1	函数 2
METASUM	.365	.297
METASPAM	.516	-.063
BSMJ	.246	.441
JOYREAD	.269	.165
HOMEPOS	.190	.282
FISCED	.336	-.965

（a）标准化典则判别函数系数

典则判别函数系数

	函数 1	函数 2
METASUM	.400	.325
METASPAM	.582	-.071
BSMJ	.015	.027
JOYREAD	.329	.202
HOMEPOS	.217	.321
FISCED	.194	-.558
（常量）	-2.062	.230

未标准化系数

（b）典则判别函数系数

图 14-22　标准化典则判别函数系数和典则判别函数系数

若需要通过判别函数找到该个案在二维坐标上的取值，则需要用各变量的非标准化系数构建起判别函数。由于图 14-22（b）所示的系数是非标准化的系数，因此不能根据该系数的大小对预测变量判别能力的大小进行判断。

3．结构矩阵与组质心处的函数

图 14-23 所示的结构矩阵可以用于评估各个自变量对各个判别函数判别得分的贡献大小。结构矩阵给出了每一个自变量和两个判别函数的相关系数，并按照相关系数绝对值的大小进行了降序排列。如果一个自变量与某个判别函数的相关系数是与两个判别函数的相关系数中最大的，那么该相关系数的右上角用"*"标识。

从图中可知，FISCED 变量是与第二个判别函数密切相关的唯一变量，其余五个变量均与第一个判别函数有着密切的关系，表明第一个函数是一个"稳定"的判别函数。

图 14-24 所示为按照分类来计算的判别函数得分的平均值。在函数 1 中，类别为"0"的质心取值为-1.64，在函数 2 中，类别为"0"的质心取值为-0.362。

结构矩阵

	函数 1	函数 2
METASPAM	.683*	.047
METASUM	.527*	.314
HOMEPOS	.420*	-.087
JOYREAD	.416*	.165
BSMJ	.397*	.374
FISCED	.493	-.769*

判别变量与标准化典则判别函数之间的汇聚组内相关性
变量按函数内相关性的绝对大小排序。

图 14-23　结构矩阵

组质心处的函数

PV_LEVEL_3	函数 1	函数 2
0	-1.640	-.362
1	-.231	.049
2	.852	-.073

按组平均值进行求值的未标准化典则判别函数

图 14-24　组质心处的函数

4．分类统计结果

1）分类函数系数

图 14-25 所示为贝叶斯（Bayes）的费希尔（Fisher）线性判别函数的系数，利用图中的数据可以直接写出贝叶斯判别函数，进而判断个案所属的类别。因为阅读素养水平划分为了 3 类，所以这里有三个函数，即

$$g_1(x) = -1.2x_1 - 1.098x_2 + 0.211x_3 + 0.686x_4 - 2.978x_5 + 1.361x_6 - 11.457 \quad (14\text{-}7)$$

$$g_2(x) = -0.503x_1 - 0.307x_2 + 0.243x_3 + 1.232x_4 - 2.541x_5 + 1.405x_6 - 12.886 \quad (14\text{-}8)$$

$$g_3(x) = -0.109x_1 + 0.332x_2 + 0.256x_3 + 1.563x_4 - 2.345x_5 + 1.684x_6 - 15.485 \quad (14\text{-}9)$$

式中，$g_1(x), g_2(x), g_3(x)$ 分别对应低表现者、一般表现者和高表现者，其自变量的含义与式（14-5）中自变量的含义一致。

将每个个案的变量值分别带入费希尔线性判别函数，将会获得三个函数得分，比较两者的大小，哪个函数值大就表示这个个案是属于哪个类别的。

分类函数系数			
	\multicolumn{3}{c	}{PV_LEVEL_3}
	0	1	2
METASUM	-1.200	-.503	-.109
METASPAM	-1.098	-.307	.332
BSMJ	.211	.243	.256
JOYREAD	.686	1.232	1.563
HOMEPOS	-2.978	-2.541	-2.345
FISCED	1.361	1.405	1.684
(常量)	-11.457	-12.886	-15.485

费希尔线性判别函数

图 14-25　分类函数系数

2）领域图

领域图（见图 14-26）可以帮助我们分析各分组和判别函数之间的关系。它将结构矩阵的结果联系起来，为自变量和分组之间的关系提供了图形解释。领域图的横坐标表示第一个判别函数的取值，而纵坐标表示第二个判别函数的取值，领域图中的 1、2、3 分别对应因变量标签 0、1、2。第一个判别函数能将低表现者和高表现者从其他学生中分离出来。第二个判别函数不能明显分离各类群体。

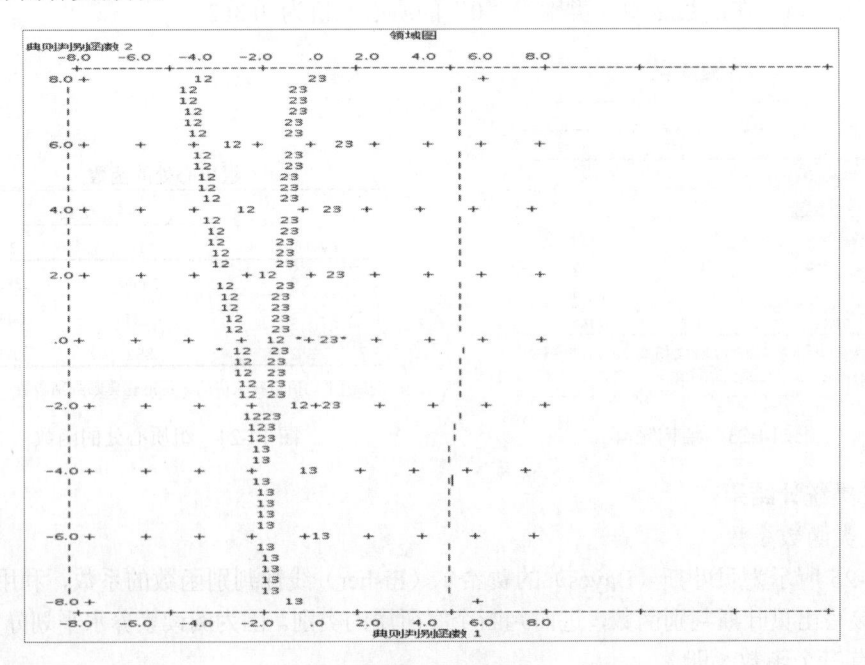

图 14-26　领域图

3）典则判别函数图

分析结果中的典则判别函数图以不同颜色的圆圈表示不同组别变量的具体位置及组质心的位置，如图 14-27 所示。函数 1 得分高的更可能为高表现者，函数 1 得分低的更可能为低表现者。

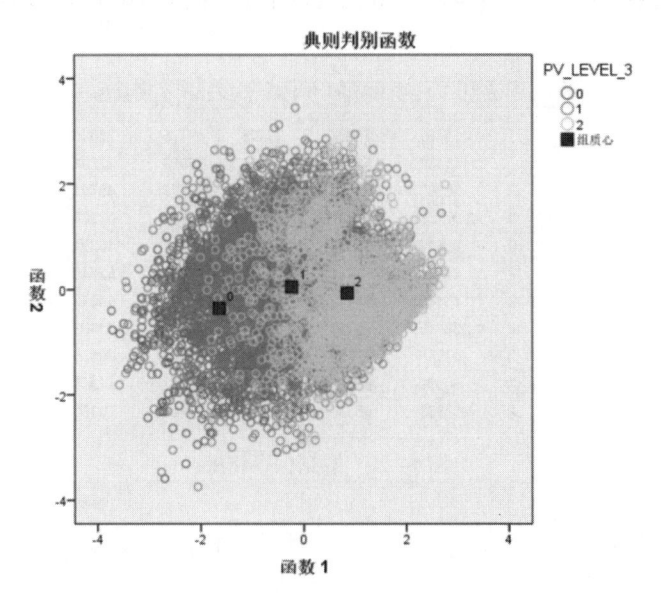

图 14-27 典则判别函数图

4）分类结果

图 14-28 所示为分类结果，总体的正确率为 52.8%。模型判别 3 个分类（低表现者、一般表现者和高表现者）的正确率分别为 78.5%、42.2%、和 76.2%。这里要注意的是，模型判别高、低表现者的准确率达到了 75%，而模型对一般表现者的判别能力一般。为了准确判别一般表现者，需要进一步改进判别方法，或者选择其他的自变量。

分类结果

		PV_LEVEL_3	0	1	2	总计
原始	计数	0	310	75	10	395
		1	1702	2816	2150	6668
		2	67	544	1957	2568
	%	0	78.5	19.0	2.5	100.0
		1	25.5	42.2	32.2	100.0
		2	2.6	21.2	76.2	100.0
交叉验证	计数	0	308	77	10	395
		1	1706	2811	2151	6668
		2	68	546	1954	2568
	%	0	78.0	19.5	2.5	100.0
		1	25.6	42.2	32.3	100.0
		2	2.6	21.3	76.1	100.0

a. 正确地对 52.8% 个原始已分组个案进行了分类。
b. 仅针对分析中的个案进行交叉验证。在交叉验证中，每个个案都由那些从该个案以外的所有个案派生的函数进行分类。
c. 正确地对 52.7% 个进行了交叉验证的已分组个案进行了分类。

图 14-28 分类结果

5)结果导出

若在 14.2.2 节步骤（6）中打开的"判别分析：保存"对话框中勾选了"预测组成员"、"判别得分"和"组成员概率"复选框，则可以在数据表格中看到新增的 6 列。第 1 列为预测的组别，第 2、3 列为判别函数得分，第 4、5、6 列为每个个案的分组概率，数据保存结果如图 14-29 所示。

Dis_1	Dis1_1	Dis2_1	Dis1_2	Dis2_2	Dis3_2
1	-.51786	-.29334	.29225	.49775	.21000
1	-.45101	.56471	.21040	.56059	.22901
2	.55560	1.83333	.02572	.47728	.49701
0	-2.07735	-1.57797	.89159	.09936	.00905
0	-.95818	-1.00190	.53212	.36397	.10391
2	.47746	-.61431	.06714	.40745	.52540
2	.75189	-.34112	.03599	.35984	.60417
2	1.33415	.78213	.00734	.26464	.72803
2	.43986	.22758	.05484	.44640	.49875
2	.50998	.55690	.04309	.44342	.51348
2	1.52038	.65331	.00506	.22514	.76980

图 14-29　数据保存结果

第 15 章 因 子 分 析

因子分析是用于证实研究者所设计的测量工具能够用于测量某一潜在特质的强度和内在结构，将一组具有共同特性或有特殊结构关系的测量指标，抽离出其背后的潜在关联并进行因素关系探究的统计分析技术。

因子分析分为 R 型和 Q 型两类，从变量间的相关矩阵或协方差矩阵出发，提取变量中的潜在变量（因子）的过程，称为 R 型分析；从观测被试间的相似矩阵出发，提取观测单位中的潜在变量（因子）的过程，称为 Q 型分析。根据分析目的的不同，因子分析也可以分为探索性因子分析（Exploratory Factor Analysis，EFA）和验证性因子分析（Confirmatory Factor Analysis，CFA）。其中，探索性因子分析能够在理论结构不清晰的情况下，探究有多少个因子能够解释原始观测变量，以及如何解释这些因子；而验证性因子分析能够在已有理论结构的基础上，对理论/模型进行检验，同时能够比较不同理论模型的优劣。

15.1 探索性因子分析

探索性因子分析通过分析观测变量之间的关系，在尽可能不损失或少损失原始数据信息的情况下，探索是否存在少数的潜在变量（因子）能够解释错综复杂的观测变量之间的相关关系。

15.1.1 原理介绍

1. 因子分析模型

1）单因子模型

单因子模型（Single-factor Model）是最简单的因子分析形式，它假设所有的变量变化都可以归因于一个单一的潜在因子。Charles Spearman（1904）为推测语言成绩是由学生的语言学习能力决定的，首次提出单因子模型，即每门课程的考试成绩可以看作一个公因子（智力因子）和一个特殊因子之和。这种模型在理论上具有高度的简洁性，但在实际应用中可能无法充分解释复杂数据的多变性。

2）多因子模型

多因子模型是对单因子模型的拓展，它假设存在多个潜在变量共同影响观测变量的变化，即用多个不可观测的公因子和特殊因子来表述原始可观测的相关变量。这种模型能更好地捕捉数据中的复杂性和多样性。

3）正交因子模型

正交因子模型是多因子模型的一种特殊形式。在该模型中，因子之间是互不相关的，即它们的协方差矩阵是对角矩阵，这种正交性假设简化了因子分析的计算过程，使得每个因子在解释变量变化时具有独特贡献。

建立因子分析模型不只是找主因子，更重要的是对实际情况进行分析。因此正交因子模型也是我们在实际研究中最常用的模型,它的一个重要特性是,允许我们通过旋转因子载荷矩阵来简化对因子的解释,从而使对因子的解释更加直观和易于理解,即能够将高度相关的变量聚合成几个不相关的因子。旋转方法主要有正交旋转法和斜交旋转法两大类,在实际研究中常用正交旋转法。例如,方差最大化旋转就是一种常用的方法,该方法试图使每个因子上载荷的平方的方差最大化,从而使每个因子在解释变量时具有更大的区分度。

2. 探索性因子分析的优势

(1)探索性因子分析可以实现降维,在实际操作中不需要预先设定因子的数量和类型,降低了数据采集和分析的难度,在处理复杂数据集时具有更好的灵活性和适应性。

(2)探索性因子分析可以将众多变量聚合为少数几个因子,以此解释观测变量之间的内在数据结构和规律,从而洞察哪些变量正在测量相同的潜在因素。

(3)探索性因子分析能够基于提取的因子,按照权重计算综合得分,为后续研究提供新的视角和思路。

15.1.2 操作步骤

进行探索性因子分析时,主要有以下六个步骤。

(1)数据准备。在进行探索性因子分析之前,需要对收集到的教育数据进行预处理,包括数据清洗、缺失值处理、异常值检测等。数据的准确和可靠是后续分析的基础。

(2)变量筛选。根据研究目的和数据特点,选择适合进行因子分析的变量。这些变量应该具有一定的相关性和代表性,能够反映教育领域的某些方面或某个问题。

(3)因子提取。在 SPSS 中,可以选择多种方法进行因子提取,如主成分分析法、最大似然法等。这些方法可以从原始变量中提取出潜在的因子,并计算每个因子的得分。

(4)因子旋转。为了使因子结构更加清晰易懂,可以对提取出的因子进行旋转操作。常用的旋转方法包括正交旋转法和斜交旋转法。通过旋转,可以得到更加符合实际情况的因子结构。

(5)因子解释与命名。根据旋转后的因子结构和原始变量的含义,对每个因子进行解释和命名。这些命名应该能够准确反映因子的内涵和特点,为后续的研究和分析提供便利。

(6)结果分析与讨论。对因子分析的结果进行深入的分析和讨论。这包括比较不同因子的得分差异、探讨因子与原始变量之间的关系、分析因子对研究问题的解释力度等。通过这些分析和讨论,可以得出更全面的结论,为教育领域的决策制定提供科学依据。

使用 SPSS 软件进行探索性因子分析的主要操作步骤如下。

(1)在菜单栏中选择"分析"→"降维"→"因子"菜单命令,打开"因子分析"对话框,执行探索性因子分析过程,如图 15-1 和图 15-2 所示,并在变量列表中选中需要进行探索性因子分析的观测变量。

(2)在"因子分析"对话框中单击"描述"按钮,打开如图 15-3 所示的"因子分析:描述"对话框,勾选"单变量描述"、"初始解"和"KMO 和巴特利特球形度检验"复选框,单击"继续"按钮返回"因子分析"对话框。

(3)在"因子分析"对话框中单击"提取"按钮,打开如图 15-4 所示的"因子分析:提取"对话框,在"方法"下拉列表中选择"主成分"选项,勾选"未旋转因子解"和"碎石图"复选框,单击"相关性矩阵""基于特征值"单选按钮,单击"继续"按钮,返回"因子分析"对话框。

图 15-1 "因子分析"对话框的打开途径

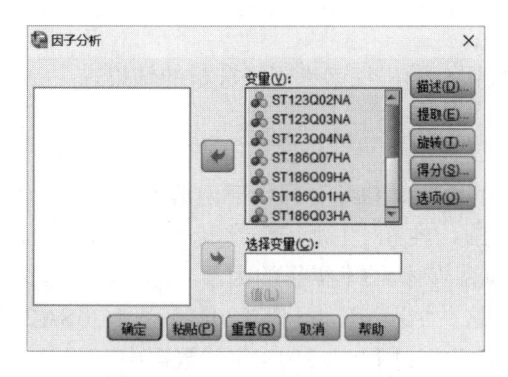

图 15-2 "因子分析"对话框

图 15-3 "因子分析：描述"对话框

（4）在"因子分析"对话框中单击"旋转"按钮，打开如图 15-5 所示的"因子分析：旋转"对话框，单击"最大方差法"单选按钮，勾选"旋转后的解"复选框，单击"继续"按钮，返回"因子分析"对话框。

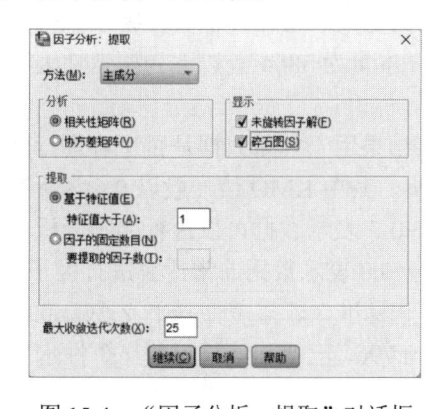

图 15-4 "因子分析：提取"对话框

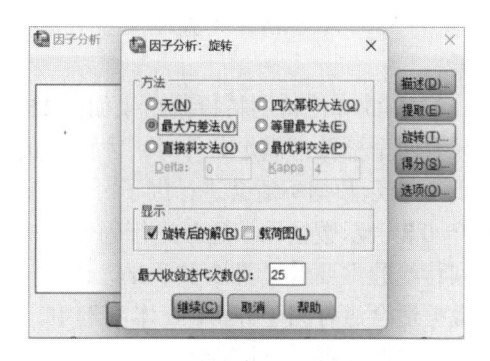

图 15-5 "因子分析：旋转"对话框

（5）在"因子分析"对话框中单击"得分"按钮，打开如图 15-6 所示的"因子分析：因子得分"对话框，勾选"保存为变量"复选框，将因子得分保存为新变量，勾选"显示因子得分系数矩阵"复选框，单击"继续"按钮，返回"因子分析"对话框。

（6）在"因子分析"对话框中单击"选项"按钮，打开如图 15-7 所示的"因子分析：选项"对话框，勾选"禁止显示小系数"复选框并在"绝对值如下"文本框中输入 0.4（该值可以根据研究需求与实际情况调整,即不显示因子载荷小于 0.4 的数值,这样在观察各题项的因子归属时能够更加直观,再勾选"按大小排序"复选框,单击"继续"按钮,返回"因子分析"对话框。

图 15-6 "因子分析:因子得分"对话框　　图 15-7 "因子分析:选项"对话框

(7) 在"因子分析"对话框中单击"确定"按钮,输出探索性因子分析的结果。

15.1.3　案例分析

国际学生评估计划(PISA)是评估 15 岁学生的阅读、数学、科学能力的教育成就研究。该调查特别强调学生的幸福感,这可以通过学校氛围、学生对生活的满意度等方面来衡量。在 PISA 2018 年的学生问卷中,向学生询问了许多可能影响他们幸福感的因素,然而,这些关于幸福感的问题或变量大多形成了独立的结构。针对这一情况,Kuhn 等(2021)基于 PISA 2018 年的数据,选取了约 60 个项目进行探索性分析,以此探讨 PISA 2018 年的数据中有关幸福感的变量之间的关系,从而理解生活满意度、更广泛的幸福因素和其他社会情感因素之间的关系,并开发了一种更加全面的幸福感衡量标准。

本节选择 Kuhn 等(2021)研究中的 13 个项目,更为详尽的内容建议查阅 Kuhn 等(2021)的完整研究。样本选择缺失值过滤后的 PISA 2018 年中国四省市数据,为便于后续进行验证,将过滤缺失值后的 11729 个样本随机分为大致相等的两份,一份作为探索性因子分析的案例(样本量为 5865),一份作为验证性因子分析的案例(样本量为 5864),以下为探索性因子分析的结果。

(1) KMO 和巴特利特检验结果如图 15-8 所示。该结果用于判断数据是否适合进行因子分析,只有两个检验都满足条件时,才可以进行因子分析。其中 KMO 值一般以 0.6 为标准,该值小于 0 表示数据不适合进行因子分析;该值为 0.6~0.7 表示数据可以进行因子分析;该值为 0.7~0.8 表示数据比较适合进行因子分析;该值高于 0.8 表示数据非常适合进行因子分析。巴特利特检验主要看显著性水平 α,该值一般以 0.05 为标准,若显著性水平 α 小于 0.05,则说明数据适合进行因子分析。在本案例中,KMO 值为 0.796,巴特利特检验的显著性水平 α 小于 0.05,表明数据适合进行因子分析。

KMO 和巴特利特检验		
KMO 取样适切性量数。		0.796
巴特利特球形度检验	近似卡方	32766.061
	自由度	78
	显著性	0.000

图 15-8　KMO 和巴特利特检验结果

(2）公因子方差如图 15-9 所示。"提取"列中值小于 0.2 的题项建议删除，本结果中所有的值均大于 0.2，因此不需要删除题项。

公因子方差

	初始	提取
ST123Q02NA	1.000	0.812
ST123Q03NA	1.000	0.882
ST123Q04NA	1.000	0.845
ST186Q07HA	1.000	0.634
ST186Q09HA	1.000	0.521
ST186Q01HA	1.000	0.714
ST186Q03HA	1.000	0.716
ST185Q01HA	1.000	0.730
ST185Q02HA	1.000	0.795
ST185Q03HA	1.000	0.786
ST186Q06HA	1.000	0.595
ST186Q02HA	1.000	0.667
ST186Q08HA	1.000	0.662

提取方法：主成分分析法。

图 15-9　公因子方差

(3）总方差解释如图 15-10 所示。经过旋转，有 4 个因子的特征值大于 1（一般将特征值大于 1 的因子个数作为提取因子的标准），特征值越大，表示该因子在解释 13 道题项时越重要。提取 4 个因子后，4 个因子共同解释了 13 道题项总方差的 71.985%。一般认为累积方差解释率大于 60%为宜。总的来说，提取 4 个因子的效果比较理想，具有研究意义。

总方差解释

成分	初始特征值 总计	方差百分比	累积 %	提取载荷平方和 总计	方差百分比	累积 %	旋转载荷平方和 总计	方差百分比	累积 %
1	3.931	30.235	30.235	3.931	30.235	30.235	2.582	19.859	19.859
2	1.993	15.327	45.562	1.993	15.327	45.562	2.532	19.478	39.337
3	1.811	13.932	59.494	1.811	13.932	59.494	2.312	17.784	57.121
4	1.624	12.490	71.985	1.624	12.490	71.985	1.932	14.864	71.985
5	0.606	4.660	76.645						
6	0.580	4.460	81.105						
7	0.485	3.732	84.837						
8	0.471	3.624	88.461						
9	0.389	2.993	91.454						
10	0.364	2.799	94.253						
11	0.299	2.302	96.555						
12	0.275	2.115	98.669						
13	0.173	1.331	100.000						

提取方法：主成分分析法。

图 15-10　总方差解释

(4）碎石图如图 15-11 所示。碎石图将特征值以图的形式呈现出来，用于辅助判断因子个数。一般将碎石图中的折线由陡峭变为平稳时所对应的因子个数作为提取标准。结果显示，当因子个数为 4 个时折线走势趋于平稳，因此佐证提取 4 个因子的结论。

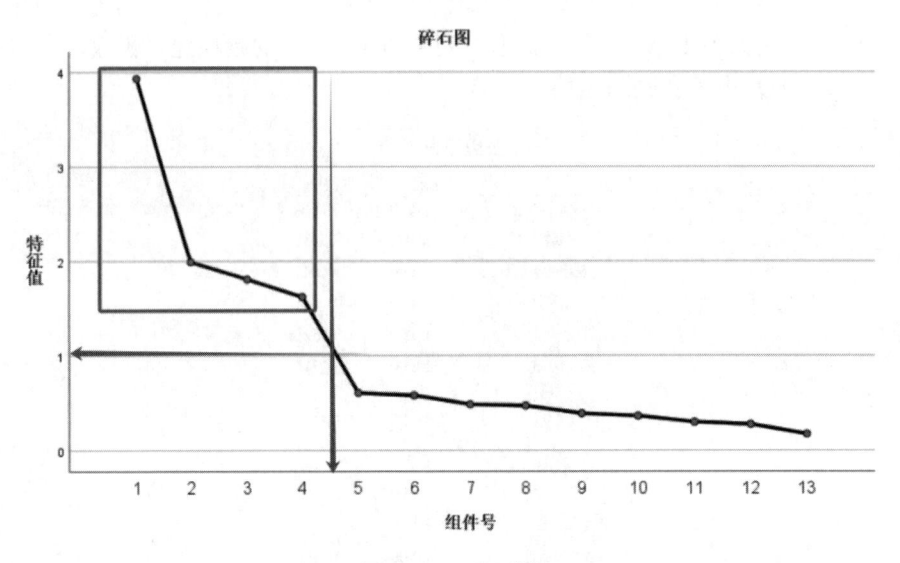

图 15-11 碎石图

（5）旋转后的成分矩阵如图 15-12 所示。其中"ST186Q01HA""ST186Q03HA""ST186Q07HA""ST186Q09HA"在第一个因子上有较高的载荷，这四道题项分别是"请思考你自己以及你通常的感受：以下描述中'高兴的'这一项，你感到符合的频率是多少""请思考你自己以及你通常的感受：以下描述中'兴高采烈的'这一项，你感到符合的频率是多少""请思考你自己以及你通常的感受：以下描述中'充满活力的'这一项，你感到符合的频率是多少""请思考你自己以及你通常的感受：以下描述中'自豪的'这一项，你感到符合的频率是多少"，第一个因子 F1 主要解释这四道题项，根据题项的含义，可以将因子 F1 命名为积极情绪因子。

旋转后的成分矩阵[a]

	成分 1	成分 2	成分 3	成分 4
ST123Q02NA		0.888		
ST123Q03NA		0.925		
ST123Q04NA		0.905		
ST186Q07HA	0.778			
ST186Q09HA	0.684			
ST186Q01HA	0.835			
ST186Q03HA	0.841			
ST185Q01HA			0.834	
ST185Q02HA			0.868	
ST185Q03HA			0.869	
ST186Q06HA				0.768
ST186Q02HA				0.812
ST186Q08HA				0.804

提取方法：主成分分析法。
旋转方法：凯撒正态化最大方差法。
a. 旋转在 5 次迭代后已收敛。

图 15-12 旋转后的成分矩阵

"ST123Q02NA""ST123Q03NA""ST123Q04NA"在第二个因子上有较高的载荷，这三道题项分别是"关于<本学年>的思考：我的父母支持我在教育上的努力和成就""关于<本学年>的思考：当我在学校遇到困难时，我的父母支持我""关于<本学年>的思考：我的父母鼓励我要自信"。第二个因子 $F2$ 主要解释这三道题项，根据题项的含义，可以将因子 $F2$ 命名为父母支持因子。

"ST185Q01HA""ST185Q02HA""ST185Q03HA"在第三个因子上有较高的载荷，这三道题项分别是"对以下描述的同意程度：我的生命有明确的意义或目的""对以下描述的同意程度：我发现了一个令人满意的人生意义""对以下描述的同意程度：我清楚地知道是什么赋予了我生命的意义"，第三个因子 $F3$ 主要解释这三道题项，根据题项的含义，可以将因子 $F3$ 命名为生活满意度因子。

"ST186Q02HA""ST186Q06HA""ST186Q08HA"在第四个因子上有较高的载荷，这三道题项分别是"请思考你自己以及你通常的感受：以下描述中'害怕的'这一项，你感到符合的频率是多少""请思考你自己以及你通常的感受：以下描述中'恐惧的'这一项，你感到符合的频率是多少""请思考你自己以及你通常的感受：以下描述中'难过的'这一项，你感到符合的频率是多少"，第四个因子 $F4$ 主要解释这三道题项，根据题项的含义，可以将因子 $F4$ 命名为负面情绪因子。

由以上分析可以发现，探索性因子分析的结果比较清晰。

（6）成分得分系数矩阵如图 15-13 所示。由系数可以计算 $F1$、$F2$、$F3$、$F4$ 四个公因子的得分，各因子及其得分可以用于后续的研究分析，例如将四个公因子与因变量进行多元回归，从而研究影响目标变量的重要因素。数据的末尾会增加四列变量，分别是各被试对应的因子得分。

成分得分系数矩阵

	成分 1	成分 2	成分 3	成分 4
ST123Q02NA	-0.041	0.370	-0.032	0.015
ST123Q03NA	-0.037	0.384	-0.039	0.005
ST123Q04NA	-0.033	0.376	-0.042	0.005
ST186Q07HA	0.323	-0.031	-0.052	-0.007
ST186Q09HA	0.271	-0.030	0.013	0.021
ST186Q01HA	0.353	-0.035	-0.057	0.040
ST186Q03HA	0.361	-0.047	-0.078	0.013
ST185Q01HA	-0.056	-0.021	0.391	0.040
ST185Q02HA	-0.041	-0.047	0.403	0.016
ST185Q03HA	-0.047	-0.047	0.408	0.032
ST186Q06HA	0.030	0.002	0.036	0.410
ST186Q02HA	0.016	0.023	0.035	0.432
ST186Q08HA	0.015	0.005	0.030	0.425

提取方法：主成分分析法。
旋转方法：凯撒正态化最大方差法。
组件得分。

图 15-13　成分得分系数矩阵

15.2　验证性因子分析

验证性因子分析是使用样本数据，对已经根据某些理论、先验知识做出的结构模型假设（量表题项与潜在变量的对应关系，潜在变量之间的关系）是否与实际数据一致进行验证的过程。通常情况下，部分研究在收集数据前已经区分了数据维度，此时进行验证性因子分析主要是为了验证已分类的维度是否符合数据情况、是否有效。

15.2.1 原理介绍

1. 基本概念

在实际研究中,我们假定各个观测变量的得分是连续变量,从而可以直接计算它们的方差和协方差矩阵。这些计算出的方差和协方差矩阵构成了模型参数估计与拟合的核心数据基础,利用这些数据能够估计因子结构并生成对应的估计协方差矩阵。将估计协方差矩阵与量表数据形成的样本协方差矩阵进行比较,通过检验理论模型和样本模型的吻合程度,判断因子模型的拟合程度。

根据假设模型的潜在变量是否相关,验证性因子分析可以分为斜交验证性因子分析和直交验证性因子分析。直交模型表示潜在变量之间不相关、相互独立,需要将各潜在变量之间的协方差设置为 0;而斜交模型表示潜在变量之间是相关的,不需要对各潜在变量之间的协方差做任何限制。

2. 验证性因子分析的优势

(1) 验证性因子分析基于理论假设进行因子结构的检验,这使得其分析结果更具针对性和解释性。通过验证性因子分析,我们可以验证理论模型的有效性,为后续的实证研究提供有力的理论支撑。

(2) 验证性因子分析能够帮助人们理解变量之间的关系,揭示潜在因子的作用。通过检验因子之间的相关性和载荷大小,我们可以了解不同因子对观测变量的影响程度,从而更深入地理解教育现象。

(3) 验证性因子分析还可以用于比较不同理论模型的优劣。通过比较不同模型与实际数据的拟合程度,可以选择最符合实际情况的模型,为教育决策和实践提供科学依据。

15.2.2 操作步骤

进行验证性因子分析时,主要有以下六个步骤。

(1) 模型设定。在开始分析前,需要根据一定的理论假设,定义观测变量(题项)与潜在变量(因子)之间的关系、潜在变量(因子)之间的关系及误差项之间的关系。理论假设包含存在多少个因子/维度、每个因子分别影响哪些观测变量(题项)、当有两个及以上的因子时它们之间的关系如何、误差项之间的关系如何。在测量时应注意不能存在交叉负荷。

(2) 模型识别。在进行参数估计前,必须对所定义的模型进行识别,模型识别是指判断模型参数是否有唯一解。决定一个模型是否可识别有几种条件,模型识别是一个比较复杂的过程,一般根据软件的输出结果来判断。

(3) 模型估计。验证性因子分析通过比较模型导出的总体协方差矩阵与样本协方差矩阵的接近程度来反映理论模型与数据的吻合程度,通过特殊的拟合函数使两者之间的差异最小化即可获得参数的估计值。参数估计的常见方法有极大似然法(Maximum Likelihood,ML)、广义最小二乘法(Generalized Least Squares,GLS)等。

(4) 模型评价。模型评价是指对模型与数据是否拟合进行评价,可以通过拟合指数来评价一个模型与数据的拟合程度。在评价一个模型时,必须综合多个拟合指数,不能仅仅依赖其中的某一个指数。验证性因子分析主要验证模型的三种效度:结构效度、收敛效度、区分效度。可以采用上述三种效度指标对模型进行评价。其中,结构效度主要用于检验整体模型的适配度,即通过数据得出的模型参数与理论模型的参数的吻合程度,经常使用的结构效度指标有卡方自由度比、拟合优度指数(GFI)、近似误差均方根(RMSEA)、均方根误差(RMR)、比较拟合指数(CFI)、规范拟合指数(NFI)等。收敛效度即信度,代表内部一致性、稳定性和聚集性,在对量表型问卷的分析中,信度表示同一个潜在变量下的测量变量的相关性(聚集性),若同一个潜在变量下的测量变量高度相关,则说明信度高,经常使用的收敛效度指标有因子载荷量、克隆巴赫 α 系数、组合信度(CR)。区分效度即效度,代表潜在变量之间的区分性,如果效度高,那么区分性好,相关指标有平均方差抽取量(AVE)、AVE 的平方根(也称判别效度)。

(5)模型修正。若模型不能很好地拟合数据,则需要对模型进行修正和再次设定,在这种情况下,研究者需要决定如何删除、增加和修改模型参数,通过模型修正提升模型的拟合效果。需要进行模型修正的情况包括出现无统计学意义的参数或取值不恰当的参数、多个拟合指标显示模型拟合程度低。

(6)模型应用。在成功建立模型后,我们可以对模型进行应用,模型应用包括预测和解释两个方面。预测主要是指通过输入合适的自变量,计算出因变量的取值;解释则是对模型进行参数估计和假设检验,从而揭示变量之间的关系和作用方式。

虽然 SPSS 本身不直接支持验证性因子分析,但可以通过扩展模块 AMOS 进行操作,以下是使用 SPSS AMOS 进行操作的步骤。

(1)打开 SPSS AMOS 界面,如图 15-14 所示,其左侧为工具栏,右侧为绘图区。

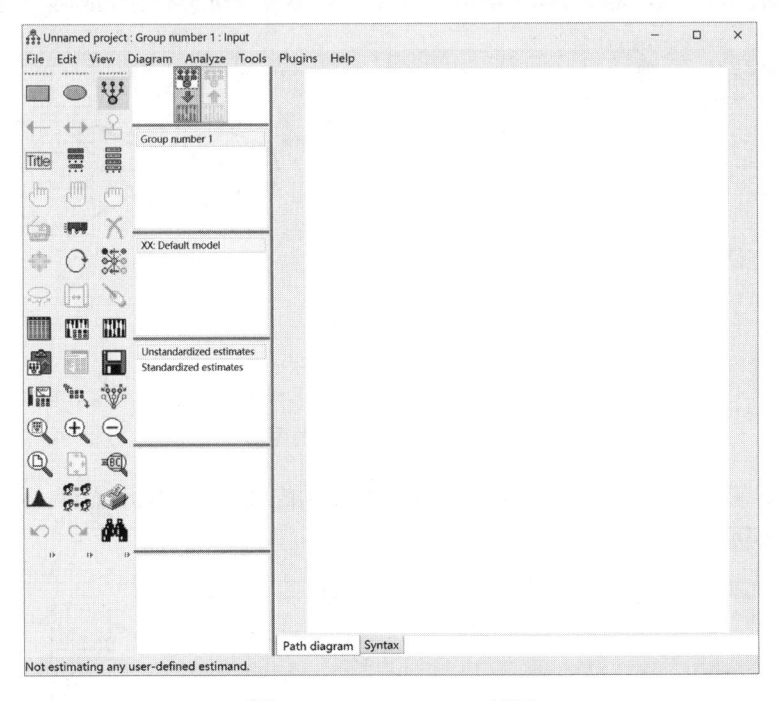

图 15-14 SPSS AMOS 界面

(2)绘制理论模型。在绘图时注意,椭圆代表潜在变量、方框代表观测变量、小圆圈代表残差。单击按钮 ,移动光标到绘图区,按住鼠标左键绘制合适大小的椭圆,即潜在变量;单击椭圆即可出现一个观测变量,双击椭圆即可出现两个观测变量,以此类推,如图 15-15 所示。

旋转图形。单击按钮 ,再单击代表潜在变量的椭圆,其对应的观测变量与残差将会顺时针旋转 90 度,如图 15-16 所示。

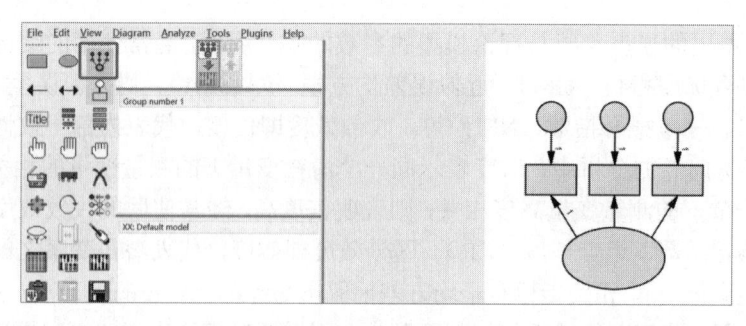

图 15-15　在 SPSS AMOS 界面绘制潜在变量、观测变量与残差

图 15-16　旋转后的图形

调整图形位置。在绘制过程中，潜在变量和观测变量可能靠得很近，或者接近绘图区的边缘，需要向中间移动它们，这时可以先单击按钮 ，再单击按钮 进行拖动，如图 15-17 所示。

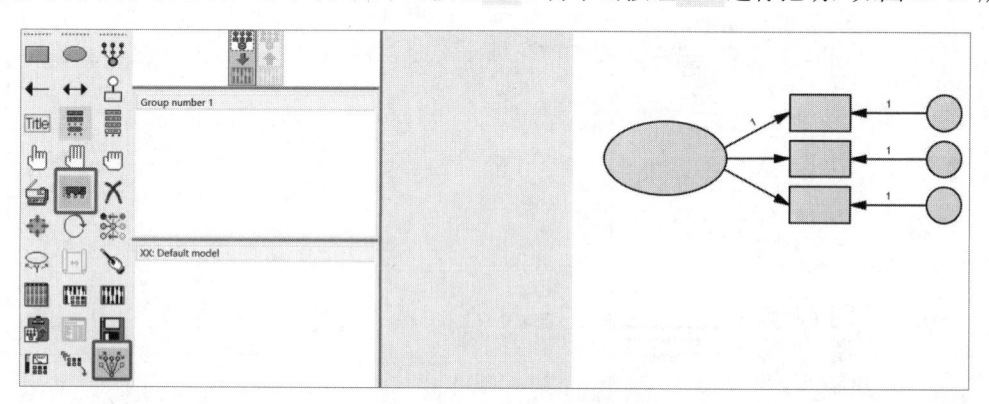

图 15-17　位置调整后的图形

模型复制。依次单击按钮 、按钮 和需要复制的椭圆，再拖动光标，可以复制上述图形，如图 15-18 所示。

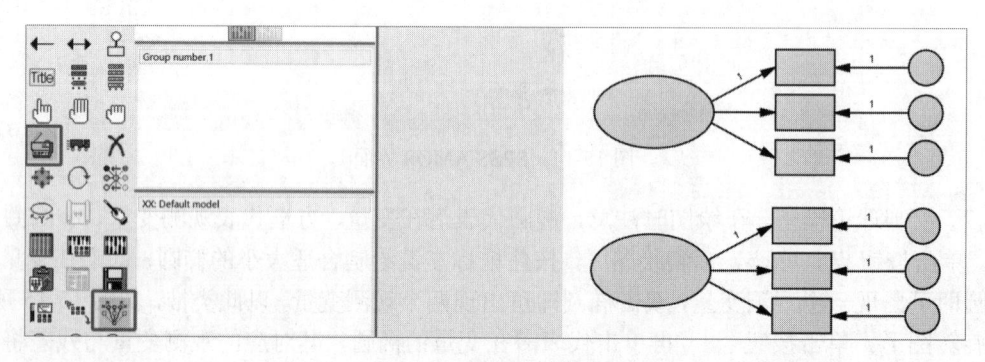

图 15-18　复制后的图形

（3）导入数据文件。选择主页面的"File"→"Data Files"菜单命令，出现如图 15-19 所示的界面。单击"File Name"按钮并选择需要分析的文件，单击"OK"按钮即可导入数据。

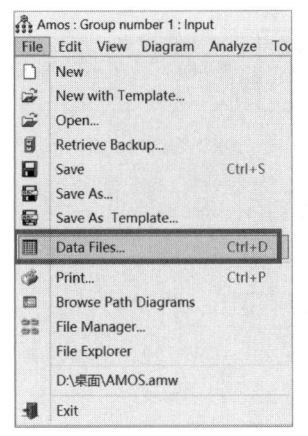

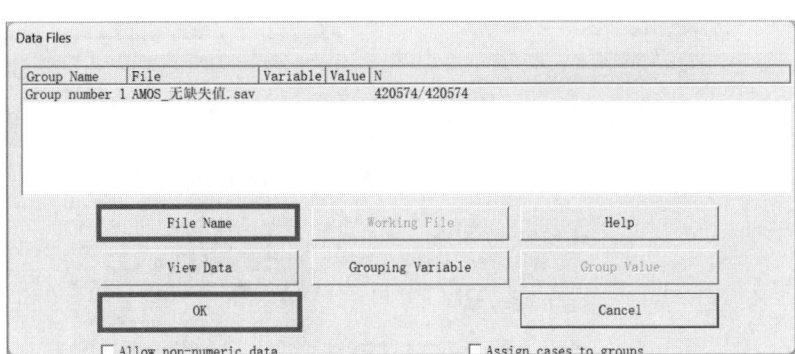

图 15-19　导入数据文件

（4）选择变量。单击按钮 ▦，将会在绘制区出现如图 15-20 所示的界面，把相应条目拖动到方框中，可以对应输入观测变量。

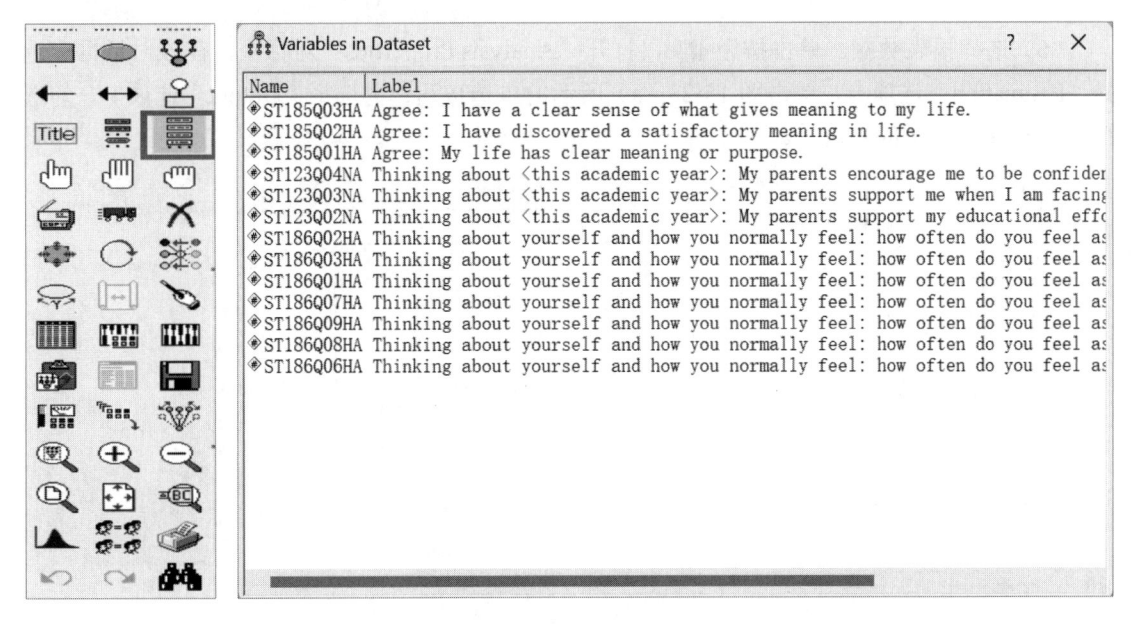

图 15-20　选择变量

（5）潜在变量与残差命名。右键单击潜在变量椭圆，选择"Object Properties"选项，打开"Object Properties"对话框，在该对话框的"Variable name"文本框中为潜在变量命名（若 AMOS 设置的是显示标签，则在"Variable label"文本框中命名），如图 15-21 所示。选择主界面中的"Plugins"→"Name Unobserved Variables"菜单命令，即可为残差命名，如图 15-22 所示。

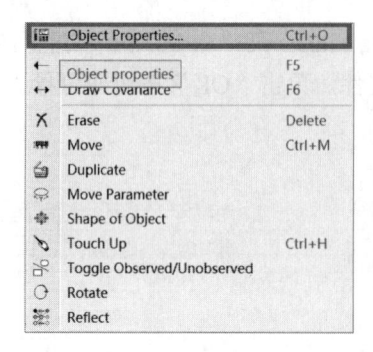

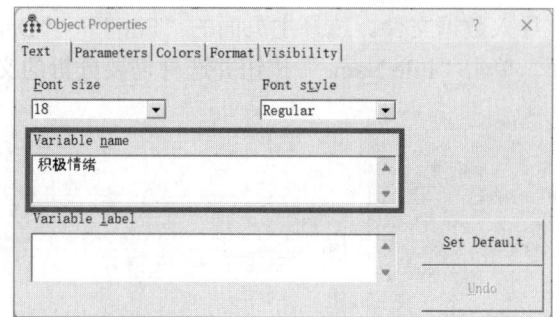

图 15-21　潜在变量命名

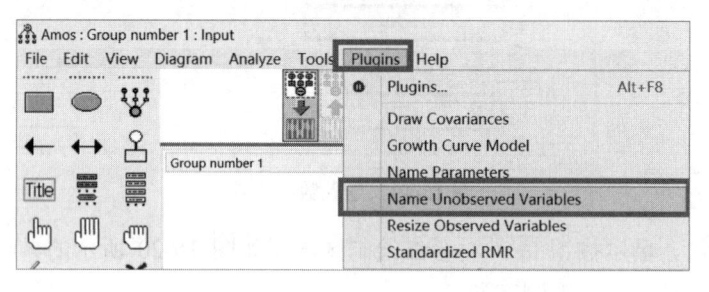

图 15-22　残差命名

（6）选择报表数据。单击按钮 ▦，打开"Analysis Properties"对话框，在该对话框中选择"Estimation"选项卡，单击图 15-23（a）所示的单选按钮；再选择"Output"选项卡，勾选图 15-23（b）所示的复选框。

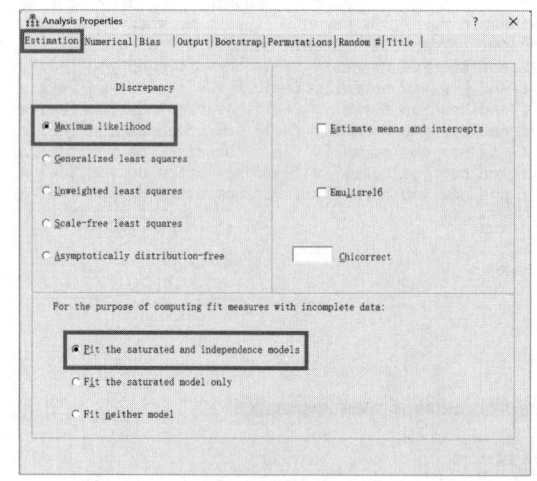

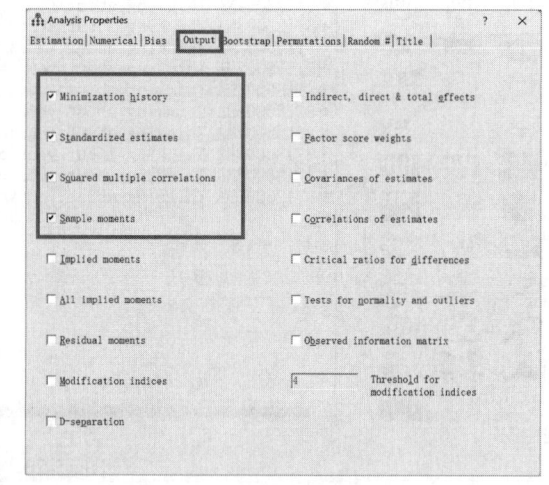

（a）"Estimation"选项卡　　　　　　　　　　（b）"Output"选项卡

图 15-23　"Estimation"选项卡和"Output"选项卡

（7）检查相关设定。在主界面中选择"Plugins"→"Draw Covariances"菜单命令，即可在各潜在变量之间建立相关链接关系，如图 15-24 所示。

（8）分析。单击按钮 ▦ 开始分析，选择主界面中的"View"→"Text Output"菜单命令即可输出结果。选择结果界面中的"Estimates""Model Fit"选项，模型的参数估计与模型的摘要分析都在这两个选项的子选项中，如图 15-25 所示。

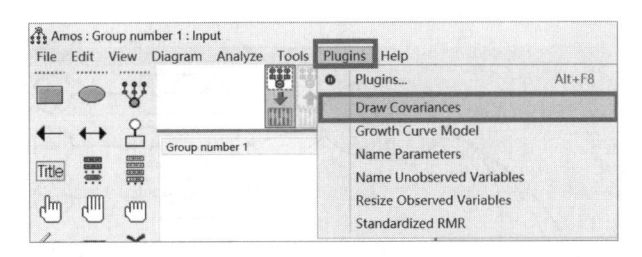

图 15-24 潜在变量相关设定

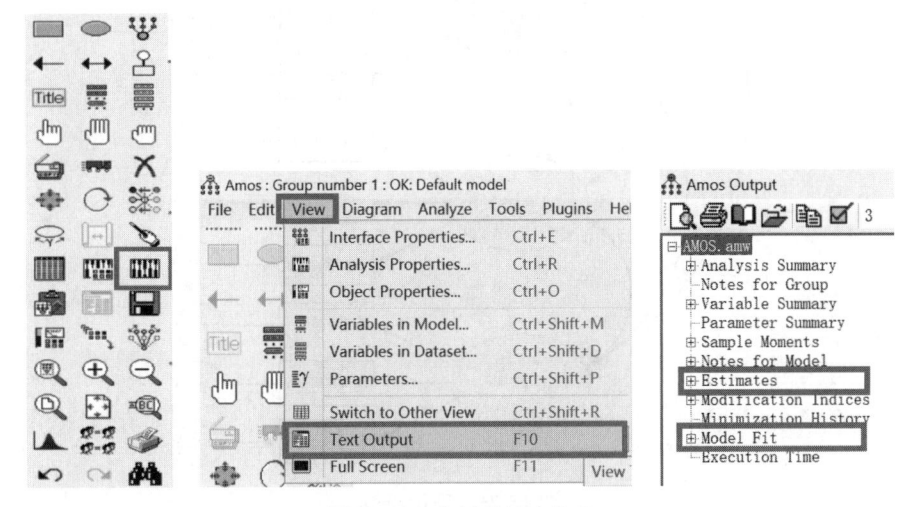

图 15-25 分析并输出结果

15.2.3 案例分析

本节为验证探索性因子分析中的因子维度，选择随机划分的第二份样本作为验证数据并进行验证性因子分析，以下为验证性因子分析的结果。

1. 绘制理论模型

理论模型如图 15-26 所示，下面将采用验证性因子分析验证理论模型是否与实际数据情况一致。

2. 结构效度

图 15-27 所示为卡方值。判别标准为卡方自由度比 PCMIN/DF 在严格标准下应小于 3，在不严格标准下应小于 5 甚至 8；显著性水平应大于 0.05。而案例结果显示卡方自由度比为 7.427，且显著性水平小于 0.05，即卡方自由度比值较大，且出现了拒绝原假设的情形。由于卡方值容易受到样本量的影响，当样本量较大时，卡方值相对也会变大，显著性水平会变小。因此在大样本的情况下，判断模型假设与样本是否适配，除了参考卡方值，还需要参考其他的适配度统计量。

图 15-28 所示为 RMR（均方根残差）与 GFI（拟合优度指数）。其中 RMR 在严格情况下应小于 0.05，GFI 通常需要大于 0.9，该指标说明了理论模型可以解释观测数据的比例，案例结果显示指标满足要求。通常情况下也需要计算 SRMR（标准化均方根残差），一般要求该值小于 0.05，计算该值的方法为选择主界面中的"Plugins"→"Standardized RMR"菜单命令，在打开的对话框一直存在的情况下再次执行计算命令，计算结束后对话框中将出现结果，如图 15-29 所示。

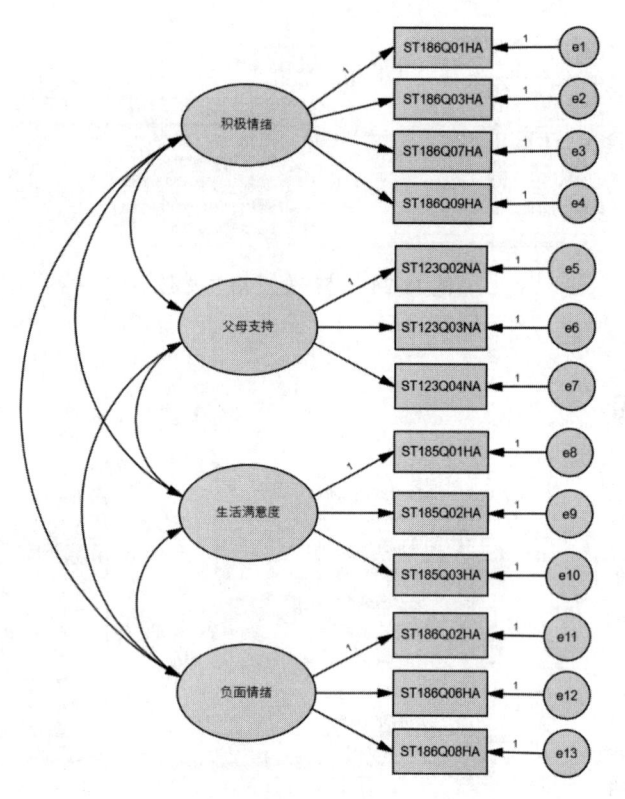

图 15-26　理论模型

CMIN

Model	NPAR	CMIN	DF	P	CMIN/DF
Default model	32	438.170	59	.000	7.427
Saturated model	91	.000	0		
Independence model	13	32645.593	78	.000	418.533

图 15-27　卡方值

RMR, GFI

Model	RMR	GFI	AGFI	PGFI
Default model	.013	.989	.982	.641
Saturated model	.000	1.000		
Independence model	.137	.479	.393	.411

图 15-28　RMR 与 GFI

Standardized RMR

Default model
　　Standardized RMR = .0269

Plugins　Help
　Plugins...　Alt+F8
　Draw Covariances
　Growth Curve Model
　Name Parameters
　Name Unobserved Variables
　Resize Observed Variables
　Standardized RMR

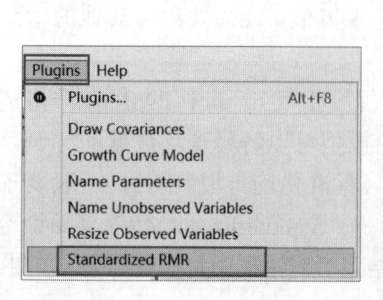

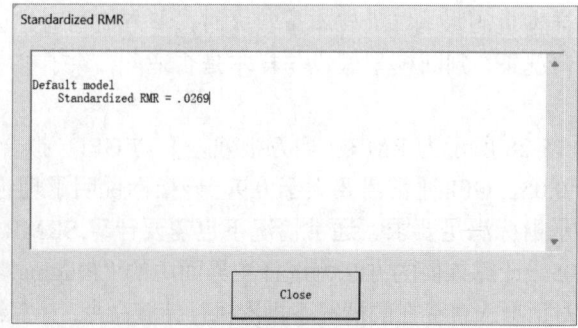

图 15-29　计算 SRMR 并输出结果

图 15-30 所示为 NFI（规范拟合指数）、IFI（增值拟合指数）、TLI（Tucker-Lewis 指数）、CFI（比较拟合指数）的计算结果。这些指标通常应大于 0.9，反映理论模型与独立模型的非中央性差异（在统计推断中，通常用两个模型之间的差异超出其参数估计的中心部分的差异来比较两个模型的拟合度），并说明理论模型较虚无模型的改善程度。案例结果显示指标均达到标准。

图 15-31 所示为 RMSEA。该指标应严格小于 0.05，该指标用于比较理论模型与饱和模型的差距，案例结果显示该指标达到标准。

Baseline Comparisons

Model	NFI Delta1	RFI rho1	IFI Delta2	TLI rho2	CFI
Default model	.984	.978	.984	.978	.984
Saturated model	1.000		1.000		1.000
Independence model	.000	.000	.000	.000	.000

图 15-30　基线比较

RMSEA

Model	RMSEA	LO 90	HI 90	PCLOSE
Default model	.037	.037	.037	1.000
Independence model	.253	.252	.253	.000

图 15-31　RMSEA

以上结果说明理论模型具有良好的结构效度。

3. 收敛效度

图 15-32 所示为各个因子的标准化载荷。标准化因子载荷量越大，代表潜在变量对观测变量的解释能力越强，即指标的信度越好。一般标准化因子载荷量超过 0.5 就可以达到观测变量和潜在变量之间的共同方差比其与误差方差之间的共同方差需要的负荷更大的要求，符合对收敛效度的要求。结果显示本案例的各个条目在其公因子下的标准化载荷值均大于 0.5，符合指标要求。

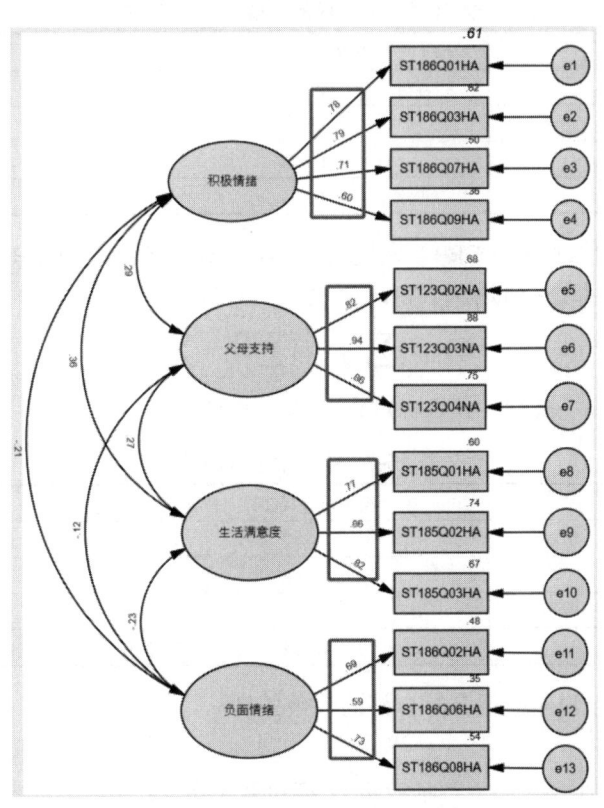

图 15-32　各个因子的标准化载荷

克隆巴赫 α 系数应大于 0.7。可以使用 SPSS 计算各维度的克隆巴赫 α 系数。计算步骤为在菜单栏中选择"分析"→"刻度"→"可靠性分析"菜单命令，打开"可靠性分析"对话框，分别将属于同一潜在变量的观测变量选入"项"列表中，如图 15-33 所示。计算结果如表 15-1 所示，可以发现各维度的克隆巴赫 α 系数均大于 0.7，符合指标标准。

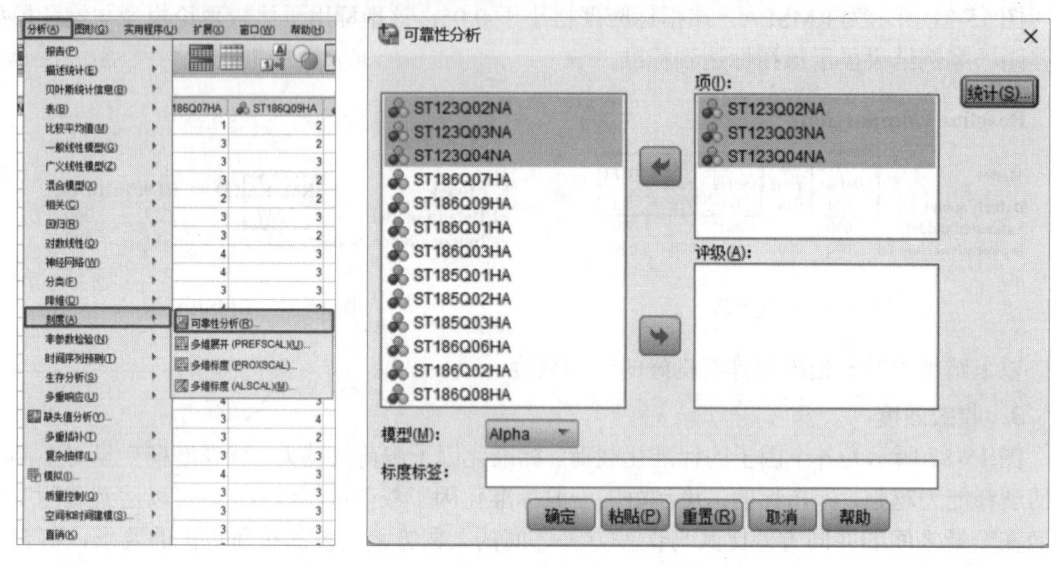

图 15-33 计算克隆巴赫 α 系数

表 15-1 各维度的克隆巴赫 α 系数

维度	克隆巴赫 α 系数	项数
积极情绪	0.805	4
父母支持	0.907	3
生活满意度	0.856	3
负面情绪	0.706	3

表 15-2 所示为组合信度（CR）。通过式（15-1）计算各维度的 CR 值，该指标需要大于 0.7，结果表明各维度的 CR 值均达到指标要求。

$$CR = \left(\sum \lambda\right)^2 / \left[\left(\sum \lambda\right)^2 + \sum \delta\right] \quad (15-1)$$

式中，λ 为标准化的因子载荷，δ 为标准化的残差方差。

表 15-2 组合信度（CR）

维度	组合信度（CR）	项数
积极情绪	0.812	4
父母支持	0.908	3
生活满意度	0.857	3
负面情绪	0.714	3

通过以上分析可以说明模型具有良好的收敛效度。

4. 区分效度

表 15-3 所示为 AVE（平均方差抽取量）。通过式（15-2）计算各维度的 AVE，一般要求该值大于 0.5。计算结果显示，负面情绪维度的 AVE 为 0.456，并不符合标准，而 Fornell 和 Larcker

(1981)认为 AVE 的可接受值为 0.4，但 CR 值需要高于 0.6，因此案例结果显示该指标可以接受。

$$\text{AVE} = \left(\sum \lambda^2\right)/n \quad (15\text{-}2)$$

式中，λ 为标准化的因子载荷；n 为该因子载荷的观测变量个数。

表 15-3　AVE

维度	AVE	项数
积极情绪	0.522	4
父母支持	0.767	3
生活满意度	0.667	3
负面情绪	0.456	3

表 15-4 所示为皮尔逊相关系数与 AVE 的平方根。AVE 的算术平方根大于潜在变量之间相关系数的绝对值，说明内部相关性要大于外部相关性，潜在变量之间是有区别的，即判别效度高。结果表明本案例的判别效度较高。

表 15-4　皮尔逊相关系数与 AVE 的平方根

潜在变量	积极情绪	父母支持	生活满意度	负面情绪
积极情绪	**0.722**			
父母支持	0.290	**0.876**		
生活满意度	0.359	0.273	**0.817**	
负面情绪	-0.212	-0.124	-0.229	**0.675**

通过计算以上的结构效度、收敛效度、区分效度的验证指标，可以发现模型与实际数据情况一致。

图 15-34 所示为参数估计结果。结果表明所有参数值均达到显著水平，因子载荷"ST123Q03NA"的估计值最高，为 0.937，"ST186Q06HA"的估计值最低，为 0.593。后续可以以此为基础进一步用模型进行分析。

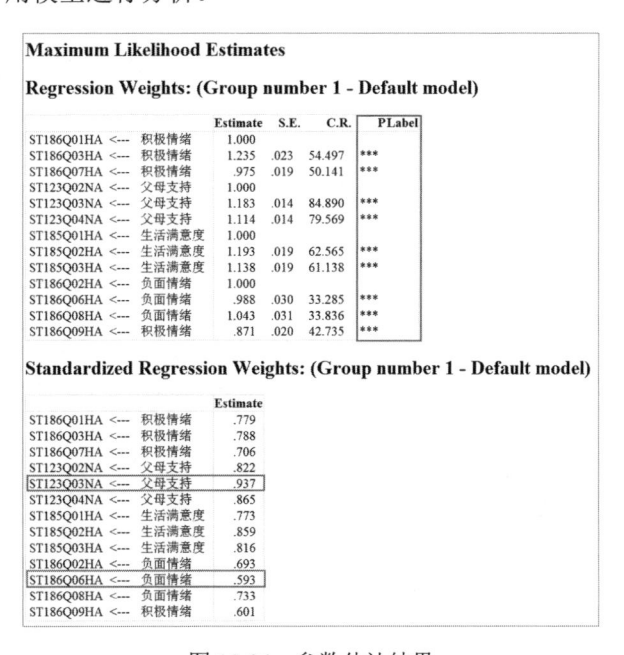

```
Maximum Likelihood Estimates
Regression Weights: (Group number 1 - Default model)
                        Estimate   S.E.    C.R.    PLabel
ST186Q01HA <--- 积极情绪    1.000
ST186Q03HA <--- 积极情绪    1.235    .023   54.497   ***
ST186Q07HA <--- 积极情绪     .975    .019   50.141   ***
ST123Q02NA <--- 父母支持    1.000
ST123Q03NA <--- 父母支持    1.183    .014   84.890   ***
ST123Q04NA <--- 父母支持    1.114    .014   79.569   ***
ST185Q01HA <--- 生活满意度   1.000
ST185Q02HA <--- 生活满意度   1.193    .019   62.565   ***
ST185Q03HA <--- 生活满意度   1.138    .019   61.138   ***
ST186Q02HA <--- 负面情绪    1.000
ST186Q06HA <--- 负面情绪     .988    .030   33.285   ***
ST186Q08HA <--- 负面情绪    1.043    .031   33.836   ***
ST186Q09HA <--- 积极情绪     .871    .020   42.735   ***

Standardized Regression Weights: (Group number 1 - Default model)
                        Estimate
ST186Q01HA <--- 积极情绪    .779
ST186Q03HA <--- 积极情绪    .788
ST186Q07HA <--- 积极情绪    .706
ST123Q02NA <--- 父母支持    .822
ST123Q03NA <--- 父母支持    .937
ST123Q04NA <--- 父母支持    .865
ST185Q01HA <--- 生活满意度   .773
ST185Q02HA <--- 生活满意度   .859
ST185Q03HA <--- 生活满意度   .816
ST186Q02HA <--- 负面情绪    .693
ST186Q06HA <--- 负面情绪    .593
ST186Q08HA <--- 负面情绪    .733
ST186Q09HA <--- 积极情绪    .601
```

图 15-34　参数估计结果